geïllustreerde

TROPISCHE VISSEN

ENCYCLOPEDIE

geïllustreerde

TROPISCHE VISSEN

ENCYCLOPEDIE

ESTHER VERHOEF

REBO
PRODUCTIONS

© 1997 Rebo International b.v.

Deze uitgave:
© 1997 Rebo Productions b.v., Lisse

www.rebo-publishers.com
info@rebo-publishers.com

11e druk 2006

Tekst: Esther Verhoef
Coördinatie en productie: TextCase, Groningen
Omslagontwerp: Minkowsky visuele communicatie, Enkhuizen
Zetwerk en lay-out: Signia, Winschoten

ISBN 90 366 1076 1

Inhoud

Inleiding

De dwergsgrasbora (Rasbora maculata) *kan heel goed in een klein aquarium worden gehouden.*

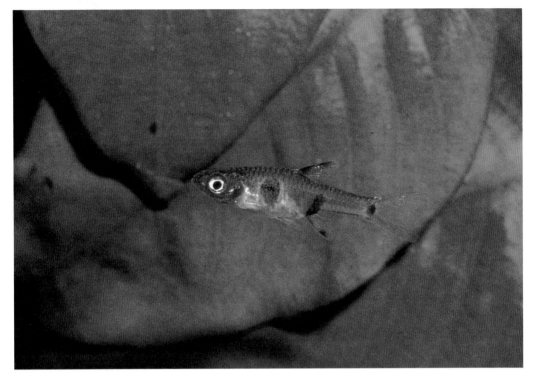

1. Het aquarium

De grootte van het aquarium

Een van de eerste keuzes die u moet maken wanneer u een aquarium wilt aanschaffen, is de grootte ervan. Vanzelfsprekend zullen financiële overwegingen meespelen in de keuzevorming. Kleinere aquaria kosten niet alleen minder in aanschaf, ook de apparatuur is goedkoper en in het energieverbruik zult u het verschil al snel merken.

Daarnaast zal de grootte van het aquarium afhankelijk zijn van de plaats waar het komt te staan. Niet iedereen zal het kunnen waarderen dat zijn woonkamer wordt gedomineerd door een groot aquarium of heeft er überhaupt de ruimte voor. Als u een ouder huis met een houten vloer bewoont, zult u bovendien, met het oog op het gewicht van

Links: maanvissen horen thuis in een hoog aquarium.

het aquarium dat op de balken zal rusten, concessies moeten doen.

Welke overwegingen u ook maakt, verlies niet uit het oog dat het aquarium de behuizing is voor de vissen. Sommige vissoorten leven in de vrije natuur in enorme meren of in grote rivieren en houden ervan om grote stukken te zwemmen. Het mag duidelijk zijn dat een aquarium dat door ons al als 'groot' wordt betiteld claustrofobische reacties bij dit soort vissen oproept.

Er zijn ook vissen die in droogteseizoenen in kleine poeltjes leven; plasjes water die soms niet groter zijn dan de hoefafdruk van een rund. Dit soort visjes voelt zich juist beter thuis in aquaria van ongeveer 30 centimeter breedte.

Stem de grootte van het aquarium dan ook af op de behoeften van de vissen, of andersom. In deze encyclopedie staat bij vrijwel elke soort omschreven welke afmetingen het aquarium moet hebben om de vissen te bieden waar ze behoefte aan hebben.

De vorm van het aquarium

Er zijn niet alleen veel verschillende maten aquaria, ook is er veel keuze in de vormen. Vroeger kenden we alleen het rechthoekige huiskameraquarium, maar tegenwoordig zijn de vormen vrijwel onbeperkt. Vierkante, driehoekige, zuilvormige, piramidevormige en zelfs bolvormige aquaria op piëdestals zijn slechts een greep uit wat u in de beter gesorteerde aquariumspeciaalzaken aantreft. De vorm van het aquarium is in eerste instantie een kwestie van smaak en budget; de klassiek gevormde –dat wil zeggen de rechthoekige– aquaria zijn bijvoorbeeld veel goedkoper dan de piramidevormige. Desondanks geldt ook hier: niet elke vis kan in elk type aquarium worden gehouden. Labyrintvissen, bijvoorbeeld, halen regelmatig boven water adem. Ze hebben de beschikking over een orgaan (het labyrint) dat ze in staat stelt om zuurstof direct uit de atmosfeer op te nemen. Het is zelfs zo dat de kieuwademhaling voor deze vissen niet voldoende zuurstof levert, ze moeten zo nu en dan boven water naar lucht happen. Is het waterpeil te hoog, dan

Een goudviskom

Scholenvisjes hebben een langgerekt aquarium nodig.

komen ze in ademnood. Visjes die snel en veel zwemmen (de meeste scholenvissen hebben deze eigenschap), komen alleen in langgerekte aquaria tot hun recht. In een smal zuilaquarium kunnen ze geen 'baantjes trekken' en worden ze in hun natuurlijke gedrag gehinderd. Bedenk dat een aquarium ook praktisch moet zijn. Aquaria die van boven smaller zijn dan van onder zijn moeilijker schoon te maken.

De vorm van het aquarium en de zuurstofbehoefte

Aquaria met een klein wateroppervlak moeten beslist worden doorlucht. Vissoorten verbruiken de zuurstof in het water. Het water vult dit tekort aan door zuurstof aan de atmosfeer te onttrekken. Dit kan alleen op plaatsen waar het water in direct contact staat met de atmosfeer; het wateroppervlak dus. Als het wateroppervlak in verhouding tot de totale inhoud van het aquarium te klein is, verbruiken de vissen meer zuurstof dan het water in dezelfde tijd kan aanvullen. De vissen gaan dan vlak onder de waterspiegel 'hangen', de plaats waar de eerste uitwisseling van zuurstof plaatsvindt en de zuurstofconcentratie in het water dus het hoogst is. Zijn er te veel vissen, dan zullen de zwakste daarvan sterven door zuurstofgebrek.

Met een simpel doorluchtingspompje, waarvan het uitstromertje zo laag mogelijk in de bak wordt geplaatst, worden alle waterlagen voorzien van zuurstof.

De standplaats

Een aquarium verplaatsen, is niet bevorderlijk voor de vissen en het aquarium zelf. Kies daarom een standplaats uit waarvan u weet dat het aquarium daar jarenlang kan staan. Let hierbij op een aantal dingen.

Directe inval van zonlicht leidt altijd tot algenvorming. Soms ontstaan de algen alleen op de aquariumruiten, maar de kans is groter dat er zich zwevende algen ontwikkelen die uw aquarium binnen de kortste keren tot een ondoorzichtige en groene watermassa maken. Een donkere standplaats is daarom het beste. De verlichting kunt u regelen met kunstmatig licht; dat heeft in de meeste gevallen de voorkeur boven natuurlijk licht. Bedenk dat een mooi aquarium een donkere, misschien wat saaie hoek in uw huis beslist attractiever maakt.

Een standaardaquarium van 60 x 30 x 30 cm

Aquaria mogen nooit in de buurt van deuren of ramen staan. De vissen schrikken vaak door het dichtslaan van deuren (sommige vissoorten kunnen ter plekke doodblijven van de schrik) en kou van buiten (open ramen) heeft een negatief effect op de constante temperatuur van het aquariumwater.

Ga na of de ondergrond stevig genoeg is. Aquaria zijn zwaar. Een leeg glazen aquarium weegt al heel wat, maar gevuld met water en grind wordt het nog veel zwaarder. Er zijn aquariumonderbakken te koop die speciaal geconstrueerd zijn om dit gewicht jarenlang te kunnen dragen. Ook een zwaar massief eiken dressoir, een dekenkist of een gemetseld onderstel voldoen. Houd er wel rekening mee dat ook de bedrading, pomp(en) en het voedsel een opbergplaats nodig hebben. Een aquarium hoort bovendien altijd waterpas te staan, dus ga eerst na of het oppervlak waar u het aquarium op wilt zetten recht is.

Leg tussen het onderstel en het aquarium altijd een laagje piepschuim, zelfs bij kleinere bakjes, dan wordt de druk zo goed mogelijk verdeeld en is de kans dat het aquarium op een dag door drukverschil scheurt minimaal.

Het materiaal

Vroeger kwamen we nog wel eens aquaria tegen waarvan de zijkanten en achterkant van speciaal behandeld hout waren, maar de aquaria van tegenwoordig worden eigenlijk alleen nog maar van kunststof of glas gemaakt. Een aquarium van glas vormt altijd een betere investering dan een bak die gemaakt is van kunststof. Glas is wel zwaarder, vaak duurder en ook breekbaarder dan kunststof, maar heeft het grote voordeel dat het duurzamer is. Kunststof beschadigt namelijk gemakkelijk; het weghalen van algen van de ruiten met een scheermesje of een zacht schuursponsje leidt altijd tot lelijke krassen. Wilt u wat langer van uw aquarium genieten, dan is een glazen aquarium

Een zuilaquarium

Meervallen zijn bijzondere aquariumbewoners die in allerlei soorten aquaria kunnen worden gehouden.

zonder meer de beste keus. Let er bij uw aankoop op of het aquarium een dekruit heeft. Dit is een ruit die op het aquarium onder de verlichting wordt gelegd. Dekruiten houden niet alleen al te actieve visjes in het aquarium, ook zal het water minder snel verdampen en de warmte wordt beter vastgehouden. Bovendien beschermt een dergelijke ruit de verlichtingsarmatuur tegen opspattend water. Het overgrote deel van de apparatuur die bestemd is voor gebruik bij of in aquaria is berekend op opspattend water, maar de combinatie van elektriciteit en water blijft gevaarlijk. Hier behoort u beslist altijd zorgvuldig mee om te gaan.

2. De inrichting

De inrichting

Voor de inrichting van het aquarium geldt hetzelfde als voor de grootte en vorm; het is een kwestie van smaak en budget, maar de inrichting moet vooral geschikt zijn voor de vissoorten die het aquarium bewonen.

In een aquarium met plantenetende vissen of vissen die nogal eens in de bodem woelen en hiermee de wortels van de planten beschadigen, kunt u beter geen planten plaatsen. Wilt u toch wat 'groen' in uw aquarium, neem dan planten van kunststof. Goede kwaliteit kunststof planten gaan jarenlang mee en de betere soorten zien er levensecht uit. Er zijn schuwe vissoorten die behoefte hebben aan een dicht bladerdek waartussen ze zich schuil kunnen houden. Worden ze in een schaars of onbeplant aqua-

rium gehouden, dan vertonen ze zelden hun kleurenpracht en kwijnen ze sommige vissen zelfs langzaam weg. Weer andere vissoorten houden bijvoorbeeld niet van fel licht, waardoor het creëren van schaduwrijke plaatsen in het aquarium een noodzaak wordt. Met behulp van drijfgroen of flinke, grootbladige plantengroepen kunt u schaduw voor deze vissen creëren. Ten slotte zijn er ook vissoorten die het beste gedijen in een aquarium met een donkere ondergrond of in een aquarium met een zandbodem.

Niet alle vissen stellen dergelijke eisen. De zogenaamde 'beginnersvisjes' staan bekend om hun grote aanpassingsvermogen. Ze voelen zich in vrijwel ieder aquarium thuis, ongeacht of het wel of niet beplant is, fel of matig belicht is en of er veel stroming in het water is of helemaal geen. Deze vissen zijn ideaal voor mensen die pas met de hobby zijn begonnen.

Bij alle vissoorten in dit boek zijn de verschillende behoeften van de vissen wat betreft de inrichting steeds zo duidelijk mogelijk omschreven. U kunt een rotsaqua-

Kunststof planten zorgen voor afwisseling in een aquarium met plantenetende vissen.

rium bijzonder mooi vinden en de daarbij behorende vissen houden of een bepaalde vissoort houden en hier de inrichting van het aquarium op instellen: het maakt niet uit... Wat telt, is dat het aquarium zo ingericht is dat de bewoners er zich op hun gemak voelen. Dan pas kunt u genieten van hun natuurlijke gedragingen en hun uitgesproken kleurenpracht. Misschien wordt u zelfs verrast met jonge visjes; een teken dat de vissen zich bijzonder goed thuis voelen.

De noodzaak van filtering

Met uitzondering van een aantal heel sterke vissoorten zullen de meeste het erg slecht doen in een vervuild aquarium. Vervuiling is zelfs zo gevaarlijk dat het in zeer korte tijd de dood van meerdere of alle vissen kan veroorzaken. Aquariumwater is over het algemeen vrij snel vervuild, door voedselresten, de ontlasting die de vissen produceren en door rottende plantenbladeren. Ook in de vrije natuur wordt het water steeds vervuild, maar omdat er vaak voldoende doorstroming is en het vuile water wordt verdund door hevige regenval of fris water uit bergbeekjes, is er zelden sprake van gevaar voor de gezondheid van de vissen. In het aquarium is er geen natuurlijke waterverversing en doorstroming. Als u het water niet kunstmatig filtert en regelmatig (gedeeltelijk) ververst, blijven de afvalstoffen zich voortdurend ophopen en ontwikkelt zich een zeer ongezond en zelfs dodelijk milieu waarin giftige ammonia en nitraten de overhand krijgen. Daarom is een goedwerkend filter in bijna alle aquaria essentieel.

Uitzonderingen vormen rijk beplante, middelgrote tot grote aquaria waarin relatief wei-

Alleen als de vissen zich op hun gemak voelen, zult u worden verrast met jonge visjes.

Grotere cichliden hebben een ruimbemeten aquarium nodig.

Cichliden zijn gravers en grote eters, twee redenen om te zorgen voor een krachtige filtering van het water.

nig vissen worden gehouden. Het maximum is 4 tot 5 centimeter vis per 10 liter water. Voor een aquarium van 60 x 30 x 30 cm houdt dat in dat u ongeveer 21 tot 27 cm volwassen vissen kunt houden, mits de vissen matig worden gevoerd.

In minder rijk beplante aquaria loopt dit aantal al snel terug tot 1 centimeter vis per 10 liter water. Het spreekt voor zich dat dit voor de meeste mensen geen optie is. Een goed werkend filter en regelmatige (gedeeltelijke) waterverversingen zijn dan ook beslist noodzakelijk als u wat meer vissen wilt houden.

VERSCHILLENDE SOORTEN FILTERS
Er zijn verschillende manieren om het aquarium te filteren. Krachtige motorfilters, waarvan het filtergedeelte buiten het aquarium wordt geplaatst, en hoekfilters, waarbij het filtertje zelf in het aquarium staat en het motortje daarbuiten, zijn de meest populaire filters.

Labyrintvissen kunnen zuurstof direct uit de atmosfeer opnemen en kunnen hierdoor overleven in zuurstofarm water.

Filters worden gevuld met materiaal dat het vuil vasthoudt en het water doorlaat. Na een tijdje vormen zich waardevolle bacteriën in de filter. Deze bacteriën zetten schadelijke nitraten en ammonia in het water om in ongevaarlijke stoffen en spelen daarom een belangrijke rol in de totstandkoming van een biologisch evenwicht. Als u het filtermateriaal wanneer het met vuil verzadigd is, vervangt door nieuw filtermateriaal, gooit u niet alleen de vuile filtervulling, maar ook deze waardevolle bacteriën weg. Het is daarom verstandig om naast filterwatten ook keramiek steentjes (S. Biogrip/S. Biopur) in de filter aan te brengen. Deze steentjes hebben een poreus oppervlak dat de bacteriën vasthoudt, ook als u ze afspoelt onder stromend water. U kunt de steentjes nadat u de filter hebt schoongemaakt en de filterwatten hebt verschoond gewoon weer terugdoen in de filter, zodat de bacteriën direct hun nuttige werkzaamheden kunnen vervolgen.

Zorg er altijd voor dat de filter die u aanschaft voldoende capaciteit heeft. Ga hiervoor te rade bij de vakhandel, aangezien de capaciteit niet alleen afhankelijk is van de inhoud van het aquarium en het aantal vissen dat erin leeft, maar ook van het type filter zelf.

Verwarming

Houdt u vissen die in hun natuurlijke leefgebieden gewend zijn aan temperaturen van 22 tot 30 °C, dan ontkomt u er –zeker in de koudere seizoenen– niet aan om het aquarium kunstmatig te verwarmen. Het geschiktst hiervoor zijn de elementen die verwarming en thermostaat in één zijn. U zult merken dat er verwarmingselementen zijn met verschil-

Een doorluchtingssteentje zorgt voor een continue stroom luchtbelletjes in het aquarium.

lende wattages. Welk wattage u nodig hebt, hangt af van de inhoud van het aquarium, de mate waarin het aquarium is geïsoleerd (dekruit) en de ruimte waarin het aquarium staat. In koude, onverwarmde ruimten is voor iedere liter water ongeveer 1 watt nodig. In verwarmde ruimten is een halve watt per liter meer dan voldoende. Als u een aquarium van 60 x 30 x 30 cm (54 liter inhoud) in uw verwarmde woonkamer hebt staan, hebt u een verwarmingselement van 25 tot 30 watt nodig. Staat datzelfde aquarium in een onverwarmde, koude ruimte dan is een wattage van 50 tot 55 beter. Een te hoge of te lage wattage leidt vrijwel altijd tot problemen. Wanneer de temperatuur buiten het aquarium te hoog oploopt, bijvoorbeeld in een erg warme zomer, is het verstandig om de verwarming tijdelijk uit te schakelen. Weinig vissen verdragen namelijk gedurende langere tijd watertemperaturen die hoger zijn dan 30 °C. Controleer elke dag de watertemperatuur, aangezien een schommelende watertemperatuur stress veroorzaakt die de vissen ziek kan maken. De meeste verwarmingscombinaties mogen, wanneer ze zijn ingeschakeld, niet boven het water uitsteken. De beste plaats voor een verwarmingselement is een paar centimeter van de bodem, bij voorkeur in horizontale positie, omdat hierdoor de opstijgende hitte beter wordt verdeeld. Een verwarmingselement mag nooit in aanraking komen met de planten, decoratie of bodemgrond.

Verlichting

Elk aquarium moet worden verlicht, zeker wanneer u tropische vissen houdt. Deze vissen zijn ingesteld op twaalf tot veertien uur

Sommige vissoorten zijn erg warmtebehoeftig, zoals deze discusvis.

De Macropodus occelatus *kan ook in onverwarmde aquaria worden gehouden.*

licht per dag. Buiten de tropen zal de zon alleen in bepaalde seizoenen zo lang achter elkaar schijnen en de intensiteit ervan is veel lager. Als het aquarium niet kunstmatig wordt verlicht, zullen er ontsierende bruine algen ontstaan en voelen de vissen zich niet op hun gemak en worden bevattelijk voor ziekten. Bovendien groeien de planten niet en verkommeren ze langzaam.

Er zijn verschillende manieren waarop u uw aquarium kunt verlichten, maar tl-verlichting is wel de beste manier. tl-buizen zijn goedkoop in stroomverbruik en geven relatief de hoogste lichtopbrengst. In kleinere aquaria voldoet een enkele tl-buis vaak prima, maar wordt het aquarium breder dan 60 cm of dieper dan 30 cm, dan is het bijplaatsen van een of meerdere tl's noodzakelijk voor een optimale belichting. Een tl moet

Drijfgroen filtert het felle tl-licht en zorgt voor schaduwrijke plaatsen in het aquarium.

altijd aan de voorkant van het aquarium worden geplaatst, zodat de schaduw vanuit uw gezichtspunt achter de vissen en planten valt. Er zijn speciale tl's die de groei van de planten stimuleren en er zijn er die de kleuren van de vissen veel beter doen uitkomen (fluorescerende tl's). De verschillende soorten tl's kunnen heel goed naast elkaar worden geplaatst. Wanneer u iedere tl-buis op een aparte schakelaar aansluit, kunt u bovendien een kunstmatige schemering creëren en zo 's avonds de nachtactieve vissen in uw aquarium beter bekijken. In aquaria zonder planten is alleen een fluorescerende tl-buis voldoende om de vissen zich op hun gemak te laten voelen. Bovendien zijn de kleuren van de vissen bij dit licht veel mooier dan bij een 'normale' tl.

Het aantal wattages dat u nodig hebt, hangt sterk samen met de grootte en de diepte van het aquarium. U kunt beter een te hoog wattage gebruiken dan een te laag; met drijfplanten creëert u schaduwplaatsen voor vissen die hier minder op gesteld zijn. Voor een standaardaquarium, met een hoogte van 30 tot 40 cm is 0,25 tot 0,5 watt per liter ruim voldoende. Wordt het aquarium dieper, dan kunt u ook het wattage aanpassen tot 0,75 of 1 watt per liter aquariumwater. Een standaardaquarium van 60 x 30 x 30 cm kan dus worden verlicht met een tl-buis van ongeveer 27 watt. Een tl-buis zal in de loop van de tijd steeds minder licht afgeven, tot hij er ten slotte helemaal mee ophoudt. Daarom is het verstandig om ongeveer eens per jaar alle tl-buizen te vervangen door nieuwe.

De achterwand

Een achterwand dient om het aquarium 'ondoorzichtig' te maken. Een achterwand maakt het aquarium 'af': hij maakt het gewoon mooier. Er zijn veel verschillende soorten achterwanden. Sommige moet u in het aquarium zelf plaatsen, dit zijn gekleurde tempexplaten met reliëf. Andere plakt u aan de achterkant van het aquarium. Dit kan gekleurd of voorbedrukt papier met rotsen of planten zijn. U kunt ook de achterkant (uiteraard aan de buitenkant!) van het aquarium zelf schilderen met schoolbordenverf. Welke optie u kiest, is afhankelijk van uw persoonlijke voorkeur. Gebruik in elk geval geen normale verf, aangezien deze lelijke vegen op het glas geeft. Vermijd materiaal in het aquarium dat schadelijk zou kunnen zijn voor de planten en vissen.

Voedingsbodem

Planten hebben voeding nodig om te groeien. In grind en gewassen zand zit geen voeding voor de planten. Daarom is een voedingsbodem, die u in de aquariumspeciaalzaak kant-en-klaar kunt aanschaffen, noodzakelijk om de planten mooi te houden en ze de kans te geven om te groeien. De voedingsbodem legt u bij voorkeur niet direct op de bodem, maar op een ondergrond van een laagje grind. Gebruik niet te veel voedingsbodem; een laagje van 2 cm is vaak al meer dan genoeg. Gebruikt u meer, dan krijgen de planten te veel voeding, met als gevolg dat de groei zich vooral toespitst op de wortels. De plant zelf blijft dan in groei achter en dat kan natuurlijk niet de bedoeling zijn. Over de voedingsbodem heen brengt u een dikke laag grind aan om te voorkomen dat de grond opstuift en het water hierdoor troebel wordt. Uiteraard is het voldoende om alleen die plaatsen waar later planten komen op deze manier te bemesten.

Grind en zand

De bodembedekking in verreweg de meeste aquaria bestaat uit grind. Grind is er in aller-lei vormen, kleuren en maten. Wat voor soort grind u gebruikt, is niet alleen afhankelijk van uw smaak, maar ook van de vissen die u in het aquarium wilt gaan houden.

Sommige vissen woelen of graven graag in de bodem en moeten hier ook de kans voor krijgen. Als u scherp grind gebruikt, zijn verwondingen aan de bek niet denkbeeldig. Bij dergelijke vissoorten gebruikt u altijd afgerond, fijn grind of goed gewassen zand. Fijn grind en zand gemengd kan natuurlijk ook. Er zijn ook vissen, bijvoorbeeld de *Corydoras*-soorten, die graag in de bodem grondelen, op zoek naar voedsel, en er zijn er die zich bij tijd en wijle ondergraven in de bodem. Voor deze vissen ontkomt u er eigenlijk niet aan om een dikke zandbodem te nemen. Mocht u dit niet zien zitten, dan kunt u een gedeelte in het aquarium speciaal voor deze vissen met goed schoongewassen zand inrichten. Gebruik nooit gewoon zand, maar altijd zand dat u in de aquariumspeciaalzaak koopt. Alleen dan bent u er zeker van dat het zand geen zware metalen of andere schadelijke stoffen bevat.

De kleur van het zand of het grind speelt ook een rol. De meeste vissen zijn gesteld op een donkere bodemgrond. Ze voelen zich dan veiliger en de kleuren komen mooier uit. Om het mooiste effect te bereiken, laat u het

Visjes zoals de Corydoras aeneus *hebben behoefte aan een zachte (zand)bodem.*

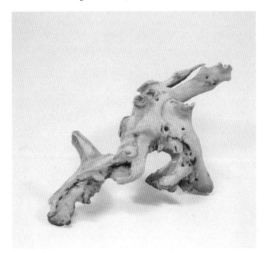

Decoratiematerialen

STENEN EN ROTSEN

Stenen en rotsen kunt u het beste in een aquariumspeciaalzaak aanschaffen. Sommige (kalkhoudende) stenen reageren namelijk op water en maken het water te hard. Andere stenen bevatten metalen en dat is slecht voor de gezondheid van de vissen. De stenen –lavastenen bijvoorbeeld– die u in een aquariumspeciaalzaak tegenkomt, zijn beslist veilig voor de vissen en beïnvloeden de watersamenstelling niet.

Sommige vissen verstoppen zich graag. Houdt u dergelijke vissen, dan moet u de stenen zo situeren dat er holten ontstaan waarin en waaronder de vissen zich kunnen verschuilen. Erg sterke en grote vissoorten, en dan met name de grotere cichliden, kunnen een enorme ravage aanrichten als ze in het grind aan het graven gaan. De bouwsels kunnen hierdoor uit elkaar vallen. Het glas van de meeste aquaria is hier niet tegen bestand. Het is raadzaam om de stenen vooraf aan elkaar te kitten als u sterke vissen houdt. Doe dit met een kit die geschikt is voor gebruik in aquaria. In alle gevallen zult u dan nog even geduld moeten hebben voordat u de stenen in het aquarium kunt gebruiken; eerst moeten de giftige stoffen van de lijm uitgewerkt zijn. Op de verpakking van de lijm staat hoeveel tijd dit in beslag neemt.

WORTELHOUT

Wortelhout, dat onder de naam kienhout of mopanihout wordt verkocht, is erg decoratief. Het is grillig van vorm en biedt daardoor ideale schuilplaatsen voor wat kleinere vis-

*Kersenbuikcichlide (*Pelvicachromis pulcher)

grind oplopen naar achteren toe. Vooraan in het aquarium mag het grind niet tegen het glas aan liggen, maar achterin mag de laag best 7 cm of nog dikker zijn. Het voordeel hiervan is dat het aquarium visueel meer diepte krijgt en dat het vuil, dat de eigenschap heeft om zich op de laagste plaatsen in het aquarium op te hopen, aan de voorkant van het aquarium terechtkomt. Daar staan geen planten en u kunt er gemakkelijk bij om het vuil af te hevelen.

Vaak blijft het grind niet liggen zoals u dat graag zou willen. Een oplossing is het aanleggen van borders. Deze borders hebben tevens als voordeel dat ze meer diepte en afwisseling geven. Ook voor de vissen is een aquarium met borders stukken interessanter dan een aquarium met een vlakke bodem. Borders maakt u van stukken leisteen of kienhout. Die legt u op bepaalde plaatsen neer, waarna u de ruimte erachter opvult met grind.

Zowel grind als zand dat u in de speciaalzaak aanschaft, is al gewassen, maar dat houdt niet in dat u het direct in het aquarium kunt gebruiken. Grind en zand zullen dus eerst helemaal schoongemaakt moeten worden. Dit is niet zo moeilijk als het lijkt. Wanneer u steeds een beetje grind in een emmer doet en dit een tijdje onder stromend water laat staan, zal het water in de emmer al snel niet meer troebel zijn. U kunt het proces versnellen door met uw hand door het zand of het grind te woelen. Pas als het water glashelder blijft, is het zand of grind schoon genoeg om in het aquarium te gebruiken.

Veel cichliden doen het heel goed in een aquarium zonder planten.

Veel cichliden doen het heel goed in een aquarium zonder planten.

De meeste vissoorten stellen prijs op een dichtbeplante leefomgeving.

jes. Een veelvoorkomend probleem met dit hout is dat het lange tijd een oranje kleur aan het water kan geven. U kunt dit voorkomen door het hout eerst te bewerken met een dun laagje transparante polyurethaanlak. Uiteraard mag deze lak als hij is uitgehard geen giftige stoffen (meer) afgeven aan het aquariumwater. Hoe lang het uitharden precies duurt, varieert: ga hiervoor te rade bij uw aquariumspeciaalzaak.

OVERIGE DECORATIEMATERIALEN

Er zijn veel kant-en-klare decoratiematerialen te koop. Sommige komen heel natuurlijk over, andere zullen door veel mensen als kitsch worden verworpen. De keuze is heel persoonlijk. Bloempotten, en daarmee worden alleen de oranje getinte aardewerken potten bedoeld, zijn ideale schuil- en broedplaatsen voor sommige vissen. *Pelvicachromis*-soorten, waaronder de bekende kersenbuikcichlide, mag u zo'n pot als schuilplaats

Voor killivisjes mag het aquarium best dichtbeplant zijn.

eigenlijk nooit onthouden. U kunt de pot op de kant, half in het grind graven of het gat aan de onderkant groter maken (scherpe uitsteeksels glad vijlen!) en de pot ondersteboven in het grind drukken. Houdt u niet van de kleur en vorm van dergelijke potten, gebruik dan gehalveerde kokosnoten.

De planten

Er bestaan aquaria zonder planten, maar de meeste mensen geven de voorkeur aan een flink beplant aquarium. Voordat u plantjes aanschaft die u op het eerste gezicht leuk vindt, kunt u beter een plan opstellen. Vraag uzelf af welke vissen uw aquarium gaan bevolken. Sommige vissoorten zijn planteneters en zien een rijk beplant aquarium als één groot luilekkerland. Uw kostbare waterplanten worden dan binnen een mum van tijd gereduceerd tot een paar zielige aangevreten sprietjes. Andere vissen stellen prijs op fijnbladige planten of drijfplanten omdat ze zich dan tussen het dichte gebladerte kunnen verschuilen.

Stem uw plantenkeuze niet alleen af op de voorkeur van de vissen, maar ook op de watersamenstelling die u nodig hebt om de door u gekozen vissen in optimale conditie te houden. Sommige planten vragen om een lage, andere om een hoge pH-waarde. Stroken deze waarde niet met elkaar, dan zullen of de planten of juist de vissen het minder goed doen. Vraag ook na hoe groot de planten uitgroeien. De kleine plantjes die u in een aquariumspeciaalzaak aanschaft, kunnen namelijk heel goed in korte tijd uitgroeien tot reuzen die uw hele aquarium domineren.

MOERASPLANTEN

Er zijn ook planten die als waterplanten worden verkocht, maar eigenlijk moerasplanten zijn. In een aantal van deze planten zult u kamerplanten herkennen. Deze planten zijn mooi om te zien, maar ze zijn slechts gedeeltelijk ingesteld op een onderwaterleven. Ze groeien veel in het oerwoud. Buiten de regentijd staan ze zo goed als droog; de hoge luchtvochtigheid in het oerwoud zorgt er dan voor dat ze niet uitdrogen. Tijdens hevige regenval lopen hele stukken oerwoud onder water en zijn de planten genoodzaakt om zich een paar maanden onder water aan te passen. Ondanks dit grote natuurlijke aanpassingsvermogen houden de planten het geen jarenlang in het aquarium vol. Moerasplanten zijn over het algemeen gemakkelijk te herkennen: als ze dezelfde vorm aanhouden als u ze uit het water haalt, dan zijn het geen échte waterplanten.

WATERPLANTEN IN HET AQUARIUM

Waterplanten zijn niet altijd even goedkoop en dat is voor veel mensen de reden waarom ze slechts een paar plantjes aanschaffen. Het is echter niet verstandig om te beknibbelen op het aantal planten dat u aanschaft. Algen, en dan met name die algen die het water groen en ondoorzichtig maken, worden door de meeste liefhebbers niet op prijs gesteld. Door ervoor te zorgen dat het aquarium direct bij de nieuwinrichting niet te karig beplant wordt, krijgen algen minder kans om zich snel te vermenigvuldigen en zich prominent te manifesteren. Alle schaarse voedingsstoffen die in het aquarium aanwezig zijn, worden namelijk in dat geval opgebruikt door de planten, dus blijven er voor de algen weinig voedselstoffen over.

Bovendien is een rijkelijk beplant aquarium gewoon mooier om te zien. Hoe meer planten, hoe mooier het eindresultaat, mits de planten op een esthetisch verantwoorde manier zijn gegroepeerd. Er zijn hiervoor bepaalde vuistregels. Zet op de voorgrond kleinblijvende plantjes, middenin wat grotere en achterin de allergrootste planten. Bedenk dat het mooier is om grotere plantengroepen van dezelfde soort bij elkaar te zetten en die verderop in het aquarium terug te laten komen, dan van ieder plantje er eentje aan te schaffen. Plaats één, maar hoog-

Wildvangguppy's stellen nauwelijks eisen aan de watersamenstelling.

stens twee, echte 'eyecatchers', zogenaamde solitaire planten die groot worden en opvallend van kleur of bladvorm zijn, nooit precies in het midden. Het mooiste effect geeft een asymmetrische indeling, die veel diepte impliceert.

STERKE PLANTENSOORTEN

Aanbevelenswaardig voor beginnende aquarianen zijn weinig eisen stellende plantensoorten zoals de diverse cambomba's, de meeste cryprocorynen, *Samolus parviflorus* (slaplantje), vallisneria's, *Lysimachia nummularia*, *Cardamine lirata* en de *Lobelia cardinalis*. Deze planten doen het prima in water van uiteenlopende watersamenstellingen en zijn niet zo gevoelig voor de watertemperatuur. *Vesicularia dubyana* (Javamos) is een heel geschikte plant die, vastgezet aan de achterwand van het aquarium of aan een stuk kienhout, zeer decoratief is en schuilgelegenheid biedt aan jonge visjes. Het watervorkje wordt veel gebruikt als drijfgroen. Mosselplantjes ontwikkelen gigantische wortels en vormen hierdoor een ideale schuilplaats voor kleine en jonge visjes. Het nadeel van deze planten is dat ze eigenlijk bestemd zijn voor buitenvijvers en niet goed bestand zijn tegen tl-licht.

3. De watersamenstelling

Een juiste watersamenstelling

Als aquariaan krijgt u te maken met verschillende chemische begrippen, zoals pH en DH. Wanneer u minder eenvoudig houdbare vissoorten wilt houden of met vissen wilt kweken, zult u minimaal op de hoogte moeten zijn van deze twee begrippen.

De zuurgraad van het water (pH-waarde)

De pH geeft aan of het water zuur (minder dan pH 7), basisch (meer dan pH 7) of neutraal (pH 7) is. In de natuur zijn zo'n beetje alle waarden vertegenwoordigd. Sommige vissen zijn gewend te leven in wateren met een hoge zuurgraad (en dus een lage pH-waarde), andere zijn gewend aan een basisch milieu (en dus een hoge pH-waarde). Er zijn verschillende vissoorten die het zowel in water met een hoge als een lage pH-waarde goed doen, ongeacht hoe de waarden in hun

De meeste Afrikaanse cichliden reageren goed op hard water.

Mosselplantje

natuurlijke omgeving zijn. Er zijn er ook die sterven als ze in water worden gehouden waarvan de pH te veel afwijkt van de pH in hun natuurlijke leefomgeving.

Er zijn diverse middelen te koop die de pH kunnen verlagen of verhogen. Het is echter raadzaam, zeker als u hiermee nog niet zo veel ervaring hebt, vissen te houden die op dit gebied weinig eisen stellen, of vissen die dezelfde pH-waarde gewend zijn als uw leidingwater bevat. Hiervoor kunt u altijd contact opnemen met het waterbedrijf, maar u kunt het water ook zelf testen met de diverse pH-tests die in de vakhandel verkrijgbaar zijn. Overigens zijn de pH-waarden die in deze encyclopedie worden aangegeven slechts richtlijnen; het zijn ideale waarden. U hoeft zich dan ook niet altijd precies aan deze waarden te houden. Mocht de juiste pH-waarde voor de gezondheid van een bepaalde vis echt essentieel zijn, dan staat dat nadrukkelijk vermeld bij de betreffende vissoort.

De Hepsetus odoe *is een geduchte rover.*

De hardheid van het water (DH)

Er zijn verschillende termen die de water-hardheid aangeven, maar de enige die belangrijk is voor de beginnende aquariaan is de DH (Duitse Hardheid) ook wel gH (gemiddelde Hardheid) genoemd.

De DH wordt gemeten in graden. Met 0 tot 4° DH wordt zeer zacht water bedoeld, 4 tot 8° DH is zacht water, 8 tot 12° DH is matig hard water, 12 tot 18° DH is redelijk hard en 18 tot 30° DH betekent hard water. Eigenlijk drukt de DH de hoeveelheid in het water opgeloste magnesiumzouten en calciumsul-faten uit. Hard water bevat veel opgeloste kalk. We treffen het voornamelijk aan in meren en beken met een rotsachtige bodem in een bergachtige omgeving. Zacht water komen we vooral tegen in tropische regen-wouden. De hardheid van het water is heel goed aan te passen aan de normen die uw vissen stellen. Er zijn verschillende berei-dingsmiddelen die u kunt gebruiken. Bent u echter niet bekend met deze materie, dan is het beter om eerst te informeren bij uw waterbedrijf welke hardheid het kraanwater bij u thuis heeft of om deze met een eenvou-dige watertest zelf te meten. Als u kiest voor vissoorten die zich in de watersamenstelling van uw kraanwater thuisvoelen, bespaart u zichzelf een hoop moeite.

Scholenvisjes voelen zich niet prettig als ze als eenling worden gehouden.

Het voorbereiden van water

Kraanwater moet voorbehandeld worden voordat u het in het aquarium doet. Kraan-water is namelijk niet bedoeld als aquarium-water, maar als drinkwater. Daarom mogen er beslist geen voor mensen schadelijke stof-fen in het water aanwezig zijn. Chloor wordt in kleine hoeveelheden toegevoegd om het water bacterievrij en voor mensen drinkbaar te maken. Ook zitten er metalen in drinkwa-ter; deze worden door de waterleidingen (koper) in minuscuul kleine deeltjes afgege-ven. Voor mensen zijn deze stoffen, zeker in deze minuscule hoeveelheden niet schade-lijk, maar voor vissen des te meer. Vissen hebben een beschermende slijmhuid over de schubben liggen die ze onder meer be-schermt tegen schadelijke bacteriën en ande-re ziekteverwekkers. Dat laagje kan erg slecht tegen agressieve chloor en metalen en wordt erdoor aangetast. Zet u vissen uit in water dat rechtstreeks uit de kraan komt, dan zullen ze hier vrijwel direct op reageren door hun vinnen uiteen te spreiden en met schokkerige bewegingen adem te halen, een teken dat er iets niet goed zit. Sterke vissen zullen in kraanwater weliswaar overleven, maar deze zijn zeker een korter leven beschoren dan soortgenoten die in voorbe-handeld water worden gehouden.

Er zijn speciale chemicaliën te koop waar-mee u kraanwater kunt omzetten in aquari-umwater. Er is ook een manier om het water geschikt te maken waar geen chemicaliën aan te pas komen: als u het kraanwater een poosje (ongeveer een week) in een emmer wegzet, zijn de meeste schadelijke stoffen eruit verdwenen. Belangrijk is hierbij dat de emmer alleen gebruikt wordt voor dit doel en niet tevens om de ramen te wassen of voor andere doeleinden waar zeep en andere middelen aan te pas komen. Deze stoffen kunnen namelijk in het aquarium terechtkomen en zijn beslist schadelijk voor het welzijn van de vissen. Overigens geldt dit voor alle spullen die u voor het onderhoud van het aquarium wel eens nodig hebt, bijvoorbeeld sponsjes. Het beste kunt u wat extra spulletjes aanschaffen die uitsluitend voor het aquarium worden gebruikt.

Omdat de 'emmermethode' omslachtig is, is het handiger om steeds een flesje waterbereider in huis te hebben, bijvoorbeeld voor als u delen van het water ververst. Vroeger werd regenwater veel gebruikt door aquarianen. Tegenwoordig is regenwater als aquariumwater alleen geschikt als het in een gebied wordt opgevangen waar in de verre omtrek weinig uitlaatgassen of industriegebieden zijn. In alle andere gevallen kan het regenwater voor de vissen evenveel schadelijke stoffen bevatten als kraanwater.

4. De vissen

Niet alle soorten zijn te combineren

Er zijn veel verschillende soorten vissen, die allemaal hun eigen manier van leven hebben. We onderscheiden onder meer scholenvissen, solitair levende vissen en vissen die paarsgewijs leven. Ook het temperament en de voedselbehoeften van de vissen wijken onderling af. Het is een kunst apart om juist die vissen in een aquarium bij elkaar te zoeken die harmonisch kunnen samenleven. Kleine visjes horen natuurlijk niet in een

Scholenvisjes kunnen het onderling erg goed vinden.

aquarium met visetende rovers thuis en robuuste, snelle zwemmers zullen tragere en tere vissoorten te veel hinderen. Ook moet u er rekening mee houden dat verschillende vissen zich in verschillende waterlagen ophouden. Sommige vissen hebben namelijk de voorkeur voor de middelste waterlagen, andere houden zich vooral op de bodem of juist direct onder het wateroppervlak op. Het mooiste resultaat krijgt u uiteraard wanneer u vissen kiest die in verschillende waterlagen leven. Wanneer u alleen vissen zou houden die de middelste waterlagen bevolken, is er geen sprake van een harmonisch geheel. Bovendien zullen de vissen elkaar bij het zwemmen steeds hinderen.

Probeer dus de populatie vissen in het aquarium op elkaar af te stemmen. Om erachter te komen welke vissen zonder problemen bij elkaar kunnen worden gehouden, hebben we hieronder een splitsing gemaakt naar leefgewoonten. Wilt u een harmonisch

De neontetra is een echt scholenvisje.

Deze Epalzeorhynchus bicolor *is een solitair levende vis.*

Sturisoma aureum

Synodontis schoutedeni

aquarium waarin alle vissen zich op hun gemak voelen, houd dan rekening met de wensen en eisen van de betreffende vissen.

Scholenvissen

Scholenvissen leven in de natuur in grote groepen. Niet zelden wordt dit soort vissen in hun natuurlijke biotoop in scholen van wel duizenden soortgenoten aangetroffen. Het betreft hier vaak kleinere visjes die niet zo goed zijn uitgerust om zich tegen roofvissen te verdedigen. Opeengepakt in de massa zien ze er voor roofvissen als één heel grote vis uit. Dit soort visjes heeft een aangeboren instinct om heel dicht bij elkaar te blijven zwemmen. Zwenkt het visje dat voorop zwemt af, dan volgt de hele groep als zijn schaduw. Een eenzaam scholenvisje is altijd op zoek naar soortgenoten. Hoe groter de school is, hoe zekerder de visjes zich voelen. Veel soorten scholenvisjes behoren tot de populairste aquariumvissen.

Scholenvissen worden door onwetende mensen nogal eens als eenling gehouden of in een te klein groepje. Omdat er zo veel verschillende soorten scholenvisjes zijn, met evenzoveel verschillende kleuren, aftekeningen, uiteenlopende vormen en grootten, kunnen de meeste mensen maar moeilijk een keuze maken. Ze besluiten dan om bijvoorbeeld vier of vijf kleine schooltjes van verschillende scholenvissen aan te schaffen, in de hoop dat ze dan kunnen genieten van meerdere vissoorten. Helaas pakt de praktijk niet zo gunstig uit. De visjes maken meestal gebruik van dezelfde waterlaag en zwemmen elkaar steeds in de weg. Alle verschillende kleuren en vormen geven een rommelig geheel en omdat de schooltjes te klein zijn, voelen de vissen zich niet optimaal. Dat is direct te zien aan hun kleuren, gedrag en gezondheid. Daarentegen vormen één enkele of, wanneer er voldoende ruimte is, twee verschillende flinke scholen van minimaal twintig exemplaren een sieraad voor ieder aquarium, zeker als het om vissen gaat die qua kleur, vorm en manier van zwemmen sterk van elkaar afwijken. U zult er dus iets dieper voor in de beurs moeten tasten, maar het resultaat is veel mooier om naar te kijken en de vissen voelen zich duidelijk beter op hun gemak in uw aquarium.

Solitair levende vissen

Solitair levende vissen kunnen vanwege hun onverdraagzame of agressieve gedrag ten opzichte van soortgenoten het beste alleen leven. In de natuur kunnen deze dieren elkaar uit de weg gaan; er is tenslotte ruimte genoeg om uit te wijken. Tijdens de paartijd zoeken de dieren elkaar weer op. In het aquarium zijn de vissen echter gedwongen

Veel cichliden leven graag paarsgewijs.

om met elkaar samen te leven in een relatief kleine ruimte. De vissen hebben geen mogelijkheid om elkaar uit de weg te gaan en de gevechten kunnen zo hevig zijn dat de zwakste na verloop van tijd het leven geeft. Opvallend aan deze solitair levende dieren is dat ze andere vissoorten over het algemeen met rust laten; de agressie van de meeste soorten richt zich voornamelijk op vissen van dezelfde soort. De meeste solitair levende vissen doen het daarom goed in een gezelschapsaquarium.

Vissen die paarsgewijs leven

Tot vissen die paarsgewijs leven behoren veel cichliden. In de vrije natuur blijven jonge visjes die uit de eitjes zijn gekomen vaak bij elkaar zwemmen en vormen min of meer een schooltje. Ook jonge soortgenoten van andere ouderdieren sluiten zich bij zo'n groep aan. Naarmate de dieren ouder worden, ontwikkelen ze een voorkeur voor een bepaalde vis uit de groep. Samen met deze partner splitsen ze zich vervolgens af om zich ergens in een eigen territorium terug te trekken. In dit territorium maken ze een nest, leggen ze

eitjes en verzorgen ze de jongen totdat deze oud genoeg zijn om voor zichzelf te zorgen. Daarna zien de ouderdieren ze alleen nog maar als indringers of als lekkere hapjes. De jonge visjes trekken weer weg in een klein schooltje en het hele proces begint weer van voren af aan.

Paarsgewijs levende vissen hebben een interessante manier van voortplanten en de manier waarop ze hun eitjes en jongen beschermen en verzorgen is heel bijzonder om te zien.

Territoriumvormende vissen

Onder de territoriumvormende vissen vinden we vooral de solitaire vissen en de vissen die een paartje vormen. De meeste cichliden zijn bijvoorbeeld territoriumvormers. Het gaat hier om vissen die een bepaalde plaats in het aquarium in beslag nemen, vaak in de buurt van een kunstmatig gevormd hol. In het territorium worden meestal geen andere vissen geduld, maar in ieder geval geen andere soortgenoten. In het geval van cichliden wordt het territorium bewoond door een paartje, maar de solitair levende *Labeo bico-*

De meeste cichliden zijn territoriumvormend.

Bijlzalmpjes behoren tot de oppervlaktevissen.

lor neemt zo'n territorium helemaal alleen in beslag.

Wilt u dergelijke vissen in uw aquarium opnemen (de meeste ervan zijn echt de moeite waard om te houden), dan moet u zorgen voor voldoende schuilgelegenheden. Rotspartijen, veel groen, grillig gevormd kienhout en verschillende omgekeerde bloempotten zijn ideale verstopplaatsen en zullen veel territoriumvormende vissen aanspreken. Vanwege de agressie die de vissen gaan vertonen als andere vissen hun territorium 'binnendringen', behoort het aquarium beslist ruim te zijn. Het mag ook vooral niet te veel vissen bevatten. In een overbevolkt aquarium is het dringen geblazen en wordt de overige aquariumbewoners geen andere keus gelaten dan zo nu en dan in de buurt van een territorium te komen, met alle gevolgen van dien. Als u een ruim aquarium met veel schuilmogelijkheden hebt, is het meestal goed mogelijk om meerdere territoriumvormende vissen samen te houden.

Oppervlaktevissen

Oppervlaktevissen zijn, de naam zegt het al, vissen die zich voornamelijk net onder het wateroppervlak en in de bovenste waterlagen ophouden. De vissen zijn gemakkelijk herkenbaar. Meestal zit de opening van de bek aan de bovenkant van het lichaam, zodat ze eenvoudig voedsel van het wateroppervlak kunnen afnemen. Daarnaast is de rug vaak recht en hebben deze dieren meestal geen grote vinnen aan de bovenkant van het lichaam. Een flinke rugvin zou namelijk boven het water uitsteken, waardoor prooidieren –meestal kleine insectjes– hierdoor

vroegtijdig zouden worden gewaarschuwd. Het natuurlijke menu van oppervlaktevissen bestaat uit kleine insecten (fruitvliegjes, muggen) en hun larven, zoals muggenlarven.

Tot deze vissen behoren zowel scholenvissen als solitair levende vissen. Bekende oppervlaktevissen zijn bijvoorbeeld de bijlzalmen, de vlindervis en een aantal killivissen. Wat de dieren ook met elkaar gemeen hebben, is dat ze graag springen. In de vrije natuur zijn er voorbeelden bekend van vissen die meters ver kunnen springen. Om deze vissen in het aquarium te houden, is een dekruit beslist noodzakelijk.

Bewoners van de middelste waterlagen

Tot de grote groep van vissen die zich vooral in de middelste waterlagen ophouden, behoren veel scholenvisjes. Voorbeelden hiervan zijn de neontetra's (*Paracheirodon innesi*), kardinaaltetra's (*Paracheirodon axelrodi*) en de ruitvlekzalmen (*Hemigrammus caudovittatus*). Ze nemen hun voedsel bijna alleen maar op in de middelste waterlagen, al willen sommige soorten nog wel eens naar de bovenste waterlagen zwemmen als daar wordt gevoerd. Op de bodem zijn ze heel zelden of nooit te vinden. De meeste vissen die onder deze groep vallen, zijn bijzonder snelle zwemmers en ze zijn steeds in beweging.

Bodembewoners

Bodembewoners hebben een lichaamsbouw die tegenovergesteld is aan die van de oppervlaktevissen. Bij deze vissen is de bek aan de onderkant van het lichaam gesitueerd, zodat ze zich niet in moeilijke posities hoeven manoeuvreren om te eten. De rugvin is vaak uitgesproken, terwijl de meeste een plat onderlichaam hebben. De vissen zijn dus perfect uitgerust voor een leven op de bodem en dat is dan ook waar ze zich voornamelijk ophouden.

Bodembewoners zijn vaak prima 'stofzuigers' in het aquarium. Alles wat de overige aquariumbewoners niet opeten en wat op de bodem terechtkomt, wordt door deze vissen opgespoord en opgegeten. Ze zijn in de meeste aquaria te vinden, niet alleen omdat ze erg nuttig werk verrichten, maar ook omdat ze vaak een opvallend uiterlijk hebben. De meeste zijn overdag rustig of laten zich helemaal niet zien, terwijl ze tegen de schemering actief worden. De meeste bodembewoners zijn solitair levende vissen, maar er zijn enkele soorten die zich liever in een klein schooltje ophouden.

De Synodontis angelicus *is een echte bodembewoner.*

Arius seemani

Papiliochromis ramirezi *of antennebaarsje*

Vissen die alle waterlagen bewonen

Tot de vissen die zich in alle waterlagen begeven, behoren onder meer de eierlevendbarende tandkarpertjes zoals de guppy (*Poecilia reticulata*) en de zwaarddrager (*Xiphophorus variatus*), maar ook veel barbelen en karperachtigen. Deze vissen nemen zowel voedsel op van het wateroppervlak als van de bodem en daar tussenin. Het gaat hier om drukke, bezige zwemmers die zich in een school of klein groepje het beste voelen. Vanwege hun actieve levensstijl kunnen ze schuwere visjes verdringen.

5. De aanschaf van vissen

Vissen uitzetten

Een van de belangrijkste eigenschappen waar een aquariaan in spe over moet beschikken, is geduld. Hebt u dit niet, dan zal de hele onderneming zelden een succes worden. We kunnen veel naar onze hand zetten; de watersamenstelling kan worden aangepast, het water kan worden verwarmd, verlicht, gefilterd en ga zo maar door. Maar een min of meer biologisch evenwicht is iets wat na verloop van tijd optreedt en u kunt er weinig aan doen om dat te versnellen.

Wanneer het aquarium is ingericht, dat wil zeggen inclusief de planten, laat u het eerst een week of twee met rust. Doe de verlichting op de gewenste tijden aan en uit (of laat dit aan een tijdklok over), zorg dat het filter werkt en houd het water op de gewenste temperatuur. Na een aantal weken kunt u de eerste bewoners in het aquarium loslaten.

In een aquariumspeciaalzaak vindt u een enorm assortiment vissen en planten.

Begin met twee of drie sterke visjes en schaf pas na een aantal weken de rest aan. Een van de meest gemaakte 'beginnersfouten' is niet alleen dat de visjes veel te snel worden aangeschaft, maar ook dat er te veel ineens worden losgelaten. Het zorgvuldig opgebouwde en zo kwetsbare evenwicht in het aquarium wordt op deze manier in één klap tenietgedaan, met als gevolg dat de vissen binnen zeer korte tijd doodziek worden en sterven. In de Verenigde Staten wordt deze massale vissterfte 'New Tank Syndrome' genoemd; het feit dat er een term voor in het leven is geroepen, wijst erop dat het probleem niet incidenteel voorkomt. Zo'n massasterfte kunt u eenvoudig voorkomen door het vissenbestand met beleid en veel geduld op te bouwen.

Vissen kopen

Wanneer u visjes gaat aanschaffen, kunt u het beste naar een aquariumspeciaalzaak gaan. De meeste dierenwinkels hebben wel vissen, maar in een aquariumspeciaalzaak worden alleen aquariumartikelen en vissen verkocht en het personeel is hier dan ook

helemaal op ingesteld. Het aanbod in de speciaalzaken is veel groter. U vindt er niet alleen de populairste vissen, maar ook minder gevraagde soorten, waarvan een deel heel geschikt is voor beginnende aquarianen. Wanneer u een keuze maakt uit de vissen, let u uiteraard goed op of de vissen gezond zijn. Knijpen de vissen met hun vinnen, hebben ze uitstaande schubben, gaan de kieuwen erg snel op en neer of schuren ze tegen

Vissen hebben de tijd nodig om te acclimatiseren in het aquarium.

de stenen en planten aan, dan is dat geen best teken. Dat geldt ook als er dode vissen in het water drijven, de vissen kapotte, met schimmel aangetaste en incomplete vinnen hebben, de dieren erg mager of lusteloos zijn of op een afwijkende manier zwemmen.

Al is er maar één visje in het aquarium dat een duidelijk zieke indruk maakt en is de rest wel gezond, dan nog is het niet verstandig om uit een dergelijk aquarium een of meerdere vissen aan te schaffen. U neemt namelijk met deze vissen eventuele ziekteverwekkers mee naar huis. De vissen hadden daar in de winkel misschien nog geen last van, maar onder invloed van stress (transport, nieuwe omgeving) worden ze hiervoor bevattelijker en is de kans groot dat uw prachtige pas ingerichte aquarium binnen een paar weken bevolkt is met doodzieke vissen. Vissen kiest u dus altijd uit een aquarium waarin alle dieren een levendige en gezonde indruk maken en het spreekt voor zich dat u zich niet moet laten verleiden om een vis aan te schaffen die op de een of andere manier misvormd is.

Het transport

Vissen zijn erg gevoelig voor stress. Stress zorgt er onder meer voor dat de vissen bevattelijker worden voor ziekten en zieke vissen zijn niet altijd gemakkelijk weer gezond te krijgen. Het is dan een hele klus om dit proces onder controle te krijgen. Het transporteren van vissen veroorzaakt altijd stress.

De vissen kunnen het beste in een goede plastic zak worden vervoerd. In tegenstelling tot wat veel mensen denken, hebben vissen geen behoefte aan grote hoeveelheden water in de transportzak, integendeel zelfs. Zeker als de vissen wat langer in de transportzakken verblijven, is het van belang dat er voel zuurstof (lucht) in de zak is. Het transportwater dient alleen om de vissen nat te houden; de aanwezige zuurstof stelt ze in staat om adem te halen.

Temperatuurschommelingen dienen zo veel mogelijk vermeden te worden. Hiertoe zullen de meeste aquariumspeciaalzaken de transportzak in verschillende lagen kranten wikkelen. Is het buiten erg koud en duurt het langer dan een uur voordat u thuis bent, vraag dan om een transportdoos van piepschuim die de warmte van het water beter vasthoudt. Tijdens het transport kunnen de vissen het beste donker worden gehouden;

plotselinge lichtflitsen laten de dieren onnodig schrikken.

Thuis aangekomen legt u de transportzak minimaal een kwartier op het aquariumwater. Het water in de zak neemt dan geleidelijk de temperatuur van het aquariumwater aan en de vissen wennen hier aan. Maak dan de transportzak open en schep wat water uit het aquarium in de transportzak, zodat de vissen alvast een beetje kunnen wennen aan de watersamenstelling, die vrijwel altijd wel wat afwijkt van wat ze gewend waren. Na een minuut of vijf kunt u de vissen met een fijnmazig netje uit de transportzak halen en ze in het aquarium uitzetten. Het transportwater gooit u altijd weg, niet zelden zit het vol uitwerpselen. In eerste instantie zullen de vissen nog niet zo monter zwemmen. Dat is ook niet zo vreemd want ze hebben immers heel wat indrukken achter de rug. Klop dan ook nooit tegen de aquariumruit om ze tot bewegen te manen, aangezien dit de dieren alleen maar nog gestresster maakt dan ze wellicht al zijn. Bovendien zijn er vissoorten die hiervan zo schrikken dat ze het leven laten en dat zal nooit uw bedoeling zijn. Voer de vissen de eerste dag nog niet, maar geef ze eerst de kans om te acclimatiseren.

Andere waterbewoners

In de aquariumspeciaalzaak vindt u niet alleen vissen, maar meestal ook andere waterbewoners. Hiermee bedoelen we bijvoorbeeld slakken, zoetwatergarnalen en waterschildpadjes. Het is goed om te weten wat de voor- en nadelen zijn van deze dieren, aangezien veel mensen het leuk vinden om

Appelslak

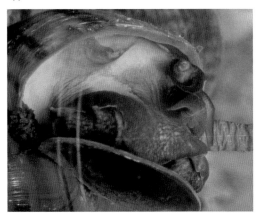

Garnalen

Roodwangschildpadden horen niet thuis in een aquarium met vissen.

dergelijke dieren, naast vissen, in hun aquarium te houden.

Slakken worden door de meeste mensen uit het aquarium geweerd. Dat is niet verwonderlijk, omdat slakken in veel gevallen de planten zullen beschadigen. Alleen de posthoornslak (*Planorbarius corneus*) en de gestreepte moerasslak (*Viviparus fasciatus*) vergrijpen zich niet aan de beplanting. Slakken ruimen dan wel overtollig voedsel op, maar ze produceren ook uitwerpselen en u hebt ze dan ook niet nodig om het aquariumwater zuiver te houden. Integendeel zelfs. Desondanks zijn slakken, en zeker de grotere soorten zoals de appelslak (*Ampullarius scalaris*), interessante waterbewoners. Geef ze regelmatig geblancheerde slablaadjes te eten of voedertabletten voor bodembewoners, omdat ze bij gebrek hieraan aan de

waterplanten gaan knabbelen. Kleine slakjes planten zich razendsnel voort en kunnen al snel een plaag gaan vormen. Als u vissen hebt die graag slakken eten, is dit geen probleem. Bezit u geen slakkeneters, dan is het zaak om het teveel aan slakken regelmatig uit het aquarium te verwijderen.

Zoetwatergarnaaltjes zijn andere interessante diertjes. Ze houden zich op de bodem op en peuzelen daar de voederrestanten op. Sommige soorten, en dit is minder bekend, schromen echter niet om kleinere visjes aan te vallen. Wees hier dan ook op bedacht.

Waterschildpadjes, en dan specifiek de bekende roodwangschildpad, horen niet thuis in een aquarium dat bevolkt wordt door vissen. Ze zijn weliswaar klein en grappig om te zien bij de aanschaf, maar bij een tropische watertemperatuur en een goede voeding groeien ze hard en gaan ze omzien naar krachtiger voeding: namelijk uw vissen! Roodwangschildpadden kunnen maar liefst 30 centimeter lang worden en produceren enorme hoeveelheden ontlasting. Daarnaast moeten deze dieren regelmatig op het droge kunnen uitrusten en kunnen zonnen op een kunstmatig gecreëerde oever. In een volledig afgevuld aquarium is dit natuurlijk niet

Het vangen van tropische vissen in de natuurlijke herkomstgebieden gebeurt met primitieve middelen.

Hemigrammopetersius caudalis

Kweekvorm van de Pterophyllum scalare

mogelijk. Deze dieren horen dan ook in een ruime glazen bak thuis die speciaal voor ze is ingericht.

Herkomst

De vissen die u in de aquariumspeciaalzaak tegenkomt, komen uit verschillende gebieden. Sommige vissoorten, vooral die soorten die zich in het aquarium niet of nauwelijks voortplanten, worden in de streek van herkomst door de lokale bevolking gevangen en verkocht aan siervisexporteurs. Daarna worden de vissen geëxporteerd naar siervisgroothandels over de hele wereld.

Vissen die in het land van herkomst zijn gevangen, worden 'wildvang' genoemd. Ze vormen maar een klein gedeelte van het totale aanbod in de aquariumspeciaalzaken. In

De vraag naar tropische vissen in westerse landen voorziet verscheidene mensen die rond de evenaar wonen in hun levensonderhoud.

tegenstelling tot wat de media ons soms wil doen geloven, is het uitvangen geen gevaar voor de natuurlijke populatie van tropische vissen. De middelen waarmee de vissen worden gevangen, zijn nog uiterst primitief en de aantallen gevangen vissen zijn niet te vergelijken met de visvangst op zee voor menselijke consumptie. Sommige vissen zijn door enthousiaste aquarianen nagekweekt in aquaria. De meeste vissen die u in de aquariumspeciaalzaken tegenkomt, zijn echter afkomstig uit Azië, waar ze in grote bassins speciaal voor de export worden gekweekt. Doordat de temperatuur in die streken altijd zeer aangenaam is, kan men daar zonder al te hoge energielasten tropische vissoorten kweken.

6. Het onderhoud

Het onderhoud

Als u niet te veel vissen houdt en ze matig voert, het aquarium groot genoeg is en als u alle andere aanwijzigingen (standplaats, filters, verlichting e.d.) goed hebt opgevolgd, zult u niet te veel tijd kwijt zijn aan het onderhoud van uw aquarium.

Dagelijks moet u de dieren voeren, de temperatuur controleren en kijken of alle vissen gezond zijn en geen afwijkend gedrag vertonen. Wekelijks komt daarbij het verwijderen van een teveel aan planten, het uit het aquarium halen van losse plantenbladeren en het afhevelen van vuil en uitwerpselen van de bodem. Dit kunt u het beste doen met een stuk tuinslang waarvan het gedeelte buiten het aquarium altijd lager moet zijn dan erin.

Wanneer het aquarium wordt verwaarloosd, reageren de vissen hierop door ziek te worden.

De eerste aanzet maakt u door het aquariumwater in de tuinslang te zuigen, de rest laat u over aan de wet van de communicerende vaten. Pas goed op dat er geen kleine visjes door de grote zuigkracht van het water door de slang worden meegevoerd. Na het afhevelen is het waterpeil enkele centimeters gedaald. Het aanvullen kunt u doen met gewoon kraanwater waaraan een waterbereider is toegevoegd (S. Aqutan). Verversing van een gedeelte van het aquariumwater is regelmatig nodig. U kunt wekelijks een beetje water verversen, wanneer u het vuil van de bodem hevelt. Overigens is het goed te weten dat u het aquarium zo veel mogelijk met rust moet laten. Elke keer als u bijvoorbeeld een plantje rechtzet, wat algen van de ruit afschraapt of het slangetje van het doorluchtingspompje vastzet, is dit voor de vissen een ingrijpende gebeurtenis, die veel stress kan veroorzaken. U weet nu dat stress bij vissen ziekten kan veroorzaken; bovendien krijgt een aquarium waarin te veel gerommeld wordt niet de kans om in evenwicht te komen. Spreid de dingen die moeten gebeuren dan ook niet over een paar dagen uit, maar doe alles direct in één keer.

7. Voeding

Droogvoer

De tijd dat droogvoer voor aquariumvissen alleen in noodgevallen werd gevoerd omdat de kwaliteit niet altijd even betrouwbaar was, hebben we al lang achter ons gelaten.

Droogvoer, zoals voedertabletten, -sticks, -vlokken en -granules, vormt voor bijna iedere vissoort een uitstekende basis. Het is gebleken dat veel, zo niet de meeste vissoorten zonder problemen een leven lang gezond kunnen blijven op een menu van kwalitatief goed en afwisselend droogvoer. Het voordeel van droogvoer is dat u het altijd bij de hand hebt. U hebt er geen diepvries voor nodig en u hoeft er ook niet steeds voor op pad. Een ander voordeel is dat droogvoer absoluut vrij is van parasieten en andere ziekteverwekkers.

Houd er echter wel rekening mee dat niet alle vissen goed gedijen op voer van dezelfde samenstelling. Sommige vissoorten hebben meer behoefte aan plantaardige voedingsstoffen, terwijl andere juist nooit plantaardige kost eten. Wanneer u verschillende soorten voeders in huis haalt, kunt u de voe-

Vlokkenvoer

Vlokkenvoer

Voedertabletten voor planteneters

Voedertabletten

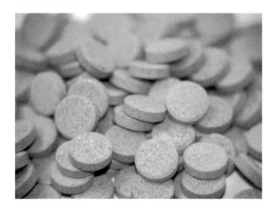

Cichlidensticks

ding afwisselen, wat de dieren ten goede zal komen. Van bodembewoners is bekend dat ze zelden of nooit voedsel uit de middelste of bovenste waterlagen opnemen. Daarom zijn er speciale tabletten ontwikkeld die direct naar de bodem zakken. De meeste bodembewoners worden pas actief tegen de sche-

Granules

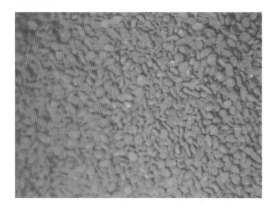

mering. Geef deze tabletten dan ook pas op een later tijdstip.

Levend voer

Onder levend voer worden verschillende soorten voedseldiertjes verstaan. De bekendste voedseldiertjes zijn witte-, zwarte- en rode-muggenlarven, cyclops, daphia (watervlooien), tubifex en artemia (pekelkreeftjes). Een aantal van deze diertjes kunt u zowel zelf vangen met een fijnmazig netje, bijvoorbeeld in een ondiep meertje bij u in de buurt, als kopen in de aquariumspeciaalzaak. Ook kunt u sommige diertjes zelf kweken. 's Winters kunt u niet, of alleen met moeite, levend voer in de natuur vinden, terwijl er 's zomers ruim voldoende is. Het zelf uitvangen van voedseldiertjes heeft een nadeel. U kunt hiermee samen met de voedseldiertjes ook ongewenste ziekteverwekkers of larven van de waterroofkever in uw aquarium brengen. Het zelf kweken van voedseldiertjes is op dit punt veiliger. Er zijn verschillende publicaties verschenen waarin wordt beschreven hoe u dit het beste kan doen. Voedseldiertjes als garnaaltjes, muggenlarven en watervlooien kunt u ook in gedroogde vorm of ingevroren aanschaffen. Let bij ingevroren voedseldiertjes altijd wel goed op: u mag ze nooit aan de vissen geven als ze nog bevroren zijn. Laat de diertjes van tevoren goed ontdooien en geef ze altijd op kamertemperatuur. Uiteraard vriest u ze niet opnieuw in als ze eenmaal ontdooid zijn.

De besproken voedseldiertjes zijn allemaal vrij klein en geschikt voor de meeste aquariumvissen. Grotere voedseldieren, zoals regenwormen, vormen geschikt voedsel voor grotere Zuid-Amerikaanse cichliden. Deze kunt u niet in gedroogde of ingevoren vorm kopen, maar het is niet moeilijk om ze, nadat het flink geregend heeft, buitenshuis te verzamelen. Geef de regenwormen nooit direct aan de vissen, maar leg ze eerst in een bakje totdat het darmkanaal, dat vol zit met zand, geleegd is.

Plantaardige voeding

In deze encyclopedie komt u regelmatig vissen tegen die alleen maar of voornamelijk

Mastacembelus

plantaardig voedsel eten. Tot deze vissen behoren veel meervallen, maar ook veel levendbarende visjes en sommige karperachtigen. Dit soort vissen houdt vooral van algen. In een aquarium dat al wat langer in gebruik is, groeien meestal al algen op de ruiten, planten en stenen – dat is normaal. Zolang ze niet de overhand krijgen, geven ze aan dat het aquarium gezond is. Wanneer er niet voldoende algen zijn, zult u de vissen moeten bijvoeren. Dit kan met waterkers, sla en spinazie. Houd deze groenten eventjes in kokend water (blancheren) voordat u ze aan de vissen geeft. Er zijn ook plantaardige

Er zijn vissen die alleen maar levend voer accepteren.

droogvoeders, die door de meeste plantenetende vissen goed gegeten worden en die alle
stoffen bevatten die ze nodig hebben.

Andere voeders

Onder andere soorten voeding wordt voedsel
verstaan dat niet onder plantaardig, ingevroren, levend of droog voedsel te groeperen
valt; stukjes vlees, vis en schaaldieren bijvoorbeeld. Sommige vissen, en dan met
name de grote cichliden, hebben behoefte
aan krachtig voer. U kunt ze zowel geschikt
droogvoer als grover levend voer geven, maar
de meeste stellen een klein stukje runderhart,
vis of mossel op zijn tijd erg op prijs. Zo nu
en dan kunt u uw vissen ook wat eigeel
geven (gekookt), maar niet te veel, aangezien

*Algeneters zijn nuttige aquariumbewoners, maar
wanneer er geen algen meer zijn, moet u ze bijvoeren.*

De meeste cichliden hebben prachtige kleuren.

Scholenvisjes bevolken meestal de middelste waterlagen.

het water erdoor vertroebelt en de vissen er
snel te dik van worden. Geef uw vissen nooit
brood; dit zet namelijk sterk uit in de maag
en kan voor problemen zorgen.

Hoeveel voer

Een veelgemaakte beginnersfout is het overvoeren van de vissen. Vissen hebben niet zo
veel voeding nodig als vaak wordt gedacht.
Daardoor krijgen ze meestal veel te veel
voedsel aangeboden. Dat heeft verschillende
nadelen. Alles wat de dieren niet opeten,
komt op de bodem van het aquarium terecht,
waar het gaat rotten en de watersamenstelling nadelig beïnvloedt. Vissen die te veel
eten, produceren ook meer ontlasting omdat
ze een groot gedeelte van het voedsel niet
nodig hebben. Ook dit komt allemaal op de
bodem terecht. De rottende voedseldeeltjes
en ontlasting vormen een ideale voedingsbodem voor ziekteverwekkers en dat is alles-
behalve bevorderlijk voor helder aquariumwater en gezonde vissen. Daarnaast zal het
afval bijdragen aan een grotere concentratie
giftige stoffen, waar de meeste vissen erg
slecht tegen kunnen.
   U mag de vissen best vaker per dag wat
eten geven, maar let dan op dat u ze werkelijk niet meer geeft dan ze in korte tijd opeten. U zult merken dat er zich echte slokop-
pen onder de vissen bevinden en ook vissen
die van nature niet zulke eters zijn. Sommige cichliden, maar ook eierlevendbarende
vissen bijvoorbeeld, eten verhoudingsgewijs
meer dan kleine scholenvisjes. Het is een
kwestie van uitproberen hoe het met uw vissen is gesteld, maar onthoud dat vissen er
doorgaans beter tegen kunnen wanneer ze
een dagje géén voedsel krijgen, dan wanneer
u ze steeds te veel voert.

Tropische aquariumvissen van A tot Z

Acanthophtalmus kuhlii
(syn. Pangio kuhlii*)*

INDISCHE MODDERKRUIPER

FAMILIE
Cobitidae (modderkruipers)

ONDERFAMILIE
Cobitinae

VINDPLAATS
Zuidoost-Azië, in stilstaande en langzaam stromende ondiepe wateren

GESLACHTSONDERSCHEID
Het verschil tussen de geslachten is niet altijd eenvoudig vast te stellen. Vaak hebben de mannetjes grotere borstvinnen dan de vrouwtjes.

LENGTE
Tot ongeveer 10 centimeter

HUISVESTING
De Indische modderkruiper is een vreedzaam visje dat prima geschikt is zowel voor grote als voor kleine gezelschapsaquaria met

Links: Anchistrus dolichopterus, *onder:* Acanthophtalmus kuhlii

35

enigszins gedempt licht, waarin veel planten aanwezig zijn, aangezien deze kleine modderkruiper zich overdag het liefst schuil houdt. Daar hij zich graag ondergraaft, is een zachte bodembedekking op bepaalde plaatsen (bijv. turfmolm of zand) wenselijk en mogen er beslist geen scherpe stenen als aankleding worden gebruikt. Het maakt de visjes weinig uit of er wel of geen stroming in het water is.

SOCIALE EIGENSCHAPPEN

De Indische modderkruiper voelt zich zowel als solitair als omringd door meerdere soortgenoten prima op zijn gemak en is uiterst vreedzaam ten opzichte van de overige aquariumbewoners.

De visjes gaan meestal pas tegen de schemering actief op zoek naar voedsel. De dag brengen ze voornamelijk in de bodemgrond door. Desondanks laten ze de wortels van de planten met rust en woelen niet. Indische modderkruipers kunnen dan ook probleemloos in een rijk beplant aquarium gehouden worden.

TEMPERATUUR EN WATERSAMENSTELLING

22-28 °C. Deze vis stelt aan de watersamenstelling geen hoge eisen, al zou een pH onder de 10 ideaal zijn.

VOEDSEL

De *A. kuhlii* ruimt het voedsel dat door de andere aquariumbewoners niet wordt opgegeten keurig op. Daarnaast eet hij graag klein levend voer, vooral tubifex. Ook voedertabletten voor bodembewoners (S. Viformo) worden erg op prijs gesteld.

KWEEK

Tot dusverre is er nog niet veel bekend over de voortplanting van dit visje. Zo nu en dan wordt er melding gemaakt van een 'toevalskweek'.

KWEEKVORMEN

Er zijn geen kweekvormen van deze vis bekend, maar wel verschillende soorten die erg sterk op elkaar lijken. Ze wijken vooral in kleur en tekening van elkaar af, maar worden vaak onder dezelfde naam in speciaalzaken aangeboden.

BIJZONDERHEDEN

Omdat deze visjes een darmademhaling hebben en erg taai zijn, kunnen ze zich in de natuur ook in minder schoon en zuurstofarm water in leven houden.

Aequidens rivulatus
(syn. Acara rivulata)

FAMILIE
Ciclidae (cichliden)

VINDPLAATS
Zuid-Amerika

GESLACHTSONDERSCHEID
De vrouwtjes zijn donkerder gekleurd dan de mannetjes en ze zijn iets kleiner. Volwassen mannetjes hebben een bultvormig voorhoofd.

LENGTE
Tot ongeveer 20 centimeter

HUISVESTING
De *A. rivulatus* is alleen geschikt voor grotere aquaria (minimaal 1 meter lang). Ter decoratie, maar ook om de vissen beschutting te bieden, zijn rotspartijen en stukken kienhout wenselijk.

Omdat deze sterke en robuuste vissen aan planten snoepen en de wortels uitgraven, zijn alleen erg sterke en grofbladige planten geschikt. Plant deze altijd in een pot en graaf die onder het grind. Gebruik altijd afgerond grind, omdat scherp grind verwondingen aan de bek kan veroorzaken.

SOCIALE EIGENSCHAPPEN
Deze cichlidensoort kan het beste als een paartje worden gehouden. Eenmaal volwassen kunnen ze enigszins humeurig zijn ten opzichte van andere vissen. Daarom worden ze meestal alleen samen met andere sterke cichlidensoorten gehouden. Het aquarium moet voldoende ruimte en schuilmogelijkhe-

Aequidens rivulatus

den aan alle vissen bieden, aangezien de vissen territoriumvormers zijn.

TEMPERATUUR EN WATERSAMENSTELLING
20-24 °C, 20-30° DH, pH 7-8. Boven alles hoort het water helder en liefst ook steeds in beweging te zijn. Een krachtige motorfilter is beslist noodzakelijk om het water helder te houden.

VOEDSEL
Deze cichliden zijn veelvraten. Als basis kan speciaal vlokkenvoer of cichlidensticks worden verstrekt, maar de vissen hebben ook behoefte aan krachtig levend voer zoals kleine visjes en regenwormen. Kleine stukjes runderhart en mossel zijn eveneens geliefd.

KWEEK
Als de temperatuur een paar graden wordt opgevoerd en de overige omstandigheden optimaal zijn, zal een goed bij elkaar passend kweekstel vanzelf overgaan tot het afzetten van eieren op stenen of hout. De ouderdieren bewaken en verzorgen zowel de eieren als de jongen lange tijd. Het jongbroed kan met artemia en fijn stofvoer (S. Micron) worden grootgebracht.

Ancistrus dolichopterus
(syn. Ancistrus temminckii*)*

FAMILIE
Loricariidae (harnasmeervallen)

ONDERFAMILIE
Ancistrinae

VINDPLAATS
Amazonegebied, in snelstromende beekjes

GESLACHTSONDERSCHEID
De mannetjes zijn te herkennen aan de grotere en dikkere stekels op de kop.

LENGTE
Tot ongeveer 13 centimeter

HUISVESTING
De *A. dolichopterus* aardt het beste in een wat groter gezelschapsaquarium waarin voldoende schuilmogelijkheden in de vorm van rotspartijen en stukken kienhout zijn aangebracht. De vissen zijn in hun natuurlijke biotoop gewend aan snelstromend water en stellen dit ook in het aquarium erg op prijs. Met een zeer krachtige motorfilter kunt u de natuurlijke omstandigheden van hun biotoop redelijk goed nabootsen. De vissen schrapen algen van de aquariumruiten, stenen en planten en zullen zich daarom veel beter voelen in een aquarium dat door de tijd heen wat 'bealgd' is geraakt, dan in een pas in gebruik zijnd aquarium.

SOCIALE EIGENSCHAPPEN
Deze algeneters doen het prima als solitair en gaan hun eigen gangetje. Ook de kleinste vissen in het aquarium worden met rust gelaten. Overdag zijn ze meestal rustig en houden ze zich verborgen onder kienhout of in het groen. Tegen de schemering worden ze wat actiever.

TEMPERATUUR EN WATERSAMENSTELLING
23-27 °C. De hardheid en zuurgraad van het water zijn niet zo belangrijk. Het water moet wel zuurstofrijk zijn.

VOEDSEL
De *A. dolichopterus* is voornamelijk een algeneter. Bij gebrek aan algen zult u ervoor moeten zorgen dat de vis toch voldoende vervangende plantaardige voeding tot zijn beschikking heeft. U kunt als basis voedertabletten voor bodembewoners verstrekken (S. Viformo/S. Premium) en ze daarnaast zo nu en dan (geblancheerde) waterkers en spinazieblaadjes geven.

KWEEK
De ouderdieren zetten hun eieren af in een holletje tussen stenen of kienhout. Het mannetje neemt de zorg voor de eitjes volledig op zich.

Anostomus ternezi

Anostomus ternezi

FAMILIE
Anostomidae (kopstaanders)

ONDERFAMILIE
Anostominae

VINDPLAATS
Brazilië, in grote rivieren

GESLACHTSONDERSCHEID
Tot dusverre zijn er nog geen uiterlijke verschillen tussen beide geslachten gevonden.

LENGTE
Tot 12 centimeter

HUISVESTING
Deze vissoort behoort tot de groep van kopstaanders, vissen die steeds met hun kop naar beneden gericht zwemmen. Omdat ze vrij groot zijn en doorgaans in een school gehouden worden, hebben deze vissen een ruim aquarium met voldoende open zwemruimte nodig. Een dichte randbeplanting en een enigszins zonnige standplaats van hun onderkomen is meer dan wenselijk.

SOCIALE EIGENSCHAPPEN
Kopstaanders kunnen het beste in wat grotere scholen gehouden worden. Ten opzichte van andere vissoorten, mits deze niet al te kwetsbaar en klein zijn, stellen ze zich goedaardig op. Plaats ze nooit bij al te drukke, opdringerige of agressieve vissoorten, aangezien ze zich door dergelijk gezelschap in de beplanting laten drijven en zich niet meer

laten zien. Houdt u slechts één of twee ternezi's, dan ontwikkelen de vissen vaak afwijkend, agressief gedrag ten opzichte van medebewoners. Ze houden zich bij voorkeur in de onderste waterlagen op.

TEMPERATUUR EN WATERSAMENSTELLING
24-27 °C. De pH kan neutraal zijn (pH 7) of enigszins zuur. De vissen houden van zacht tot middelhard water (6-12° DH is ideaal).

VOEDSEL
Deze kopstaanders eten voornamelijk plantaardige kost, dus algen mogen in het aquarium zeker niet ontbreken. Tevens houden ze van droogvoer (S. Flora) en van klein levend voer. Omdat deze vissen bij voorkeur hun voedsel van de bodem opnemen, kunt u ze ook heel goed plantaardige voedertabletten voor bodembewoners geven.

KWEEK
Tot dusverre zijn de dieren in aquaria nog niet nagekweekt.

Aphyocharax anisitsi
(syn. A. rubropinnis)

ROODVINZALM

Aphyocharax anisitsi

FAMILIE
Characidae (karperzalmen)

ONDERFAMILIE
Aphyocharacinae

VINDPLAATS
Argentinië, voornamelijk in helder water

GESLACHTSONDERSCHEID
Het verschil tussen de geslachten is duidelijk te zien aan de lichaamsvorm: de mannetjes zijn slanker dan de vrouwtjes.

LENGTE
Tot 5 centimeter

HUISVESTING
Dit vreedzame en taaie scholenvisje heeft de ruimte nodig en hoort daarom thuis in aquaria met voldoende vrije zwemruimte. Enige beplanting stelt hij echter wel op prijs. Op een ondergrond van licht grind ziet u nauwelijks enige kleur op dit visje; een donkere bodembedekking laat de kleuren beter tot hun recht komen.

SOCIALE EIGENSCHAPPEN
Dit levendige visje hoort in een school met minimaal zeven soortgenoten te worden gehouden. De soort is uiterst vreedzaam en past daarom prima in een gezelschapsaquarium met vissen die even verdraagzaam van aard zijn. Voor aquariumbewoners die op hun rust gesteld zijn, vormt een schooltje van deze vissen geen best gezelschap; de roodvinzalm is namelijk een vrij drukke zwemmer.

TEMPERATUUR EN WATERSAMENSTELLING
18-27 °C. Deze vis stelt weinig eisen aan de waterhardheid en zuurgraad. Hij geeft de voorkeur aan zeer helder water. Ook worden een paar uurtjes zonlicht ('s ochtends) gewaardeerd.

VOEDSEL
Deze vissen zijn probleemloze kostgangers. De roodvinzalm eet graag klein levend voer, maar ook droogvoer wordt goed opgenomen.

Aphyocharax anisitsi

KWEEK
Dit visje is vrij gemakkelijk tot kweken te brengen, maar helaas zijn de kleuren van nakweekvisjes minder intens dan de kleuren van wildvangvisjes. In een aparte kweekbak waar de watertemperatuur langzaam wordt opgevoerd tot ongeveer 24 °C gaan de vissen vrij snel over tot het afzetten van de eitjes. Roodvinzalmen zijn vrijleggers, wat inhoudt dat de eitjes over het hele aquarium worden verspreid. Helaas zijn het ook geduchte eierrovers en eten ze de gelegde eitjes even vrolijk weer op. Verwijder daarom de ouderdieren direct nadat de eitjes zijn afgezet. De jonge visjes kunnen met niet te grote (jonge) artemia en fijn stofvoer (S. Micron) vrijwel probleemloos worden grootgebracht.

Aphyosemion australe

KAAP LOPEZ

Aphyosemion australe, *kweekvorm*

FAMILIE
Cyprinodontidae (eierleggende tandkarpers)

ONDERFAMILIE
Rivulinae

VINDPLAATS
West-Afrika, in ondiepe overstroomgebieden in het regenwoud

GESLACHTSONDERSCHEID
De mannetjes zijn veel kleurrijker dan de vrouwtjes. De staart-, rug- en aarsvin van de mannetjes lopen spits toe, terwijl de wijfjes afgeronde vinnen hebben.

LENGTE
Tot ongeveer 5,5 centimeter

Aphyosemion australe, *kweekvorm*

HUISVESTING
De Kaap Lopez kan het beste in kleinere speciaalaquaria met een niet te hoge waterstand, veel drijfgroen, een matige belichting en veel planten worden gehouden. Let erop dat u planten aanschaft die, evenals deze vis, goed gedijen in een enigszins schemerige omgeving (Javavaren, Javamos en anubias). Een donkere bodembedekking die voor een groot gedeelte of zelfs helemaal, bestaat uit turfmolm is noodzakelijk. Daarnaast stelt de vis prijs op schuilplaatsen, die u kunt creëren met stukken kienhout.

SOCIALE EIGENSCHAPPEN
Dit eierleggende tandkarpertje zal de andere aquariumbewoners normaal gesproken met rust laten en kan het zowel als paartje als met meerdere soortgenoten goed vinden. De mannetjes van deze soort zijn niet altijd even vriendelijk tegen elkaar. In een klein aquarium (40 centimeter breed) kunt u daarom het beste één mannetje met twee of drie vrouwtjes houden. In een aquarium met een lengte van 60 centimeter kunt u een grotere groep houden, bijvoorbeeld vijf mannetjes met tien vrouwtjes. Wordt het aquarium slechts bevolkt door twee of drie mannetjes, dan geeft dat vaak aanleiding tot gevechten.

TEMPERATUUR EN WATERSAMENSTELLING
22-25 °C, 6-10° DH, pH 5,5 tot 6,5. Filteren over turf wanneer de bodemgrond niet uit turf bestaat.

VOEDSEL
De vissen hebben voornamelijk behoefte aan klein levend voer zoals rode-muggenlarven, artemia en fruitvliegjes. Daarnaast eten de vissen droogvoer (S. San).

KWEEK
De kweek van deze interessante en kleurrijke visjes is voorbehouden aan specialisten. Het waterpeil mag maximaal 20 centimeter zijn en de pH niet hoger dan 6,5. Toevoeging van wat zeezout is wenselijk. Zorg ervoor dat er geen direct zonlicht in het aquarium schijnt en dat het wateroppervlak voor minimaal 60% is afgedekt met drijfplanten. Het vrouwtje legt de eitjes steeds met tussenpozen tussen fijnbladige planten of Javamos. Uit hygiënisch oogpunt gebruiken kwekers ook wel kunstmatige afzetsubstraten die meerdere malen kunnen worden gebruikt zonder dat er vervuiling of te veel bacteriegroei ontstaat (tussentijds uitwassen). De jonge visjes kunnen worden grootgebracht met fijn stofvoer en kleine pekelkreeftjes (artemia).

KWEEKVORMEN
Er is één kweekvorm van dit visje bekend, die onder de naam 'Gouden' Kaap Lopez wordt verkocht.

BIJZONDERHEDEN
De Kaap Lopez springt graag; een dekruit is noodzakelijk.

Aphyosemion bitaeniatum

Aphyosemion bitaeniatum *'Lagos'*

FAMILIE
Cyprinodontidae (eierleggende tandkarpers)

ONDERFAMILIE
Rivulinae

VINDPLAATS
West-Afrika, met name in Kameroen en Nigeria. In ondiepe poelen en stroompjes in het regenwoud.

Aphyosemion bitaeniatum

Het verschil tussen de geslachten is vrij eenvoudig te zien. De mannetjes zijn kleurrijker dan de vrouwtjes en ze hebben daarnaast spitsere vinnen.

LENGTE
Tot 5 centimeter

HUISVESTING
Dit visje kan het beste in een soortaquarium worden gehouden dat niet zo groot hoeft te zijn. Veel drijfgroen, schuilmogelijkheden, beplanting, een zeer matige belichting en een donkere bodemgrond (gedeeltelijk turfmolm) zijn noodzakelijk om de vissen in een goede conditie te houden.

SOCIALE EIGENSCHAPPEN
Deze killivis is vriendelijk ten opzichte van soortgenoten en andere aquariumbewoners. Het beste kunt u één mannetje en twee of drie vrouwtjes samen houden. De vissen houden zich voornamelijk in de middelste en bovenste waterlagen op.

TEMPERATUUR EN WATERSAMENSTELLING
23-24 °C, 6-10° DH, pH 6-6,5. Het water moet regelmatig worden ververst en behoort absoluut nitraatvrij te zijn (hiertoe zult u beslist regelmatig vuil moeten afhevelen!). Voeg daarnaast regelmatig een theelepel zeezout aan het aquariumwater toe.

VOEDSEL
Deze killivissen eten voornamelijk klein levend voer. Droogvoer eten ze bij hoge uitzondering.

KWEEK
De kweek is bijzonder interessant, maar absoluut voorbehouden aan specialisten. Het verloop van de voortplanting is vergelijkbaar met die van andere killivissen zoals bijvoorbeeld de *A. australe*, met het verschil dat dit visje nog hogere eisen aan de watersamenstelling stelt.

Aphyosemion christy

Aphyosemion christy

FAMILIE
Cyprinodontidae (eierleggende tandkarpers)

ONDERFAMILIE
Rivulinae

VINDPLAATS
Nevenstroompjes van de Kongorivier (Afrika) in het oerwoud

GESLACHTSONDERSCHEID
Het verschil tussen de geslachten is niet zo moeilijk te zien. De mannetjes zijn herkenbaar aan hun fellere kleuren. Daarnaast hebben ze wat spitser toelopende vinnen en zijn ze bovendien groter dan de vrouwtjes.

LENGTE
Tot 5 centimeter

HUISVESTING
In een klein, speciaal voor killivissen ingericht aquarium komt dit visje het beste tot zijn recht. Zorg voor voldoende schuilmogelijkheden in de vorm van kienhout. Verder is het ideaal als het wateroppervlak tot ongeveer de helft is begroeid met drijfplanten en er bovendien veel fijnbladige waterplanten aanwezig zijn. Schaf alleen planten aan die net als deze killivis goed gedijen in een schemerige omgeving (bijv. Javamos en Javava-

ren). De ideale bodembedekking bestaat uit turfmolm.

SOCIALE EIGENSCHAPPEN
De *A. christy* laat medebewoners met rust, maar de mannetjes kunnen onderling nogal agressief zijn.

Hebt u een klein aquarium (40 centimeter breed), dan kunt u beter één mannetje met twee of drie vrouwtjes houden. In grotere aquaria kunt u probleemloos meerdere mannetjes houden, maar houd er wel altijd meer dan vijf, aangezien in aquaria met kleinere aantallen mannetjes toch altijd weer gevechten uitbreken.

TEMPERATUUR EN WATERSAMENSTELLING
23-24 °C, 4-8° DH, pH 6

VOEDSEL
Deze kleine visjes accepteren niet altijd droogvoer, maar geven de voorkeur aan klein en afwisselend levend voer (watervlooien, fruitvliegjes).

KWEEK
De voortplanting is vergelijkbaar met die van andere *Aphyosemion*-soorten.

Aphyosemion cognatum *'Kruge'*

Aphyosemion cognatum

FAMILIE
Cyprinodontidae (eierleggende tandkarpers)

ONDERFAMILIE
Rivulinae

VINDPLAATS
Zaïre, in ondiepe wateren in het regenwoud

GESLACHTSONDERSCHEID
De mannetjes van deze vissoort zijn beduidend feller gekleurd dan de vrouwtjes.

LENGTE
Tot 5,5 centimeter

HUISVESTING
Deze vis doet het goed in speciaalaquaria. Drijfgroen, beschutting en een rijke beplanting zijn onontbeerlijk, evenals een donkere bodembedekking en een matige belichting (geen zonlicht!). Het water moet erg zuiver zijn.

SOCIALE EIGENSCHAPPEN
Vreedzaam en levendig visje dat het zowel

als paartje als met meerdere soortgenoten en gelijkgestemde andere killivisjes goed doet.

TEMPERATUUR EN WATERSAMENSTELLING
23-24 °C, 7-10° DH, pH 6

VOEDSEL
Deze visjes eten voornamelijk klein levend voer, waaronder fruitvliegjes en muggenlarven, en weigeren soms droogvoer of diepgevroren voedsel te eten.

KWEEK
In erg zacht en ondiep water willen deze visjes nog wel eens hun eitjes afzetten. In tegenstelling tot de meeste andere vissen zetten killivissen niet ineens alle eitjes af, maar doen ze dit met tussenpozen. De jonge visjes kunnen worden grootgebracht met minuscuul klein levend voer (infusiediertjes en microwormpjes).

Aphyosemion elberti

Aphyosemion elberti
(syn. Aphyosemion bualanum)

FAMILIE
Cyprinodontidae (eierleggende tandkarpers)

ONDERFAMILIE
Rivulinae

VINDPLAATS
Kameroen en Centraal-Afrikaanse Republiek

GESLACHTSONDERSCHEID
De mannetjes zijn veel kleurrijker en ze hebben bovendien spits toelopende vinnen, terwijl die van de wijfjes afgerond zijn.

Aphyosemion elberti

LENGTE
Tot 5 centimeter

HUISVESTING
In een kleiner speciaalaquarium met veel drijfgroen, diffuse en matige(!) verlichting, voldoende fijnbladige planten en drijfgroen, en daarbij een donkere bodembedekking die (gedeeltelijk) bestaat uit turfmolm gedijen deze visjes het beste. Ze voelen zich, evenals de meeste andere killivissen, pas echt op hun gemak wanneer er voldoende schuilplaatsen in het aquarium aanwezig zijn (kienhout en beplanting). In gezelschapsaquaria met de juiste watersamenstelling zijn de visjes ook goed te houden.

SOCIALE EIGENSCHAPPEN
Dit levendige visje kan prima met andere, even vreedzame soorten worden gehouden en gedijt zowel als paartje (één mannetje met twee of drie vrouwtjes) prima als met meerdere soortgenoten samen.

TEMPERATUUR EN WATERSAMENSTELLING
22-24 °C, 4-12° DH, pH 6, beslist niet hoger! Wanneer de bodemgrond uit turf bestaat, hoeft u niet over turf te filteren.

VOEDSEL
Deze killivisjes eten zowel klein levend voer als droogvoer.

KWEEK
De kweek is voorbehouden aan killi-specialisten. Een enkel volwassen mannetje kan met twee of drie volwassen vrouwtjes in een kleinere kweekbak worden overgebracht. De watersamenstelling is van het grootste belang en het waterpeil mag niet hoger zijn dan twintig centimeter. De eitjes worden afgezet

tussen fijnbladige planten of Javamos, maar ook in een speciaal voor dit doel gemaakte flinke bos synthetisch breigaren. De vissen nemen hier de tijd voor; het afzetten kan een paar weken duren. De jonge visjes worden grootgebracht met fijn droogvoer, kleine pekelkreeftjes (artemia) en microwormpjes.

BIJZONDERHEDEN
Dit visje kan verschillende kleuren hebben, afhankelijk van de streek van herkomst. Hij behoort tot een van de sterkere killisoorten.

Aphyosemion exiguum

FAMILIE
Cyprinodontidae (eierleggende tandkarpers)

ONDERFAMILIE
Rivulinae

VINDPLAATS
West-Afrika, in het regenwoud

GESLACHTSONDERSCHEID
De mannetjes zijn veel kleurrijker dan de vrouwtjes en hebben bovendien puntige vinuiteinden.

LENGTE
Tot ongeveer 4,5 centimeter

HUISVESTING
Dit mooie visje kan zowel in een kleiner speciaalaquarium als in een gezelschapsaquarium worden gehouden met gelijkgestemde, even vreedzame visjes.

Er moeten echter veel drijfgroen en fijnbladige planten aanwezig zijn en de bodem-

Aphyosemion exiguum

bedekking hoort te bestaan uit turfmolm. De *A. exiguum* is niet bestand tegen felle verlichting en daarom wordt het aquarium slechts matig verlicht. Zorg ervoor dat er geen zonlicht in de bak kan schijnen en dat de visjes voldoende schuilmogelijkheden hebben, anders zullen ze zich nooit echt op hun gemak voelen.

SOCIALE EIGENSCHAPPEN
Uiterst vreedzaam en levendig visje, dat zowel met meerdere soortgenoten samen, als ook als paartje kan worden gehouden.

TEMPERATUUR EN WATERSAMENSTELLING
20-24 °C, 7-11° DH, pH 6. Filteren over turf is noodzakelijk om de juiste watersamenstelling te realiseren als de bodemgrond niet uit turf bestaat.

VOEDSEL
Deze visjes eten voornamelijk klein levend voer, maar in uitzonderingsgevallen kan ook wel wat droogvoer gegeven worden.

KWEEK
De kweek van deze killivisjes is specialistenwerk. Het is belangrijk dat de pH onder de 6,5 blijft en het waterpeil onder de 20 centimeter. Voeg een paar schepjes zeezout toe aan het aquariumwater. Tijdens de kweek hebben deze visjes vooral rust nodig. Dek de aquariumruiten af zodat er geen zonlicht in kan schijnen en gebruik een verlichting met weinig wattage om een schemerig milieu te creëren.

Dek meer dan de helft van het wateroppervlak af met drijfgroen. Als afzetsubstraat is Javamos heel geschikt. De jonge visjes worden grootgebracht met klein levend voer, zoals pas uitgekomen pekelkreeftjes, maar ze eten ook wel stofvoer (S. Micron).

Aphyosemion gardneri

FAMILIE
Cyprinodontidae (eierleggende tandkarpers)

ONDERFAMILIE
Rivulinae

VINDPLAATS
West-Afrika

GESLACHTSONDERSCHEID
Het mannetje is opvallender gekleurd en is ook groter dan het vrouwtje.

Aphyosemion gardneri

Aphyosemion gardneri

LENGTE
Tot 6 centimeter

HUISVESTING
In een klein speciaalaquarium met rijke fijnbladige beplanting en drijfgroen, voldoende
schuilmogelijkheden en een donkere bodembedekking (turfmolm) gedijt deze vis het
beste. Zorg er daarnaast voor dat de verlichting nooit fel is en vermijd direct invallend
zonlicht.

SOCIALE EIGENSCHAPPEN
Deze vis is onverdraagzaam, soms zelfs agressief naar andere vissen toe en kan daarom
beter met wat soortgenoten in een apart speciaalaquarium worden gehouden. Mannetjes
kunnen het onderling normaal gesproken niet
zo goed vinden; zeker als u twee of drie mannetjes samen houdt, kan dit tot problemen leiden. Houdt u een flinke groep van deze vissen, dan zullen ook de mannetjes zich onderling aanpassen en elkaar niet bevechten.

TEMPERATUUR EN WATERSAMENSTELLING
22-25 °C, 6-12° DH, pH 6,5. Toevoeging van
wat zeezout verdient de voorkeur.

VOEDSEL
Deze soort neemt voornamelijk levend voer
tot zich, zoals artemia, fruitvliegjes en muggenlarven. Slechts in uitzonderingsgevallen
eten ze droogvoer.

KWEEK
Vergelijkbaar met andere *Aphyosemion*-
soorten, met het verschil dat de eitjes een
aantal weken in een goed dichtgebonden
plastic zakje zonder(!) water, met daarin een
bodempje vochtige turfmolm in een matig
warme omgeving moeten vertoeven alvorens
ze uitkomen. Afhankelijk van de vindplaats
van de dieren duurt het twee tot vier weken
voordat de dieren uitkomen. De jonge visjes

kunt u microwormpjes en, als ze wat groter
zijn, pas uitgekomen artemia geven.

Aphyosemion sjoestedti

FAMILIE
Cyprinodontidae (eierleggende tandkarpers)

ONDERFAMILIE
Rivulinae

VINDPLAATS
West-Afrika

GESLACHTSONDERSCHEID
Mannetjes zijn groter en kleurrijker en hebben wat spitser toelopende vinnen.

LENGTE
9-11 centimeter

HUISVESTING
De *A. sjoestedti* kan in een wat groter speciaalaquarium worden gehouden dat matig
wordt belicht en waar veel (drijf)groen en
voldoende schuilmogelijkheden aanwezig

Aphyosemion sjoestedti '*Rood*'

zijn. Voor de bodembedekking bent u op turfmolm aangewezen.

SOCIALE EIGENSCHAPPEN
Deze soort is vrij agressief ten opzichte van andere vissen en past daarom niet in een aquarium met minder weerbare soortgenoten. Ook gaan de mannetjes onderling nogal eens de strijd met elkaar aan, zeker als u er slechts twee of drie in hetzelfde aquarium onderbrengt. Als u het aquarium echter bevolkt met een flinke groep, zullen de mannetjes elkaar doorgaans met rust laten. Omdat de dieren niet zulke hoge eisen stellen aan de watersamenstelling (in vergelijking tot sommige andere killivissen) kunnen ze in een gezelschapsaquarium worden gehouden met andere (weerbare!) vissen die eenzelfde watersamenstelling nodig hebben.

TEMPERATUUR EN WATERSAMENSTELLING
22-24 °C, 5-12° DH, pH 6,5

VOEDSEL
De *A. sjoestedti* eet voornamelijk levend voer, zoals onder meer rode-muggenlarven, tubifex en artemia. Daarnaast eten de vissen ook geschikt droogvoer.

KWEEK
Vergelijkbaar met *A. gardneri*

Aphyosemion striatum

FAMILIE
Cyprinodontidae (eierleggende tandkarpers)

ONDERFAMILIE
Rivulinae

VINDPLAATS
West-Afrika

GESLACHTSONDERSCHEID
De mannetjes vallen op vanwege hun kleurenpalet. De vrouwtjes zijn veel fletser.

LENGTE
Tot 5 centimeter

HUISVESTING
Vergelijkbaar met die van andere *Aphyosemion*-soorten.

SOCIALE EIGENSCHAPPEN
De *A. striatum* is een vreedzaam visje dat probleemloos met andere, gelijksoortige vis-

Aphyosemion striatum

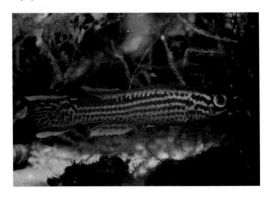

sen samen in een aquarium gehouden kan worden. Ook tussen de visjes onderling zijn er zelden problemen.

TEMPERATUUR EN WATERSAMENSTELLING
23 °C, 6-11° DH, pH 6. Toevoeging van een klein beetje zeezout aan het verder zeer zuivere aquariumwater is gewenst.

VOEDSEL
Voornamelijk levend voer en daarnaast geschikt droogvoer (S. San).

KWEEK
Vergelijkbaar met andere killivissen en voorbehouden aan specialisten.

BIJZONDERHEDEN
De *A. striatum* springt graag boven het water uit en een dekruit is daarom absoluut noodzakelijk.

Apistogramma agassizi

GELE DWERGCICHLIDE

FAMILIE
Cichlidae (cichliden)

VINDPLAATS
Zuid-Amerika, in het Amazonegebied

GESLACHTSONDERSCHEID
Het onderscheid tussen de beide geslachten is zelfs voor de leek vrij eenvoudig te zien. De mannetjes zijn niet alleen veel kleurrijker, ze zijn ook nog eens groter dan de vrouwtjes.

LENGTE
Tot 8 centimeter

HUISVESTING

Deze kleine cichlide kan in kleinere of middelgrote aquaria worden ondergebracht waarin voldoende schuilmogelijkheden zoals planten, rotsen en kienhout aanwezig zijn. Op een donkere ondergrond komen de kleuren van de vissen veel beter tot hun recht. De vissen stellen drijfgroen erg op prijs.

SOCIALE EIGENSCHAPPEN

Deze vissen vormen territoria waarin geen andere vissen geduld worden. Het beste kunt u van deze visjes één stelletje houden, en niet meerdere mannetjes bij elkaar, aangezien deze onderling nogal eens onverdraagzaam zijn.

TEMPERATUUR EN WATERSAMENSTELLING

23-25 °C, 7-9° DH, pH 6. Deze visjes zijn zeer gevoelig voor vuilresten in het aquarium en moeten daarom in schoon en zuiver water worden gehouden. Ververs daarnaast eens per week een deel van het aquariumwater.

VOEDSEL

Als basis zijn cichlidensticks geschikt, maar de dieren hebben daarnaast ook behoefte aan levend voer, zoals bijvoorbeeld muggenlarven.

KWEEK

Een goed bij elkaar passend kweekstel zal, wanneer de overige omstandigheden ook optimaal zijn, vrij snel overgaan tot voortplanten. De eitjes worden afgezet in een halve uitgeholde kokosnoot of in een omgekeerde bloempot. De zorg voor het legsel en de jonge visjes komt voornamelijk op het vrouwtje neer.

Apistogramma agassizi

Apistogramma borelli

BLAUWE DWERGCICHLIDE

Apistogramma borelli

FAMILIE
Cichlidae (cichliden)

VINDPLAATS
Zuid-Amerika (Rio Paraguay en Mato Grosso)

GESLACHTSONDERSCHEID
Het verschil tussen de geslachten is vrij duidelijk te zien.
Het mannetje is niet alleen opvallend groter, maar is ook kleurrijker dan het vrouwtje en heeft bovendien meer uitgesproken, puntiger toelopende vinnen.

LENGTE
Vanaf 4 (♀) tot 8 centimeter (♂)

HUISVESTING
De *A. borelli* kan vanwege zijn geringe grootte heel goed in kleinere aquaria worden gehouden. Omdat deze soort een territorium vormt, moet u zorgen voor voldoende schuilmogelijkheden (kienhout, rotspartijen). Een donkere bodemgrond, voldoende schuilmogelijkheden en een rijke, dichte beplanting zijn wenselijk.

SOCIALE EIGENSCHAPPEN
Deze vissen vormen een paar dat samen 'intrek neemt' in een territorium en zolang andere vissen daaruit wegblijven is er weinig aan de hand. Tijdens de voortplanting echter, worden deze cichliden stukken onverdraagzamer richting overige aquariumbewoners. Wilt u naast de *A. borelli* ook andere vissoorten houden, zorg dan voor een ruimer

Apistogramma borelli

Apistogramma cacatoides

bemeten aquarium en vooral ook voor veel schuilmogelijkheden.

TEMPERATUUR EN WATERSAMENSTELLING
24 °C, 4-14° DH, pH 6-7. Deze vissen kunnen slecht tegen vervuild water. Regelmatige gedeeltelijke waterverversingen zijn dan ook noodzakelijk.

VOEDSEL
Levend voer is beslist noodzakelijk, aangezien deze vissen niet allemaal droogvoer willen opnemen.

KWEEK
Het paartje zondert zich in het territorium af en zet de eitjes af in een holletje. Zowel het mannetje als het vrouwtjes bewaakt en verzorgt zowel de eitjes als het jongbroed. Sommige beschrijvingen melden dat één mannetje van deze soort er meerdere vrouwtjes op na kan houden. Deze worden dan allemaal door datzelfde mannetje bevrucht en beschermd tegen indringers. De jongen hebben behoefte aan klein levend voer.

Apistogramma cacatoides

FAMILIE
Cichlidae (cichliden)

VINDPLAATS
Amazonegebied

GESLACHTSONDERSCHEID
De mannetjes zijn groter dan de vrouwtjes. Tijdens de paartijd krijgen de vrouwtjes een opvallende gele kleur.

LENGTE
Vanaf 4 (♀) tot 8 centimeter (♂)

HUISVESTING
Deze vis kan heel goed in kleinere aquaria worden gehouden, onder voorwaarde dat er voldoende schuilmogelijkheden aanwezig zijn, zoals kienhout, een rijke beplanting en rotspartijen. De vissen stellen een donkere bodemgrond op prijs.

SOCIALE EIGENSCHAPPEN
Het is het beste om een mannetje samen met één of meerdere vrouwtjes te houden, aangezien de mannetjes het onderling niet altijd goed kunnen vinden. De vrouwtjes vormen ieder voor zich een territorium waarin geen andere vrouwtjes geduld worden. Het mannetjes kan zich echter wel vrij in deze territoria bewegen.

TEMPERATUUR EN WATERSAMENSTELLING
25 °C, 9-12° DH, pH 7

VOEDSEL
Voornamelijk afwisselend levend voer, maar de vissen eten daarnaast ook wel cichlidensticks en GVG-mix.

Apistogramma cacatoides

KWEEK

Een mannetje kan er meerdere vrouwtjes op na houden. De vrouwtjes brengen hun kroost ieder voor zich in hun eigen territorium groot. Het mannetje is dan drukdoende om al zijn vrouwtjes en nakomelingen te beschermen.

BIJZONDERHEDEN

Deze vis is erg gevoelig voor vervuild water. Regelmatige waterverversingen zijn dan ook noodzakelijk. Overvoeren leidt onherroepelijk tot problemen omdat het voor overmatig veel uitwerpselen zorgt. Bovendien verzuurt het voer dat niet wordt opgegeten in de bodem. Een actieve pantsermeerval zoals de *Pterygoplichthys gibbiceps* kan zonder problemen met deze cichliden samen gehouden worden en zal een overmaat van voedselresten meestal kunnen reduceren.

Apistogramma ramirezi
(syn. Microgeophagus/Papliochromis ramirezi*)*

ANTENNEBAARSJE

FAMILIE
Cichlidae (cichliden)

VINDPLAATS
Colombia en Venezuela, in helder water

GESLACHTSONDERSCHEID
Het verschil tussen beide geslachten is niet zo moeilijk te zien. De voorste vinstralen van de rugvin van de mannetjes is langer dan bij de vrouwtjes. Bovendien zijn de vrouwtjes vaak kleiner en kleurrijker.

Apistogramma ramirezi

LENGTE
Ongeveer 4 (vrouwtjes) tot 5,5 centimeter (mannetjes)

HUISVESTING
Deze kleine en verdraagzame dwergcichlide kan heel goed in een wat kleiner aquarium worden gehouden. Het aquarium mag best flink verlicht zijn, als er maar schuilmogelijkheden zijn in de vorm van rotsformaties, kienhout en voldoende planten. Een enigszins zonnige standplaats (ochtendzon) wordt op prijs gesteld. Tevens houden de visjes van wat niet te sterke stroming in het water.

SOCIALE EIGENSCHAPPEN
Normaal gesproken worden deze visjes als paartje gehouden, maar ook met meerdere soortgenoten samen kunnen ze het goed vinden.

Ramirezi's zijn goedaardige en interessante vissen die vrijwel zonder problemen in een gezelschapsaquarium gehouden kunnen worden en meestal zelfs de kleinere visjes met rust laten. Ze houden zich voornamelijk op in de onderste waterlagen en hebben de neiging een territorium te vormen.

TEMPERATUUR EN WATERSAMENSTELLING
24-26 °C, 4-12° DH, pH 6-7. Zo nu en dan over turf filteren komt de conditie en gezondheid van deze visjes ten goede.

VOEDSEL
De *A. ramirezi* is geen moeilijke kostganger. Droogvoer (S. Vipan) wordt erg goed gegeten, maar daarnaast lusten de visjes zo nu en dan ook klein levend voer zoals muggenlarven, tubifex en watervlooien.

KWEEK
Onder de juiste omstandigheden (verhoogde temperatuur, zeer zacht water (2-4° DH), juiste zuurgraad) gaan de visjes over tot het afzetten van eitjes die, evenals de jongen, keurig door de ouderdieren verzorgd en beschermd worden.

KWEEKVORMEN
Er is één kweekvorm van dit visje: de gouden of gele antennebaars.

BIJZONDERHEDEN
Worden uw antennebaarsjes ziek terwijl ze toch een goede zorg genieten, dan is dit vrijwel altijd een gevolg van een verkeerde watersamenstelling. Om andere oorzaken uit te sluiten, test u eerst de waterwaarden.

Apistogramma ramirezi *met jongen*

Omdat voornamelijk te hard water tot problemen kan leiden zal een (tijdelijke) filtering over turf of het toevoegen van een waterbereider al snel verbetering geven.

Aplocheilus lineatus
(syn. Panchax lineatus*)*

FAMILIE
Cyprinodontidae (eierleggende tandkarpers)

ONDERFAMILIE
Rivulinae

VINDPLAATS
Zuid-India en Sri Lanka

GESLACHTSONDERSCHEID
Het meest in het oog springende verschil tussen de mannetjes en vrouwtjes is dat de vrouwtjes donkerder van kleur zijn en minder kleurrijk dan de mannetjes.

LENGTE
Tot ongeveer 11 centimeter

HUISVESTING
Deze killivis hoort thuis in een wat groter aquarium van ongeveer 70-90 centimeter lang. Zorg voor randbeplanting met fijnbladige planten en voldoende schuilmogelijkheden (kienhout, stenen) terwijl er toch genoeg vrije zwemruimte overblijft.

SOCIALE EIGENSCHAPPEN
De *A. lineatus* kan nog wel eens agressief zijn ten opzichte van soortgenoten en hij

Aplocheilus lineatus

Aplocheilus lineatus

gedraagt zich ook niet altijd voorbeeldig in de buurt van andere vissen. Daarom is het verstandig deze vissen alleen met weerbare, wellicht wat grotere vissen samen te houden. Ze houden zich voornamelijk in de middelste en bovenste waterlagen op.

TEMPERATUUR EN WATERSAMENSTELLING
23-25 °C, 5-13° DH, pH 6-7

VOEDSEL
De *A. lineatus* eet zowel levend voer, met de nadruk op muggenlarven, als verschillende soorten droogvoer (S. San).

KWEEK
In een klein en laag kweekbakje (afdekruit!), met een verhoogde watertemperatuur, een goede, constante watersamenstelling, diffuse, schaarse verlichting en Javamos, fijnbladige planten en drijfplanten willen de dieren nog wel eens overgaan tot het afzetten van eieren. Jonge visjes kunnen worden grootgebracht met fijne artemia en stofvoer (S. Micron).

KWEEKVORMEN
Er zijn verschillende kweekvormen van deze vis bekend.

BIJZONDERHEDEN
Een dekruit op het aquarium is noodzakelijk, aangezien de *A. lineatus* graag springt.

Arius seemani

FAMILIE
Ariidae

ONDERFAMILIE
Ariinae

VINDPLAATS
Zuidelijk Noord-Amerika en Midden-Amerika

GESLACHTSONDERSCHEID
Totdat de dieren hun volwassen grootte hebben bereikt, is het verschil tussen de geslachten nauwelijks te zien. Bij volwassen dieren hebben de vrouwtjes tijdens de paartijd een dikkere buik.

LENGTE
De *A. seemani* kan in de vrije natuur 35 centimeter of langer worden, maar blijft in het aquarium kleiner, tot ongeveer 20 centimeter.

HUISVESTING
Deze actieve meerval is het beste op zijn plaats in een groot aquarium. Hij vraagt schuilplaatsen in de vorm van kienhout of grotere stenen, enigszins diffuse verlichting en veel stroming in het water. Op een donkere ondergrond voelen de dieren zich meer op hun gemak dan wanneer de bodem uit lichtgekleurd grind bestaat.
Aangezien de dieren graag en veel zwemmen, is voldoende open zwemruimte meer dan wenselijk.

SOCIALE EIGENSCHAPPEN
De *A. seemani* is een vriendelijke vis die zijn eigen gangetje gaat en de andere aquariumbewoners met rust laat. Ondanks dat is hij vanwege zijn actieve levenswijze en grootte geen ideale medebewoner voor schuwe en teruggetrokken levende vissen.

TEMPERATUUR EN WATERSAMENSTELLING
22-25 °C. Deze vis stelt weinig eisen aan de watersamenstelling. Hij doet het goed in

Arius seemani

Arius seemani

allerlei soorten water als dat maar niet te zacht is. Voeg zo nu en dan een beetje zeezout aan het aquariumwater toe; in de vrije natuur leven deze vissen soms namelijk in brak water.

VOEDSEL
Deze vis is een alleseter. Hij houdt van zowel droog voer (S. Vipan) als voedertabletten (S. O-nip). Zorg er daarnaast voor dat de vis, zeker als hij wat groter wordt, zo nu en dan ook wat levend voer krijgt. Het voer dat door de andere vissen niet wordt opgegeten, zal normaal gesproken door deze vis worden opgeruimd, maar hij is daar niet zo grondig in als de *Corydoras*-soorten.

KWEEK
Over de kweek in aquaria is tot dusverre weinig bekend. In de natuur houden de vissen de eitjes in de bek om ze te beschermen totdat ze uitkomen.

Astronotus ocellatus

PAUWOOGCICHLIDE, OSCAR
FAMILIE
Cichlidae (cichliden)

VINDPLAATS
Amazonegebied

GESLACHTSONDERSCHEID
Het is erg moeilijk om het verschil tussen de geslachten te herkennen; buiten de paartijd is het zelfs helemaal onmogelijk. Het volwassen vrouwtje is alleen tijdens de paartijd herkenbaar aan de geslachtspapil. De mannetjes vertonen soms donkere strepen aan de basis van de rugvin.

Astronotus ocellatus, *een jonge pauwoogcichlide*

Tot 30 centimeter

HUISVESTING

De pauwoogcichlide zal bij de aanschaf meestal maar zo'n zeven centimeter of nog kleiner zijn, maar de vissen groeien snel en de meeste aquaria zijn dan al snel te klein. Voor volwassen pauwogen vormt een aquarium van minimaal 2 meter breed en 60 centimeter hoog en diep een ideaal onderkomen. De soort woelt graag in de bodem en laat planten en hun wortels meestal niet met rust. Een dikke laag fijn, rond grind (niet scherp!), decoraties van stenen en kienhout met eventueel wat sterkere plantensoorten zijn wenselijk.

Omdat de pauwoogcichlide de plantenwortels uitgraaft, kunt u de planten het beste in aardewerken potten plaatsen met wat zware stenen erop. Aangezien de vissen woelen, vrij veel eten en daardoor ook relatief veel ontlasting produceren, is een zeer krachtige motorfilter die het water steeds in beweging houdt noodzakelijk om het aquarium schoon te houden.

SOCIALE EIGENSCHAPPEN

Deze cichlide is, in tegenstelling tot wat zijn grootte en uiterlijk doen vermoeden, niet agressief. De vissen kunnen het onderling meestal goed vinden en ook ten opzichte van andere vissen hoeft u weinig problemen te verwachten. Uiteraard moet het gezelschap wel bestaan uit grote cichlidensoorten en een of twee grote meervallen, omdat kleine visjes voor voedsel worden aangezien. U kunt ze als paartje houden, maar ook in een groep, waaruit zich vanzelf een of meerdere paartjes zullen vormen.

TEMPERATUUR EN WATERSAMENSTELLING

23-26 °C. Deze vis stelt weinig eisen aan de watersamenstelling, als het water maar vrij is van afvalstoffen. Regelmatige, gedeeltelijke waterverversingen komen de gezondheid en conditie van de vissen ten goede.

VOEDSEL

Deze enorme cichlide lijkt altijd honger te hebben en kan grote hoeveelheden voedsel naar binnen werken. Zelfs als ze meer dan voldoende hebben gegeten, zullen ze aangeboden voedsel zelden weigeren. Pas er dan ook voor op om de dieren te veel te geven. Geschikt voedsel bestaat uit cichlidensticks, regenwormen, kleine visjes, stukjes mossel en stukjes runderhart.

Astronotus ocellatus

Een van de redenen waarom deze niet altijd gemakkelijk houdbare vissoort zo veel liefhebbers heeft, ligt in de typische eigenschap van de vissen om bij de verzorger te 'bedelen' om voedsel. Iemand die langs het aquarium loopt, zullen ze volgen tot zover het aquarium reikt. Bovendien eten ze na gewenning ook uit de hand.

KWEEK

Wanneer de vissen goed gevoerd en verzorgd worden in een passend onderkomen hoeft u geen speciale voorzieningen te treffen als u ze voor nageslacht wilt laten zorgen. Pauwoogcichliden zijn erg productief en vertonen een zeer goede broedzorg. Zowel de eieren als de jonge visjes worden verzorgd en zwaar verdedigd tegen indringers.

KWEEKVORMEN

Er zijn verschillende kweekvormen van deze vis bekend. De 'normale' pauwoogcichlide is afgebeeld, maar we kennen ook de kweekvorm waarvan de zijkanten bijna geheel oranjerood gekleurd zijn zonder aftekening, en de albinistische vorm.

BIJZONDERHEDEN

Het afgebeelde dier is nog jong en heeft nog een prachtige kleur. Als de dieren groter worden, verbleken ze en zijn ze stukken minder kleurrijk. Sommige pauwogen blijven redelijk mooi, maar veruit de meeste krijgen na verloop van tijd een onaantrekkelijke grauwbruine kleur met wat verbleekt oranje en koperkleurige accenten. De zwarte stip op de staartvin blijft echter altijd aanwezig; dit is het kenmerk dat heeft geleid tot de benaming 'pauwoogcichlide'.

Astyanax fasciatus mexicanus
(syn. Anoptichthys jordani*)*

BLINDE HOLENVIS

FAMILIE
Characidae (karperzalmen)

ONDERFAMILIE
Tetragonopterinae

VINDPLAATS
Mexico en aangrenzende streken, maar voor-namelijk in grotten in de buurt van de Rio Panuco

GESLACHTSONDERSCHEID
Over het algemeen zijn de mannetjes slanker van bouw dan de vrouwtjes. De vrouwtjes kenmerken zich door een wat rondere buik-lijn.

LENGTE
Tot 8 centimeter

HUISVESTING
De blinde holenvis doet het prima in een gezelschapsaquarium. Ze zwemmen graag en veel en hebben daarom wel de ruimte nodig. Alhoewel ze op hun plaats van herkomst met name in donkere grotten voorkomen, kun-nen ze zonder problemen in een normaal ver-licht aquarium worden gehouden.

SOCIALE EIGENSCHAPPEN
De blinde holenvis is een scholenvis en voelt zich bijzonder onprettig als hij alleen of met slechts één of twee soortgenoten samen gehouden wordt. Houd daarom minimaal vijf, maar liever nog meer blinde holenvissen samen. Het zijn snelzwemmende en goed-

Astyanax fasciatus mexicanus

De ziende stamvorm van de blinde holenvis

aardige vissen die het prima kunnen vinden met andere vissoorten en ook de kleinere vis-jes met rust laten. Ze houden zich vooral in de middelste waterlagen op.

TEMPERATUUR EN WATERSAMENSTELLING
17-25 °C. Deze vissen stellen aan de water-samenstelling niet zulke hoge eisen, al heb-ben de dieren een voorkeur voor wat harder water.

VOEDSEL
De blinde holenvis is een alleseter; de vis eet zowel levend voer als droogvoer met smaak. De blindheid belemmert de dieren geenszins in het zoeken en opnemen van voedsel.

KWEEK
De vissen zijn vrijleggers en zijn nogal eens geneigd om hun eigen eitjes na het afzetten op te eten. Typerend is dat de jonge blinde holenvissen nog wel ogen hebben. Die ver-dwijnen pas bij het ouder worden. De soort laat zich vrij eenvoudig nakweken.

BIJZONDERHEDEN
Deze vleeskleurige, blinde vis is naar men aanneemt een natuurlijke mutatie van de *Astyanax mexicanus*. De ogenschijnlijke 'handicap' hindert de vis in geen enkel op-zicht.

Aulonocara hansbaenschi

KEIZERCICHLIDE

FAMILIE
Cichlidae (cichliden)

VINDPLAATS
Afrika, met name in het Malawimeer

GESLACHTSONDERSCHEID

Het verschil tussen beide geslachten is bij volwassen dieren erg eenvoudig te zien. De mannetjes zijn felblauw van kleur met een oranjegele borstkleuring. De vrouwtjes zijn veel fletser van kleur.

LENGTE

Tot 10 centimeter

HUISVESTING

Deze cichlide kunt u in een wat groter aquarium (minimaal 70 centimeter lang) onderbrengen. Beplanting is niet noodzakelijk en ook niet aan te bevelen, aangezien de vissen sterk in de bodemgrond woelen en de plantenwortels hierbij kunnen beschadigen. Ze hebben veel behoefte aan schuilmogelijkheden in de vorm van stenenpartijen. De bodemgrond kan het beste uit fijn en beslist niet scherp grind bestaan en mag vanwege het woelgedrag best dik zijn.

SOCIALE EIGENSCHAPPEN

U houdt deze dieren het beste met één mannetje en meerdere vrouwtjes samen. Mannetjes onderling kunnen namelijk nogal eens agressief zijn. Ze kunnen evenwel probleem-

loos samen gehouden worden met een aantal andere weerbaardere cichlidensoorten. De vissen houden zich bij voorkeur in de buurt van de bodem op.

TEMPERATUUR EN WATERSAMENSTELLING

23-26 °C. De dieren houden van een hard en basisch milieu.

VOEDSEL

Deze cichliden eten zowel levend voedsel als droogvoer met smaak.

KWEEK

Wanneer de dieren goed worden verzorgd, hoeft u verder geen speciale zorg te besteden om ze te kweken. De eitjes en jonge visjes worden door het vrouwtje in de bek gehouden (muilbroeder). De jongen kunnen met zeer fijn levend voer en droogvoer worden opgekweekt.

KWEEKVORMEN

Het gaat hier om een vis die niet in verschillende kweekvormen, maar in verschillende verschijningsvormen voorkomt. De verschillen betreffen de kleuring. De afgebeelde vis heeft de toevoeging 'Red Flash' achter de Latijnse benaming.

Balantiocheilus melanopterus
(Barbus melanopterus)

HAAIENVINBARBEEL

FAMILIE
Cyprinidae (karperachtigen)

ONDERFAMILIE
Cyprininae

VINDPLAATS
Zuidoost-Azië, in snelstromend water (Thailand, Maleisië, Indonesië)

GESLACHTSONDERSCHEID
Het verschil tussen de geslachten is bij jonge dieren niet tot nauwelijks te zien. Volwassen vrouwtjes hebben een dikkere buikpartij.

LENGTE
De vissen kunnen in de vrije natuur 30 centimeter of nog langer worden, maar blijven in het aquarium doorgaans veel kleiner; ongeveer 17 centimeter.

HUISVESTING
Deze drukke en snelzwemmende scholenvis met zijn spectaculaire zilveren schubben kan eigenlijk alleen in grotere, liefst langgerekte aquaria worden gehouden, waarin hij zich vrijuit kan bewegen.
Een aquarium van 1,5 meter lang is toch wel het minimum. Aangezien ze graag snoepen van planten is het raadzaam helemaal geen planten of alleen erg sterke in het aquarium te plaatsen.

SOCIALE EIGENSCHAPPEN
Deze vissen kunnen alleen in een schooltje van minimaal vijf exemplaren worden gehouden. Jonge visjes zijn probleemloos in de omgang met andere vissen, maar als ze eenmaal wat ouder zijn, of als solitair worden gehouden, ontwikkelen ze nogal eens een intolerant en zelfs roofzuchtig karakter. Ze houden zich bij voorkeur in de middelste waterlagen op.

TEMPERATUUR EN WATERSAMENSTELLING
23-27 °C, 6-12° DH, pH 6-7

VOEDSEL
De haaienvinbarbeel is een alleseter. De dieren eten zowel krachtig levend voer als diepvriesvoer, droogvoer (S. Flora/GVG-mix) en ze houden ook van (geblancheerde) plantaardige kost als geblancheerde spinazie, slablaadjes en waterkers.

KWEEK
Zo nu en dan wordt er melding gemaakt van een toevalskweek, maar elke serieuze poging om deze vissoort na te kweken is tot dusverre mislukt.

BIJZONDERHEDEN
De haaienvinbarbeel is een drukke zwemmer en springt hierbij ook wel eens uit het aquarium; een goed sluitende dekruit is dan ook noodzakelijk om de vissen in het aquarium te houden.

Balantiocheilus melanopterus

Links: natuurlijke biotoop van de Barbus titteya

Barbus conchonius

PRACHTBARBEEL

FAMILIE
Cyprinidae (karperachtigen)

ONDERFAMILIE
Cyprininae

VINDPLAATS
Noordelijk India, Assam en Bengalen, zowel in stilstaand als stromend water

Barbus conchonius ♀, *langvinnige vorm*

GESLACHTSONDERSCHEID
Het verschil tussen de geslachten is eenvoudig te zien. De mannetjes zijn veel intenser (rood) van kleur dan de vrouwtjes, die zich daarnaast kenmerken door een wat vollere buikpartij.

LENGTE
In het aquarium wordt de prachtbarbeel zelden langer dan 6 centimeter, maar in de natuur en grote vijvers worden de vissen langer dan 12 centimeter.

HUISVESTING
Deze weinig eisen stellende scholenvis past in ieder aquarium, mits er voldoende open zwemruimte is. Deze vis voelt zich optimaal in stromend water, waarvoor u kunt zorgen met een krachtige motorfilter. Echter, noodzakelijk is een dergelijke stroming niet. De vissen grondelen zo nu en dan graag in de bodem, dus zorg ervoor dat het grind niet scherp is.

SOCIALE EIGENSCHAPPEN
De vissen horen in een schooltje van minimaal vijf exemplaren en blijven steeds dicht bij elkaar zwemmen. Mannetjes en vrouw-

tjes zijn onderling verdraagzaam en ook de omgang met andere vissen is prima. Omdat het drukke en robuuste zwemmers zijn, passen ze minder goed in een aquarium waarin zich schuwe, tere en erg rustige visjes ophouden. Prachtbarbelen zwemmen meestal in de middelste waterlagen, maar wanneer ze op zoek zijn naar voedsel bewegen ze zich door het hele aquarium.

TEMPERATUUR EN WATERSAMENSTELLING
17-24 °C. De prachtbarbeel voelt zich in vrijwel alle watersamenstellingen thuis, als het water maar zuurstofrijk is. In de zomermaanden kan deze vis in onverwarmde aquaria of in buitenvijvers worden gehouden.

VOEDSEL
De prachtbarbeel is met recht een gemakkelijke kostganger. De soort eet zowel droogvoer (S. Viformo) als plantaardige kost en ook levend voer zoals bijvoorbeeld muggenlarven, watervlooien en pekelkreeftjes (artemia).

KWEEK
Prachtbarbelen zijn helemaal niet moeilijk tot voortplanten te brengen. Vanaf een lengte van ongeveer 6 centimeter zijn de vissen geslachtsrijp. Een kweekstel vormt zichzelf; wanneer u het schooltje barbelen goed observeert, ziet u vanzelf welke twee vissen elkaar steeds opzoeken. Plaats het kweekstel in een kweekbak over waarin u vooraf een rooster hebt aangebracht waar de eitjes doorheen vallen en buiten het bereik van de ouderdieren komen; de prachtbarbeel eet namelijk zijn eigen eitjes op. Omdat de vissen geneigd zijn hun eitjes in fijnbladige planten af te zetten, kunt u op het legrooster een flinke pluk Javamos en wat myriophyllum vastmaken. Ook een dekruit is noodzakelijk, aangezien ze tijdens hun paarritueel nog wel eens boven het water willen uitspringen.

Om het afzetten te bespoedigen, hoort de kweekbak een zonnige standplaats te hebben. Verwijder de ouderdieren na het afzetten en haal het rooster er ook uit. De jonge visjes kunnen heel goed met fijn stofvoer worden grootgebracht (S. Micron).

KWEEKVORMEN
Er is een langvinnige kweekvariëteit van de prachtbarbeel.

BIJZONDERHEDEN
Dit bijzonder sterke en weinig eisen stellen-

de, vrolijk zwemmende scholenvisje is zeer geschikt voor beginners.

Barbus everetti

FAMILIE
Cyprinidae (karperachtigen)

ONDERFAMILIE
Cyprininae

VINDPLAATS
Zuidoost-Azië (Singapore, Borneo).

GESLACHTSONDERSCHEID
De vrouwtjes zijn voller dan de mannetjes.

LENGTE
In de natuur en in grote vijvers in tropische gebieden kunnen deze barbelen langer dan 13 centimeter worden, maar in het aquarium worden ze normaal gesproken niet groter dan 9 centimeter.

HUISVESTING
Deze barbelen kunnen in middelgrote tot grote aquaria worden gehuisvest. Veel open zwemruimte en een dichte randbeplanting is wenselijk.

SOCIALE EIGENSCHAPPEN
De *B. everetti* wordt altijd in een schooltje gehouden van minimaal vijf stuks. De vissen zijn vreedzaam en vallen andere aquariumbewoners niet lastig, al kunnen erg schuwe of tere visjes door deze onstuimige zwemmers wel eens in het gedrang komen. De vissen bewonen alle waterlagen.

Barbus everetti

TEMPERATUUR EN WATERSAMENSTELLING
25-28 °C. De vissen kunnen weliswaar een tijdje in minder optimale watersamenstellingen overleven, maar een pH van 6-7 en een waterhardheid tot 12° DH benaderen de natuurlijke waterwaarden van hun vindplaats het beste.

VOEDSEL
Deze barbelen zijn echte alleseters en behoorlijke veelvraten. Zowel groenvoer, droogvoer als levend voer wordt door de vissen goed en graag gegeten.

KWEEK
Het is mogelijk om deze vissen na te kweken in een flink beplant, ruimbemeten aquarium op een zonnige standplaats. De vissen zijn eierrovers, dus een legrooster is beslist noodzakelijk.

Barbus oligolepis

EILANDBARBEEL OF SUMATRABARBEEL

FAMILIE
Cyprinidae (karperachtigen)

ONDERFAMILIE
Cyprininae

VINDPLAATS
Indonesië, vooral op Sumatra

GESLACHTSONDERSCHEID
Het mannetje heeft zwartgerande vinnen en is in het geheel wat roder van tint dan het bruingroen gekleurde vrouwtje.

LENGTE
Tot 5 centimeter

HUISVESTING
Dit kleine barbeeltje voelt zich in verschillende soorten aquaria thuis, mits er voldoende zwemruimte aanwezig is. Ook stelt hij randbeplanting op prijs. Omdat de dieren nogal eens in de bodem grondelen op zoek naar voedsel mag het (fijne) grind niet scherp zijn.
De kleuren van de vissen komen beter tot hun recht met een donkere bodembedekking en een niet te felle verlichting.

SOCIALE EIGENSCHAPPEN
Deze vredelievende, levendige, maar soms wat drukke zwemmer is heel geschikt voor

Barbus oligolepis

het gezelschapsaquarium. De vissen moeten wel altijd in een schooltje van minimaal 5 stuks worden gehouden. Sumatrabarbeeltjes houden zich bij voorkeur in de middelste en onderste waterlagen op.

TEMPERATUUR EN WATERSAMENSTELLING
21-24 °C. De watersamenstelling is niet erg belangrijk, maar enigszins zacht (6-9° DH) en helder water is het beste.

VOEDSEL
De eilandbarbeel eet zowel droogvoer (S. Flora) als levend voedsel en heeft daarnaast ook behoefte aan plantaardige kost zoals algen of plantaardige voedertabletten (S. Viformo/Premium Tabs).

KWEEK
De kweek is vergelijkbaar met die van de prachtbarbeel. Een goed kweekstel vormt zich vanzelf als u een flink schooltje houdt. Een paarrijp stel zal in een aparte kweekbak onder goede omstandigheden (verhoging watertemperatuur, juiste watersamenstelling, zonnige stand van de kweekbak) vrij snel overgaan tot het afzetten van eitjes. De ouderdieren moeten na het afzetten wel snel uitgevangen worden, aangezien ze hun eigen eieren en jongen opeten. Een legrooster is essentieel.

BIJZONDERHEDEN
De eilandbarbeel is een weinig eisen stellende en levendige vis die uitermate geschikt is voor het gezelschapsaquarium. Hij is vanwege zijn taaiheid een zeer geschikte beginnersvis.

Barbus pentazona pentazona

Barbus pentazona pentazona

FAMILIE
Cyprinidae (karperachtigen)

ONDERFAMILIE
Cyprininae

VINDPLAATS
Zuidoost-Azië, vooral Maleisië en Indonesië, in stilstaande en in langzaam stromende wateren.

GESLACHTSONDERSCHEID
De verschillen tussen de geslachten worden pas echt duidelijk als de dieren volgroeid zijn. De mannetjes zijn wat kleiner en ze zijn intensiever gekleurd dan de vrouwtjes.

LENGTE
Tot 6 centimeter

HUISVESTING
De *B. pentazona pentazona* doet het goed in een gezelschapsaquarium waar naast vrije zwemruimte ook voldoende schuilmogelijkheden zoals kienhout en beplanting aanwezig zijn. Middelgrote aquaria (60-70 centimeter breed) bieden voldoende ruimte.

SOCIALE EIGENSCHAPPEN
Deze vriendelijke *Barbus*-soort is vrij rustig en komt eigenlijk alleen maar tot zijn recht in een aquarium met even rustige medebewoners. Hij is een scholenvis en hoort daarom ook alleen in een schooltje thuis van minimaal 5 vissen.

TEMPERATUUR EN WATERSAMENSTELLING
24-26 °C. De watersamenstelling is niet zo heel belangrijk, al heeft zwak zuur en zacht water de voorkeur.

VOEDSEL
Dit visje is met recht een alleseter en een veelvraat te noemen. Zowel vlokken- als groenvoer en levend voedsel worden graag gegeten.

KWEEK
Wilt u met dit visje kweken, dan is het in eerste instantie belangrijk om een goed passend kweekpaartje te vinden. In een schooltje dat groot genoeg is, zult u merken dat er zich een of meerdere stelletjes vormen die steeds bij elkaar blijven zwemmen. Zo'n paartje kan overgebracht worden in een apart kweek-bakje waarin de watertemperatuur langzaam omhoog wordt gebracht naar ongeveer 27-28 °C. De pH hoort rond de 6,5 of nog lager te liggen en de DH mag beslist niet hoger zijn dan 11°. Verwijder de ouderdieren na het afzetten van de eitjes, aangezien ze het eigen legsel opeten.

Barbus *'Schuberti'*

SCHUBERTIBARBEEL, BROKAATBARBEEL

FAMILIE
Cyprinidae (karperachtigen)

ONDERFAMILIE
Cyprininae

VINDPLAATS
In de vrije natuur komt deze vis niet voor. De stamvorm van deze vis (*B. semifasciolatus*) vindt zijn oorsprong in Zuidoost-China.

Barbus *'Schuberti'*

De 'Schuberti' is een door T. Schubert (Verenigde Staten) gekweekte populaire kweekvorm ervan.

GESLACHTSONDERSCHEID
De mannelijke vissen zijn wat kleiner en slanker dan de vrouwelijke.

LENGTE
Tot 7 centimeter

HUISVESTING
Deze sterke barbeel voelt zich in de meest uiteenlopende aquaria thuis, mits er voldoende vrije zwemruimte aanwezig is. De vis houdt van stroming in het water, dus maak gebruik van een krachtige filter of wat uitstromers.

SOCIALE EIGENSCHAPPEN
De schubertibarbeel is een snelzwemmende, zeer actieve en vreedzame vis die in een schooltje van minimaal vijf stuks gehouden moet worden. Andere visjes worden met rust gelaten, maar plaats ze niet bij al te schuwe, tere visjes of vissen die op hun rust zijn gesteld, omdat ze die met hun actieve gezwem ongewild in de verdrukking brengen. Ze houden zich bij voorkeur in de middelste waterlagen op, maar nemen ook voedsel op van het wateroppervlak en de bodem.

TEMPERATUUR EN WATERSAMENSTELLING
19-24 °C. In het ideaalste geval is het water zwak zuur en middelhard, maar de vissen zijn vrij sterk en passen zich ook in afwijkende watersamenstellingen aan.

VOEDSEL
Deze barbeel is een alleseter. Hij eet zowel droogvoer als levend voer en ook plantaardige voeding wordt goed opgenomen.

Jongbroed van de brokaatbarbeel

KWEEK
De kweek is vrij eenvoudig en vergelijkbaar met die van andere barbelen. Zorg dus voor een goed passend kweekstel, een aparte kweekbak met een zonnige stand en voldoende fijnbladige planten. De schubertibarbeel is, zoals veel andere vrijleggers, een eierrover. De ouderdieren moeten direct uitgevangen worden als de afzetting is voltooid. Een vooraf aangebracht legrooster dat een paar centimeter boven de bodem wordt bevestigd, houdt eitjes en ouderdieren tijdens het afzetten gescheiden.

BIJZONDERHEDEN
Dit visje is vanwege zijn sterke gestel en levendige gedrag een erg geschikte beginnersvis.

Barbus tetrazona

SUMATRAAN

FAMILIE
Cyprinidae (karperachtigen)

ONDERFAMILIE
Cyprininae

VINDPLAATS
Indonesië

GESLACHTSONDERSCHEID
Als de dieren volwassen zijn, zijn de wijfjes groter, enigszins dikker en bovendien minder intens gekleurd dan de mannetjes.

LENGTE
Tot 6 centimeter

HUISVESTING
De sumatraan voelt zich prima thuis in het gezelschapsaquarium, mits hij voldoende zwemruimte heeft. Hij stelt stroming in het water erg op prijs. De kleur van de bodembedekking en de belichting is nauwelijks van invloed op de harde kleuren van deze populaire en bekende vissoort.

SOCIALE EIGENSCHAPPEN
Sumatraantjes komen alleen in een wat grotere school met minstens vijf exemplaren het beste tot hun recht. Ze blijven dan dicht bij elkaar zwemmen, wat een spectaculair effect geeft. Deze mooie en taaie visjes hebben helaas wel een negatieve eigenschap: ze zijn meer dan eens geneigd om andere, zwakkere vissen het leven zuur te maken. Bovendien

Een schooltje sumatranen

Mosgroene sumatraan

knabbelen ze aan de 'sprieten' van labyrint-vissen (goerami's) en vallen ze andere vissen met weelderige vinnen nogal eens lastig. Plaats ze dan ook alleen bij vissoorten zonder al te grote vinnen of uitsteeksels. Ze houden zich vooral in de middelste waterlagen op.

TEMPERATUUR EN WATERSAMENSTELLING
23-26 °C. De watersamenstelling is niet zo belangrijk, als het aquariumwater maar zui-ver, schoon en boven alles zuurstofrijk is.

VOEDSEL
De sumatraan is een alleseter die zowel levend voer als droogvoer (S. Flora/Premi-um Tabs) goed opneemt.

KWEEK
De kweek van deze populaire scholenvisjes is vrijwel identiek aan die van de prachtbarbeel. Het verschil zit hem alleen in de watersa-menstelling. De sumatraan stelt er tijdens de kweekperiode veel hogere eisen aan. Een DH van 5 °C, een pH van rond de 6-7 en een watertemperatuur van 28 °C zijn optimaal. De soort is erg productief. Jonge visjes worden grootgebracht met fijn stofvoer (S. Micron).

KWEEKVORMEN
Er zijn verschillende kweekvormen bekend. De goudgele met zwarte banden is de welbe-kende stamvorm, maar ook de groene en de albinosumatranen zijn wereldwijd erg popu-lair.

BIJZONDERHEDEN
Dit taaie, levendige en kleurrijke scholenvis-je is bij uitstek geschikt voor beginnende aquarianen.

Barbus ticto *(syn.* **Puntius ticto***)*

CEYLONBARBEEL

FAMILIE
Cyprinidae (karperachtigen)

ONDERFAMILIE
Cyprininae

VINDPLAATS
India en Sri Lanka

GESLACHTSONDERSCHEID
Het verschil tussen de geslachten is eigenlijk pas goed te zien als de dieren volwassen zijn. De vrouwtjes zijn dan enigszins groter en gevulder dan de mannetjes. In de paartijd heeft het mannetje een brede rode streep over het lichaam (zie afbeelding).

LENGTE
Tot 9 centimeter, afhankelijk van de beschik-bare zwemruimte.

HUISVESTING
De *B. ticto* heeft een groot aanpassingsver-mogen en hij is een geschikte bewoner voor het gezelschapsaquarium, mits er voldoende

Barbus ticto *(boven ♂, beneden ♀)*

Natuurlijke biotoop van de Barbus ticto

zwemruimte aanwezig is. Vanwege zijn actieve levenswijze is hij een minder geschikte medebewoner voor schuwere of kleine vissoorten. In kleinere aquaria komt hij nooit volledig tot zijn recht. Hij houdt van stroming in het water.

SOCIALE EIGENSCHAPPEN
De *B. ticto* is een scholenvis en moet dan ook met minimaal vijf, maar liever met nog wat meer exemplaren samen gehouden worden. Andere aquariumbewoners worden normaal gesproken met rust gelaten. De dieren houden zich bij voorkeur in de middelste waterregionen op, maar ze nemen ook voedsel van het wateroppervlak en van de bodem op.

TEMPERATUUR EN WATERSAMENSTELLING
15-24 °C. De *B. ticto* voelt zich in bijna alle watersamenstellingen thuis en kan net als de prachtbarbeel in de zomermaanden in de tuinvijver worden gehouden.

VOEDSEL
Deze vis is een alleseter. Hij houdt zowel van droogvoer (S. Vipan/GVG-menu) als van levend voedsel.

KWEEK
Onder optimale omstandigheden, in een kweekbak waarin de watertemperatuur geleidelijk wat omhoog wordt gebracht, gaan deze vissen al vrij snel over tot het afzetten van eitjes. U kunt een goed passend kweekstel in de kweekbak overzetten, maar er zijn ook goede resultaten bekend van één mannetje dat met meerdere vrouwtjes tegelijkertijd paarde. De vissen zijn eierrovers, dus is het verstandig om de ouderdieren direct na het afzetten van de eitjes uit de kweekbak te verwijderen. De jonge visjes worden grootgebracht met fijn stofvoer (S. Micron).

BIJZONDERHEDEN
Deze visjes kunnen uitstekend in onverwarmde aquaria en vijvers worden gehouden. Een voorwaarde is dan echter wel dat de temperatuur niet al te lang achtereen lager dan 15 °C is.

Barbus titteya

FAMILIE
Cyprinidae (karperachtigen)

ONDERFAMILIE
Cyprininae

VINDPLAATS
Sri Lanka, vooral in stilstaande en ondiepe wateren

GESLACHTSONDERSCHEID
Buiten de paartijd zijn de visjes beige-rood van kleur en zijn de vrouwtjes herkenbaar aan de dikkere buikpartij. Het mannetje is bovendien wat kleiner en gestrekter van vorm. Tijdens de paartijd zijn de mannelijke visjes veel feller rood van kleur dan de vrouwelijke.

LENGTE
Tot 5 centimeter

HUISVESTING
De *B. titteya* kan in kleinere gezelschapsaquaria worden gehouden, met voldoende randbeplanting en schuilmogelijkheden, samen met beslist rustige medebewoners. De visjes voelen zich het beste thuis en zijn op hun mooist in een aquarium met donkere

Barbus titteya *(links ♂, rechts ♀)*

bodembedekking en wat drijfgroen (schaduwrijke plaatsen).

Deze visjes kunnen het beste in een groepje worden gehouden, al vormen ze niet zulke hechte scholen als normaal gesproken bij scholenvisjes het geval is. Te veel beroering en drukte in het aquarium leidt ertoe dat de visjes zich niet zoveel zullen laten zien en ook hun mooie donkerrode kleur komt dan niet tot zijn recht. Ze houden zich in de onderste en middelste waterlagen op.

22-26 °C. Deze bijzonder sterke visjes doen het gewoonlijk erg goed in de meest uiteenlopende watersamenstellingen, al hebben ze een voorkeur voor matig tot middelhard water.

Titteya's zijn kostgangers die het de aquariaan niet moeilijk maken. Ze eten droogvoer (S. Flora), levend voer en algen.

Onder optimale omstandigheden, in een aparte kweekbak met voldoende beplanting (veel

Javamos) is er kans dat een goed passend kweekpaartje zich gaat voortplanten. De mannetjes kunnen zich tijdens het paarspel soms wat agressief ten opzichte van hun partner gedragen. Daarom worden er vaak meerdere vrouwtjes met één mannetje in een kweekbak geplaatst.

Sherrybarbeeltjes zijn eierrovers, dus verwijder ze direct na het afzetten uit het kweekbakje. Aangezien ze er wel eens een poosje over kunnen doen totdat alle eitjes zijn afgezet, is het verstandig om een eierrooster in het kweekbakje aan te brengen, zodat de eieren van de ouderdieren gescheiden blijven. De jonge visjes kunnen worden grootgebracht met fijn stofvoer (S. Micron).

Baryancistrus *sp.* L81

Loricariidae (harnasmeervallen)

Ancistrinae

Brazilië, in snelstromende beken en rivieren

Baryancistrus Spec.

GESLACHTSONDERSCHEID
Onbekend

LENGTE
Tot 14 centimeter

HUISVESTING
Deze opvallende bodembewoner hoort thuis in middelgrote tot grote aquaria. Water dat steeds in beweging is, verdient de voorkeur. De vissen hebben behoefte aan schuilplaatsen; overdag liggen ze het liefst op een rustige plaats onder kienhout, tussen de dichte beplanting, om pas later, tegen de schemering, actief op zoek te gaan naar voedsel. Ze schrapen graag algen van ruiten, kienhout en planten. Aangezien we deze zelden tegenkomen in een aquarium dat pas geleden is geïnstalleerd, is het beter ze pas aan te schaffen als er zich in het aquarium al voldoende algen hebben gevormd.

SOCIALE EIGENSCHAPPEN
De dieren zijn zonder meer vreedzaam en gaan hun eigen weg. Ze laten andere aquariumbewoners met rust. De dieren worden meestal als solitair gehouden.

TEMPERATUUR EN WATERSAMENSTELLING
24-26 °C. Aan de watersamenstelling worden niet al te hoge eisen gesteld, maar beslist kristalhelder en het liefst stromend water is het beste.

VOEDSEL
Deze dieren eten de resten van de overige aquariumbewoners, maar hebben boven alles erg veel behoefte aan plantaardig voedsel, vooral algen. Geef hun pas tegen de schemering voedertabletten (S. Premium) of geblancheerde waterkers en slablaadjes te eten.

KWEEK
Over de kweek van deze vis is tot dusverre nog niets bekend.

KWEEKVORMEN
Er zijn geen kweekvormen van deze vis bekend, maar wel vissen die tot dezelfde soort behoren en een afwijkend stippelpatroon hebben. Al deze varianten hebben in plaats van een Latijnse benaming een L-nummer gekregen.

Beaufortia leveretti

FAMILIE
Balitoridae

ONDERFAMILIE
Gastromyzoninae

VINDPLAATS
China

GESLACHTSONDERSCHEID
Tot dusverre niet bekend

LENGTE
Tot ongeveer 13 centimeter

HUISVESTING
In grotere aquaria, met een zonnige standplaats waardoor er voldoende algen in het aquarium groeien, zal deze eigenaardige vis het het beste doen. Zorg er daarnaast ook voor dat er geen ruwe stenen of andere scherpe voorwerpen aanwezig zijn waar de vis zich aan kan bezeren. Stroming in het water (door middel van krachtige filter of meerdere uitstroomsteentjes) wordt door de dieren zeer op prijs gesteld.

Beauforta leveretti

Beauforta leveretti

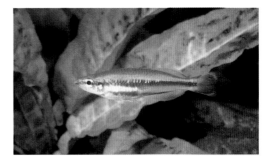

SOCIALE EIGENSCHAPPEN

Deze merkwaardige vissen zijn uiterst vreedzaam. Ze gaan hun eigen gangetje en laten zowel soortgenoten als andere aquariumbewoners met rust. Ze houden zich bij voorkeur in de onderste en middelste waterlagen op.

TEMPERATUUR EN WATERSAMENSTELLING

18-23 °C. De hardheid en de zuurgraad van het water zijn niet zo heel belangrijk, al zouden een DH van rond de 15° en een neutrale pH idcaal zijn. Het water behoort in ieder geval kristalhelder en zuurstofrijk te zijn.

VOEDSEL

De soort eet niet alleen algen, al gaat de voorkeur daar wel naar uit. Zijn er niet voldoende algen in het aquarium aanwezig of heeft de vis deze allemaal al opgegeten, geef hem dan regelmatig wat voedertabletten voor bodembewoners (S. Viformo) en zo nu en dan ook geblancheerde slablaadjes en waterkers te eten. Daarnaast ruimt de vis ook het voedsel op dat de andere aquariumbewoners niet hebben opgegeten. Levend voer wordt ook op prijs gesteld.

KWEEK

Deze typische dieren zijn nog niet zo lang geleden 'ontdekt' door aquariumliefhebbers en over de kweek is dan ook tot dusverre niets bekend.

Bedotia geayi

FAMILIE
Atherinidae (korenaarsvissen)

VINDPLAATS
Madagaskar

GESLACHTSONDERSCHEID
Het verschil tussen de geslachten is moeilijk vast te stellen.

LENGTE
Tot ongeveer 12 centimeter

HUISVESTING
Deze vissen zijn het beste op hun plaats in wat grotere en langgerekte aquaria (minimaal 80 centimeter). De vissen zwemmen graag en veel en daarom is voldoende vrije zwemruimte een absolute must. Randbeplanting en daarbij enige stroming in het aquariumwater, bijvoorbeeld middels een krachtige filter

of uitstroomsteentjes, worden door de *Bedotia geayi* bijzonder gewaardeerd.

SOCIALE EIGENSCHAPPEN
De soort stelt zich niet alleen ten opzichte van soortgenoten, maar ook in de buurt van andere vissoorten vreedzaam op en kan daarom probleemloos met andere vissen samen gehouden worden die dezelfde eisen hebben wat betreft de watersamenstelling. Schuwere vissoorten zijn in een aquarium met deze vissoort niet helemaal op hun plaats omdat ze –onbedoeld– door deze drukke zwemmers de beplanting in gedreven worden. Houd de vissen in scholen van minimaal vijf, maar liever nog meer exemplaren.

TEMPERATUUR EN WATERSAMENSTELLING
20-23 °C. Deze vissen komen in de vrije natuur voor in kristalheldere bergbeken en hebben vooral behoefte aan zuiver, schoon en zuurstofrijk water met zo min mogelijk afvalstoffen. Middelhard tot hard water heeft de voorkeur.

VOEDSEL
Deze vis stelt wat betreft voeding geen hoge eisen. Hij eet zowel droogvoer als klein levend voer. Omdat de vissen zich in de

bovenste en middelste waterlagen ophouden en niet snel iets van de bodem opnemen, is een groepje meervallen als 'voedselrestruimers' wenselijk.

KWEEK

De kweek is niet zo heel eenvoudig, maar zeker wel mogelijk. Een goede hygiëne is erg belangrijk, evenals een rijke beplanting met fijnbladige planten en een juiste waterhardheid en temperatuur (26 °C). U hoeft geen kweekstel uit te zoeken; normaal gesproken paaien de dieren namelijk in schoolverband.

Betta imbellis

FAMILIE
Anabantidae (labyrintvissen)

ONDERFAMILIE
Macropodinae

VINDPLAATS
Maleisië

GESLACHTSONDERSCHEID
De mannetjes van deze soort zijn eenvoudig te herkennen omdat ze kleurrijker zijn dan de vrouwtjes en ook wat langere vinnen hebben.

LENGTE
Tot ongeveer 5 centimeter

HUISVESTING
Deze *Betta*-soort, die veel minder bekend en gewild is dan zijn neefje, de mateloos populaire *Betta splendens*, kan heel goed in een kleiner aquarium worden ondergebracht. De vissen zijn niet gesteld op water dat steeds in beweging is, dus gebruik geen krachtige fil-

Betta imbellis ♀

ter. Zorg voor een enigszins donkere bodem, dichte randbeplanting met fijnbladig groen en wat drijfgroen op het wateroppervlak. Het waterpeil mag niet hoger zijn dan 25 centimeter.

De soort kan goed springen; een dekruit is daarom noodzakelijk om de vissen in het aquarium te houden.

SOCIALE EIGENSCHAPPEN
Deze visjes kunnen in een gezelschapsaquarium worden gehouden worden, mits de overige aquariumbewoners niet al te klein zijn. Ideaal is het gezelschap van een aantal andere labyrintvissen, bijvoorbeeld een schooltje rasbora's en *Corydoras*-soorten als bodembewoners. De mannetjes zijn niet altijd zo verdraagzaam ten opzichte van elkaar, maar de 'gevechten' tussen de mannetjes onderling zijn meestal vrij onschuldig en betekenen niets meer dan schijngevechten en imponeergedrag. Desondanks is het beter voor de gemoedsrust van de vissen om slechts één mannetje met twee of drie vrouwtjes samen te houden.

TEMPERATUUR EN WATERSAMENSTELLING
25-28 °C. De watersamenstelling is niet zo van belang. Uiteraard behoort het water wel schoon en helder te zijn.

VOEDSEL
Deze visjes zijn gemakkelijke kostgangers. Ze nemen probleemloos droogvoer op, maar eten ook graag klein levend voer.

KWEEK
De kweek is interessant en vergelijkbaar met die van de *Betta splendens*.

Betta splendens

KEMPVIS

FAMILIE
Anabantidae (labyrintvissen)

ONDERFAMILIE
Macropodinae

VINDPLAATS
Thailand en Vietnam

GESLACHTSONDERSCHEID
De mannetjes zijn veel groter en kleurrijker dan de vrouwtjes en staan bovendien bekend om hun lange vinnen.

68

Betta splendens ♂

LENGTE
Tot 6 centimeter

HUISVESTING
De *Betta splendens*, oftewel kempvis, voelt zich in zowel grotere als kleinere aquaria prima thuis. Veel drijfgroen, een diffuse verlichting, veel schuilmogelijkheden en een niet te hoge waterstand zijn wenselijk. De vissen zijn op hun rust gesteld en hebben een voorkeur voor stilstaand water.

Betta splendens ♂

SOCIALE EIGENSCHAPPEN
De naam kempvis heeft de vis te danken(?) aan het feit dat de mannetjes met elkaar vechten totdat er eentje het leven geeft. Zelfs in een groot aquarium kunt u nooit meer dan één mannetje tegelijk houden. Kempvissen houden zich meestal op in de buurt van het wateroppervlak tussen de (drijf)planten, op zoek naar voedsel (muggenlarven), maar zakken ook wel af naar lagere waterregionen om daar op kleine visjes te jagen. Daarom is het geen goed idee om ze bij minder weerbare of kleine visjes te houden. Anderzijds worden zijzelf, vanwege hun enorme vinnen, nogal eens lastig gevallen door grotere, agressievere vissoorten en sumatranen. De populatie in het aquarium moet dan ook met zorg worden samengesteld. Vanwege de bijzonder sterke voortplantingsdrift van de mannetjes verdient het houden van twee of drie vrouwtjes per mannetje de voorkeur boven een enkel vrouwtje, dat vrijwel zeker de dood ingejaagd wordt door een al te actieve minnaar. U kunt er ook voor kiezen om alleen een mannetje te houden, zonder vrouwtjes. Doorgaans gaat dat ook heel goed.

TEMPERATUUR EN WATERSAMENSTELLING
25-28 °C. De watersamenstelling is niet zo van belang, maar de vissen zijn wel warmte-

Betta splendens ♂

Betta splendens ♀

behoeftig. Mocht het water te sterk vervuild zijn, dan kan deze vis aanspraak maken op zijn labyrint, een orgaan achterin de kop dat de vis in staat stelt om zuurstof uit de atmosfeer op te nemen. Een dekruit is beslist noodzakelijk om grote temperatuurverschillen tussen het water en de atmosfeer te voorkomen. Hierdoor kan de vis erg ziek worden en doodgaan.

VOEDSEL
Deze vis houdt van droogvoer (S. San, GVG-mix). Daarnaast stellen de vissen levend voer (muggenlarven, tubifex) zeer op prijs.

KWEEK
De kweek van deze vis is zeer interessant. Het kweekpaar, waarbij moet worden opgelet dat zowel het vrouwtje als het mannetje werkelijk volwassen en in een optimale conditie is, overzetten in een apart kweekbakje. De waterstand mag niet te hoog zijn, 10 tot 15 centimeter is al voldoende en er moeten zowel voldoende drijfplanten (bijv. watervorkje) als schuilplaatsen voor het vrouwtje aanwezig zijn.

Een bodembedekking kan ofwel achterwege blijven of moet bestaan uit zeer fijn grind of gewassen zand. Om het afzetten enigszins te bespoedigen, kunt u de watertemperatuur geleidelijk verhogen tot 30 °C en filtert u over wat turf.

Het mannetje bouwt een schuimnest onder het wateroppervlak terwijl hij intussen het vrouwtje het hof maakt. Let op de reactie van het vrouwtje: vertoont ze tijdens de toenaderingspogingen van het mannetje de zo typerende donkere dwarsbanden op haar lichaam, dan is ze bereid om te paren. Is dat niet zo, vang dan het vrouwtje uit, aangezien het mannetje haar anders de dood in zal jagen. Na het afzetten van de eitjes moet het vrouwtje in ieder geval worden uitgevangen, aangezien het mannetje haar dan niet meer in de buurt van het nest verdraagt.

Het mannetje neemt de zorg van de eieren en het nest op zich. Als de eitjes zijn uitgekomen, moet u het mannetje verwijderen omdat hij ze niet meer als kroost, maar eerder als welkome aanvulling op zijn menu zal zien. De jonge visjes worden grootgebracht met fijn stofvoer (S. Micron). Ververs regelmatig delen van het water om te voorkomen dat het te sterk vervuild raakt.

KWEEKVORMEN
De stamvorm is een vis met wat kortere vinnen, maar in de loop van de tijd zijn kempvissen met steeds langere vinnen gekweekt. Er zijn ontelbaar veel kleuren kempvissen, zoals rode, blauwe, aquamarijnkleurige en ook de zeer zeldzame witte vissen. Daarnaast komen er ook bonte exemplaren voor. De vrouwtjes zijn minder opvallend, al kennen ook zij een verscheidenheid van kleuren.

BIJZONDERHEDEN
In Thailand worden al sinds mensenheugenis 'gevechten' georganiseerd tussen Betta-mannetjes. Zulke gevechten zijn daar erg populair en er worden flinke sommen geld verwed. Men laat de vissen echter niet doorvechten tot er eentje dood is (wat in het aquarium wel gebeurt), maar scheidt de mannen van elkaar zodra er een overduidelijke winnaar is.

Wilt u eens zien hoe dreigend een kempvismannetje eruit kan zien als hij een indringer signaleert, houd hem dan eens een klein spiegeltje voor. (Het is niet bevorderlijk voor de gezondheid en levensduur van de vis om dit al te vaak te doen.)

Boehlkea fredcochui

PERUZALM

FAMILIE
Characidae (karperzalmen)

ONDERFAMILIE
Tetragonopterinae

VINDPLAATS
Peru

GESLACHTSONDERSCHEID
Het verschil tussen de geslachten is op jongere leeftijd niet gemakkelijk vast te stellen. In het algemeen geldt dat de mannetjes wat kleiner en gestrekter van vorm zijn dan de vrouwtjes.

LENGTE
Tot 5 centimeter

HUISVESTING
Dit scholenvisje voelt zich prima thuis in een gezelschapsaquarium met voldoende randbeplanting en vrije zwemruimte. Wordt de vis in een aquarium met een lichtgekleurde bodembedekking gehouden, dan blijft zijn kleur flets. Een donkere bodembedekking zorgt ervoor dat de kleuren van de vissen veel beter tot hun recht komen.

SOCIALE EIGENSCHAPPEN
De peruzalm is een vriendelijk en vreedzaam visje dat prijs stelt op het gezelschap van soortgenoten en andere aquariumbewoners met rust laat. Het kan alleen in een schooltje van minimaal vijf exemplaren worden gehouden; enkelingen verkommeren. De visjes houden zich bij voorkeur in de middelste waterlagen op.

TEMPERATUUR EN WATERSAMENSTELLING
23-25 °C. De vissen voelen zich prima in uiteenlopende watersamenstellingen, al mag het water niet te hard zijn.

VOEDSEL
Dit zalmpje is een probleemloze kostganger wat zijn voedsel betreft. Hij eet zowel droogvoer (S. Vipan) als klein levend voer.

KWEEK
Over de voortplanting is tot dusverre weinig bekend.

Botia lohachata

FAMILIE
Cobitidae (modderkruipers)

ONDERFAMILIE
Botiinae

VINDPLAATS
India

GESLACHTSONDERSCHEID
Onbekend

LENGTE
Tot ongeveer 10 centimeter

HUISVESTING
Deze vis woelt graag in de bodem en hoort daarom niet thuis in een dichtbeplant aquarium. Plaats daarom alleen sterkere plantensoorten in aardewerken potten die u ondergraaft en afdekt met zware stenen. Op deze manier blijven de plantenwortels heel. De vis heeft behoefte aan een (gedeeltelijke) zachte bodembedekking zoals gewassen zand, vrije zwemruimte en voldoende schuilmogelijkhe-

Boehlkea fredcochui

Botia lohachata

den. Overdag houdt hij zich meestal schuil en zult u hem niet veel zien. Een al te felle verlichting wordt niet gewaardeerd.

SOCIALE EIGENSCHAPPEN
Deze vis leeft enigszins teruggetrokken in een territorium en kan het beste als solitair worden gehouden. Andere vissen worden niet in het territorium toegelaten.

TEMPERATUUR EN WATERSAMENSTELLING
25-29 °C. Deze *Botia*-soort houdt van zwak zuur en zacht water; ideaal is een DH onder de 9°.

VOEDSEL
Deze *Botia*-soort eet zowel algen als droog en levend voer. Ook eet hij voedertabletten (S. Viformo) voor bodembewoners. Het is beter om deze vissen pas bij inval van de schemering te voeren.

KWEEK
Over de kweek is tot dusverre niets bekend.

Botia macracantha

CLOWNBOTIA

FAMILIE
Cobitidae (modderkruipers)

ONDERFAMILIE
Botiinae

VINDPLAATS
Indonesië

GESLACHTSONDERSCHEID
Het verschil tussen de geslachten is bij jonge dieren eigenlijk niet goed vast te stellen. Bij

Botia macracantha

Botia macracantha

volwassen dieren valt een geoefend oog echter wel de enigszins slankere bouw van de vrouwtjes op.

LENGTE
In het aquarium worden clownmodderkruipers zelden langer dan 15 centimeter, maar in de vrije natuur worden ze, zoals zo veel andere vissoorten, veel groter omdat daar de hoeveelheid beschikbare ruimte zo goed als onbegrensd is.

HUISVESTING
De clownmodderkruiper of clownbotia hoort thuis in grotere aquaria (minimaal 80 centimeter). Omdat de vissen graag en veel zwemmen, hebben ze hiervoor de ruimte nodig en behoort er voldoende vrije zwemruimte in het aquarium te zijn. De vissen stellen een flinke stroming in het water, die u kunt bewerkstelligen met uitstroomsteentjes of een krachtige motorfilter, erg op prijs en ze worden er ook actiever van.

SOCIALE EIGENSCHAPPEN
Een solitair gehouden clownbotia heeft vaak de neiging om andere aquariumbewoners het leven zuur te maken. Twee botia's samen geeft ook problemen, aangezien de vissen dan elkaar te lijf gaan. De clownbotia kan het beste in een schooltje van minimaal 5 exemplaren worden gehouden. In een schooltje zullen de dieren hun natuurlijke, vrolijke en zwemlustige gedrag vertonen en het levendige gezelschap houdt vrijwel de hele dag onderlinge schijngevechten, die overigens weinig om het lijf hebben en de indruk geven dat de dieren spelen. In schoolverband laten ze de andere aquariumbewoners ook met rust, maar houd er wel reke-

ning mee dat ze vanwege hun levendige temperament eventueel aanwezige schuwe en tere visjes in de verdrukking brengen.

Clownbotia's zwemmen voornamelijk in de middelste en onderste waterlagen en zijn zowel overdag als gedurende de schemering actief.

TEMPERATUUR EN WATERSAMENSTELLING
25-29 °C. Het water moet regelmatig worden ververst en hoort erg zuurstofrijk te zijn (uitstroomsteentje). Licht zuur en zacht water heeft de voorkeur.

VOEDSEL
De clonwbotia eet zowel droog- (S. Flora) als levend voer en algen.

KWEEK
Over de nakweek van deze vissen in aquaria is tot dusverre weinig bekend.

BIJZONDERHEDEN
Deze opvallende en populaire vis is helaas erg gevoelig voor ziekten en dan met name voor witte stip. Door het aquariumwater zo zuiver en schoon mogelijk te houden en regelmatig delen van het water te verversen, wordt een omstandigheid gecreëerd waarbij witte stip minder vat op de vissen heeft. Test de water-

waarden, aangezien ook hard water ziekten kan veroorzaken. Tevens kan stress de weerstand verminderen, dus zorg ervoor dat het aquarium niet overbevolkt raakt en dat u geen onnodige verrichtingen in het aquarium uitvoert.

Botia striata

FAMILIE
Cobitidae (modderkruipers)

ONDERFAMILIE
Botiinae

VINDPLAATS
Zuidoost-Azië

GESLACHTSONDERSCHEID
Onbekend

LENGTE
In de vrije natuur worden de vissen ongeveer 10 tot 12 centimeter lang, maar in het aquarium blijven ze doorgaans kleiner.

HUISVESTING
In kleine tot middelgrote aquaria doet deze botia het prima. Zorg ervoor dat er voldoen-

Botia striata

de schuilmogelijkheden aanwezig zijn. Aangezien de soort graag in de bodem woelt, kunt u de vis hierin tegemoetkomen door sommige plaatsen in het aquarium in te richten met een dikke laag gewassen zand. Ondanks hun woelgedrag hebben de dieren behoefte aan een flinke beplanting en ze laten de wortels van de planten meestal wel met rust, zeker als er speciale 'woelplaatsen' voorhanden zijn.

SOCIALE EIGENSCHAPPEN
De *B. striata* is niet alleen bijzonder om te zien, hij is ook heel vriendelijk, gaat zijn eigen gangetje en laat de andere aquariumbewoners met rust. In de natuur leven de dieren in grote groepen samen en ook in het aquarium stellen ze gezelschap van meerdere soortgenoten op prijs.

Ze kunnen vanwege hun vreedzame aard heel goed in gezelschapsaquaria worden gehouden.

TEMPERATUUR EN WATERSAMENSTELLING
24-26 °C. De watersamenstelling is voor deze taaie vis niet zo belangrijk.

VOEDSEL
Deze botia is een alleseter. Hij eet alles op wat de overige aquariumbewoners naar de bodem laten zinken, maar u kunt hem daarnaast zo nu en dan ook wat voedertabletten voor bodembewoners (S. Viformo), (geblancheerde) sla, spinazie en waterkers en levend voer geven.

KWEEK
Over de voortplanting in aquaria is tot dusverre nog weinig bekend.

BIJZONDERHEDEN
Deze opvallende en sterke vis is een heel geschikte en ook interessante vis voor beginners.

Brachydanio albinoleatus

GOUDDANIO

FAMILIE
Cyprinidae (karperachtigen)

ONDERFAMILIE
Rasborinae

VINDPLAATS
Zuidoost-Azië

Brachydanio albinoleatus

GESLACHTSONDERSCHEID
De mannetjes zijn slanker en intensiever gekleurd dan de vrouwtjes.

LENGTE
Hooguit 6 centimeter

HUISVESTING
Deze levendige scholenvis doet het bijzonder goed in een gezelschapsaquarium. Veel open zwemruimte, dichte randbeplanting en een krachtige doorluchting zijn vereist. Plaats kienhout en steenpartijen wanneer het aquarium groot genoeg is. (In middelgrote aquaria (60-70 centimeter breed) vormen ze obstakels voor deze snelle zwemmers.) De soort kan boven het water uit springen, dus zorg voor een dekruit.

SOCIALE EIGENSCHAPPEN
Gouddanio's zijn probleemloze en heel levendige visjes die andere vissen met rust laten. Ze houden zich bij voorkeur in de middelste en bovenste waterlagen op. Houd de gouddanio altijd in een school van minimaal zeven exemplaren.

TEMPERATUUR EN WATERSAMENSTELLING
21-24 °C. De visjes zijn taai en passen zich aan de meeste watersamenstellingen aan, al zijn ze niet zo goed ingesteld op al te hard water.

VOEDSEL
De gouddanio is snel tevreden. Hij eet zowel droogvoer als levend voer en plantaardige kost.

KWEEK

De kweek van deze visjes is niet zo moeilijk. Om ervoor te zorgen dat er zo veel mogelijk eitjes worden bevrucht, kunt u in een kweekbak met veel fijnbladig groen één vrouwtje en twee of drie mannetjes uitzetten. Verhoog de temperatuur geleidelijk naar 26-27 °C. De dieren zijn vrijleggers en eten hun eitjes na afzetting even vrolijk weer op, dus haal ze zo snel mogelijk na het afzetten uit de kweekbak. De jonge visjes kunnen worden grootgebracht met fijn stofvoer.

BIJZONDERHEDEN

Dit visje is uitermate geschikt voor beginnende aquarianen.

Brachydanio rerio

ZEBRADANIO

FAMILIE
Cyprinidae (karperachtigen)

ONDERFAMILIE
Rasborinae

VINDPLAATS
India, vooral in het oosten

GESLACHTSONDERSCHEID
Het verschil tussen de geslachten is pas te zien als de visjes volwassen zijn. Dan zijn de mannelijke visjes slanker, gestrekter van vorm en bovendien meestal intensiever gekleurd dan de vrouwtjes.

LENGTE
Tot 5 centimeter

Brachydanio rerio

HUISVESTING

Dit zeer levendige en weinig eisen stellende scholenvisje voelt zich in zowel kleinere als grotere aquaria thuis. Het zijn snelle en onvermoeibare zwemmers die voldoende open zwemruimte nodig hebben.

Het lijkt soms of deze visjes spelen: als er een doorluchtingssteentje in het aquarium is, zwemmen ze eerst tegen de stroom bubbeltjes in naar beneden om zich dan vervolgens weer mee naar boven te laten voeren. De vissen kunnen dit lang volhouden. Hierdoor is al menige zebradanio uit het aquarium verdwenen; een dekruit is dus beslist noodzakelijk.

SOCIALE EIGENSCHAPPEN
De zebradanio moet in een school van ten minste vijf exemplaren worden gehouden. De vissen zijn erg actief, zelfs op het drukke af, maar ze zijn uiterst vreedzaam ten opzichte van elkaar en andere aquariumbewoners. Voor schuwe en rustige vissen vormen deze snelle zwemmers echter beslist geen geschikte medebewoners. Zebradanio's houden zich voornamelijk in de middelste en bovenste waterlagen op.

TEMPERATUUR EN WATERSAMENSTELLING
18-24 °C. De vissen passen zich heel goed aan in de meest uiteenlopende watersamenstellingen, maar zacht tot matig hard water (6-15° DH) met een neutrale pH (7) zou ideaal zijn.

VOEDSEL
De zebradanio is een alleseter. De visjes zijn zonder problemen gezond te houden op een menu van afwisselend droogvoer (S. Vipan, O-nip). Ook nemen ze graag levend voer op, mits het niet te grof is; tubifex en watervlooien zijn heel geschikte voedseldiertjes voor deze scholenvisjes.

KWEEK
In een aparte kweekbak met voldoende zonlicht en fijnbladige beplanting, waarbij de watersamenstelling de ideale waarden benadert, gaan deze visjes vrij gemakkelijk over tot het afzetten van eitjes. Zebradanio's zijn vrijleggers en zoals veel andere vrijleggende visjes eten ook zij hun eigen eieren op. Zorg dus voor een legrooster in de kweekbak, zodat de eitjes en ouderdieren worden gescheiden of vang de ouderdieren zo snel mogelijk na het afzetten weer uit. De jongen kunnen worden grootgebracht met fijn stofvoer (S. Micron).

Er is ook een aantrekkelijk getekende lui-paarddanio, (*Brachydanio* 'Frankei'). Van beide soorten zijn er langvinnige kweekvor-men.

BIJZONDERHEDEN
De zebradanio is een zeer geschikte begin-nersvis.

Brachygobius xanthozona

BIJTJE

FAMILIE
Gobiidae (grondels)

VINDPLAATS
Indonesië, in kustgebieden

GESLACHTSONDERSCHEID
De geslachten zijn niet altijd eenvoudig te onderscheiden, maar een geoefend oog her-kent het vrouwtje aan haar vollere buik. Tij-dens de paartijd zijn de vrouwtjes duidelijk bleker van kleur.

Brachygobius xanthozona

Brachygobius xanthozona

LENGTE
Tot ongeveer 4 centimeter

HUISVESTING
Het bijtje is niet zo'n zwemmer en voelt zich daarom prima thuis in een klein aquarium. In het gunstigste geval is dit aquarium speci-aal voor deze vis ingericht, zodat de water-samenstelling en de inrichting volledig op deze soort zijn afgestemd.

In gezelschapsaquaria kan dit visje even-wel ook worden gehouden, mits aan een aan-tal eisen wordt voldaan. De visjes verschui-len zich graag tussen een dik plantendek, dus zorg ervoor dat er voldoende planten in het aquarium aanwezig is. Ook kienhout en ste-nen worden voor dit doel benut en zijn dus wenselijke inrichtingselementen.

SOCIALE EIGENSCHAPPEN
Bijtjes zijn erg rustige visjes. Meestal 'liggen' ze ergens tussen de planten op een groot blad of op de bodem als daar voldoende beschutting is. Wat betreft de omgang met andere vissen hoeft u geen problemen met deze kleine zwart-geel gestreepte visjes te verwachten.

Ten opzichte van elkaar zijn ze echter niet altijd even vriendelijk; de vissen betrekken een eigen territorium en daarin worden bui-ten de paartijd geen soortgenoten toegelaten. Houd, om problemen te voorkomen, daarom liever niet meer dan twee visjes in hetzelfde aquarium.

TEMPERATUUR EN WATERSAMENSTELLING;
26-29 °C, minimaal 20° DH(!), pH 8. Voeg eens per week een paar flinke scheppen zee-zout aan het aquariumwater toe. Deze vis houdt namelijk van brak water (half zee-/half zoetwater) en gedijt daarom erg goed in brak-wateraquaria.

VOEDSEL
Deze vis is geen gemakkelijk tevreden te stel-len kostganger. Deze kieskeurige dieren eten eigenlijk alleen maar klein levend voer, zoals bijvoorbeeld tubifex en muggenlarven. Inge-vroren voedseldieren eten ze eventueel ook wel, maar droogvoer nemen ze zelden of nooit op.

KWEEK
Het kweken van deze leuke visjes is een ingewikkelde kwestie die is voorbehouden aan specialisten. Het mannetje neemt altijd de verzorging en de verdediging van het leg-sel op zich.

Brycinus longipinnis
(syn. Alestes longipinnis*)*

FAMILIE
Alestidae (Afrikaanse karperzalmen)

ONDERFAMILIE
Alestinae

VINDPLAATS
West- en Centraal-Afrika

GESLACHTSONDERSCHEID
De mannetjes zijn herkenbaar aan de rugvin, die langer is dan de rugvin van de vrouwtjes.

LENGTE
In de natuur bereiken de vissen een lengte van ongeveer 16 centimeter, maar in het aquarium worden ze doorgaans niet veel langer dan 10 centimeter.

HUISVESTING
Vanwege de grootte die de dieren kunnen bereiken, het feit dat ze altijd in een groep moeten worden gehouden en hun levendige aard kunnen ze het beste in een wat groter aquarium, met een minimale lengte van 80 centimeter worden gehouden. Veel vrije zwemruimte is beslist noodzakelijk. In felverlichte aquaria met een lichtgekleurde ondergrond blijven de dieren meestal bleek van kleur. Wat drijfgroen en een donkere bodembedekking laten de kleuren van de vissen veel beter tot hun recht komen. Een dekruit is zeker geen overbodige luxe, aangezien de dieren nogal eens geneigd zijn om boven het wateroppervlak uit te springen.

SOCIALE EIGENSCHAPPEN
Deze vissen zijn scholenvissen en moeten daarom altijd met minimaal vijf exemplaren

Brycinus longipinnis

samen worden gehouden. Andere vissen worden met rust gelaten, maar al te schuwe of tere visjes kunnen zich door deze robuuste en actieve zwemmers bedreigd voelen. De vissen houden zich bij voorkeur in de middelste en bovenste waterlagen op.

TEMPERATUUR EN WATERSAMENSTELLING
22-25 °C. De dieren zijn taai en passen zich gemakkelijk aan allerlei verschillende waterwaarden aan.

VOEDSEL
De visjes eten zowel droogvoer als levend voer, maar nemen zelden voedsel op dat op de bodem terecht is gekomen. Daarom is het verstandig om een of meerdere bodembewoners in een aquarium met deze vissen te houden. De vissen eten ook plantaardig voedsel.

KWEEK
Wanneer u deze visjes wilt proberen te kweken, plaatst u de hele school of een goed bij elkaar passend kweekstel over in een kweekbak op een zonnige standplaats. Hoewel de dieren normaal gesproken geen eisen stellen aan de watersamenstelling, mag het water voor de kweek niet te hard zijn. Een waterhardheid van 2-6° DH is ideaal. De eitjes worden door het hele aquarium verspreid afgezet en de dieren eten ze vervolgens graag weer op. Een legrooster houdt de ouderdieren van hun legsel gescheiden.

Bunocephalus coracoideus

BANJOMEERVAL

FAMILIE
Aspredinidae (braadpanmeervallen)

ONDERFAMILIE
Bunocephalinae

VINDPLAATS
Amazonegebied

GESLACHTSONDERSCHEID
De vrouwtjes zijn doorgaans wat voller dan de mannetjes.

LENGTE
Tot ongeveer 13 centimeter

HUISVESTING
Deze vis stelt weinig eisen, maar wil wel graag een mogelijkheid hebben om zich zo

nu en dan onder te graven. Een (gedeeltelijke) zandbodem vormt dan ook een ideale
bodembedekking. Vanwege dit ondergraven
en zijn neiging tot woelen, hoort deze vis
niet in een dichtbeplant aquarium thuis.
Weer ruw grind en andere scherpe uitsteeksels uit het aquarium, aangezien de vis zich
hieraan kan verwonden.

SOCIALE EIGENSCHAPPEN
Probleemloze, vreedzame bodembewoner,
die zowel als solitair als met meerdere soortgenoten kan worden gehouden. De vissen
houden zich bij voorkeur op de bodem en in
de onderste waterlaag op. Overdag houden
ze zich meestal verscholen, soms verstoppen
ze zich in de bodemgrond. Tegen de schemering worden ze pas echt actief en gaan ze
op zoek naar voedsel.

TEMPERATUUR EN WATERSAMENSTELLING
21-27 °C. Deze vissen zijn vrijwel ongevoelig voor de watersamenstelling.

VOEDSEL
Alleseter. Voedertabletten voor bodembewoners verdienen de voorkeur (S. Viformo),
maar deze vissen eten ook graag levend voer
zoals tubifex en muggenlarven. Verstrek het

Bunocephalus coracoideus

voer altijd pas wanneer de schemering invalt,
want anders is alles al door de andere aquariumbewoners opgegeten tegen de tijd dat de
vis actief wordt.

KWEEK
Over de voortplanting van deze vissen in
aquaria is tot dusverre weinig bekend. In de
natuur graven de dieren een kuil op een
beschutte plek waar de eitjes in worden
gelegd. De eitjes worden door beide ouderdieren beschermd tegen al te hongerige of
nieuwsgierige vissen.

Bunocephalus coracoideus

Carassius auratus

GOUDVIS

FAMILIE
Cyprinidae (karperachtigen)

ONDERFAMILIE
Cyprininae

VINDPLAATS
De stamvader van de goudvis is de kroes-karper. De goudvis werd al duizend jaar geleden in China gehouden en gekweekt, en wordt nu over de hele wereld nagekweekt. In de natuur komt de vis niet voor.

GESLACHTSONDERSCHEID
Het verschil tussen de geslachten is eigenlijk alleen goed te zien als de dieren geslachtsrijp zijn. Dan valt bij de vrouwelijke vissen de rondere en gevuldere buiklijn op en bij de mannetjes de zo genoemde paaiuitslag; kleine witte stipjes op de kieuwdeksels en soms ook op de borstvinnen.

LENGTE
In grote vijvers kan de goudvis wel 40 centimeter of langer worden. In het aquarium worden deze vissen zelden langer dan 15 tot hooguit 20 centimeter. In kleine kommen, waarin de dieren helaas nog maar al te vaak worden gehouden, zullen ze onder meer vanwege plaatsgebrek, maar ook door de meestal gebrekkige voeding niet groter worden dan 6 tot 8 centimeter.

HUISVESTING
De meeste goudviskommen zijn niet geschikt voor de goudvis, omdat ze veel te klein zijn. De sterke exemplaren houden het hier een aantal jaren in uit, maar wetende dat een goudvis wel vijftien tot twintig jaar oud kan worden, zal duidelijk zijn dat de vis in een te kleine kom maar een kort leven beschoren is. In een heel ruime kom (diameter minimaal 40 centimeter) waarin, in verband met de zuurstoftoevoer, het waterpeil net boven het breedste punt ligt, kunt u wel goudvissen houden, maar zeker niet meer dan twee vissen tegelijk, aangezien er in dat geval al snel zuurstofgebrek ontstaat, dat leidt tot de dood van één of enkele vissen. Een zuurstofrijk, goed doorlucht, ruimbemeten aquarium met goede doorstroming, sterke plantensoorten (koudwaterplanten) en veel vrije zwemruimte is, naast een buitenvijver, de ideale leefomgeving voor een goudvis. De vissen gron-

delen graag in de bodem op zoek naar voedsel. Om ze de kans te geven hun natuurlijke gedrag tentoon te spreiden, gebruikt u geen scherpe kiezel als bodembedekking.

SOCIALE EIGENSCHAPPEN
Goudvissen zijn uiterst vreedzaam ten opzichte van zowel soortgenoten als andere vissen. Uitzonderingen vormen vissen die langere tijd als enkeling in een te klein aquarium of te kleine kom hebben geleefd; deze ontwikkelen soms agressief gedrag ten opzichte van nieuwkomers. Worden ze in een andere omgeving geplaatst, dan is er van agressie geen sprake meer. Goudvissen voelen zich duidelijk beter op hun gemak te midden van meerdere soortgenoten.

TEMPERATUUR EN WATERSAMENSTELLING
2 tot 25 °C. Een watertemperatuur van 17 tot 21 °C is ideaal. Het temperament van de vis-

Shubinkin komeetstaartgoudvis

sen hangt af van de watertemperatuur. In warm water zijn de vissen vele malen actiever dan in koud water. De vissen zijn sterk en weinig gevoelig voor de watersamenstelling, maar het water hoort hoe dan ook zuurstofrijk te zijn (goed doorluchten met zuurstofsteentjes) en vrij te zijn van afvalstoffen. Een regelmatige waterverversing (bijv. eens per week een kwart van het water), zal bijdragen tot een goede conditie en gezondheid van de vissen.

VOEDSEL

De goudvis is een alleseter. Geef als basis een droogvoer dat speciaal voor goudvissen bestemd is (S. Goldy) en geen voer voor tropische vissen, omdat goudvissen minder proteïnen en meer koolhydraten nodig hebben dan de meeste tropische vissen. Naast droogvoer eten de vissen graag insectjes (fruitvliegjes) en levend voer (muggenlarven, watervlooien). Ook houden ze van plantaardige kost. Bij gebrek hieraan gaan de vissen knabbelen aan fijnbladige planten. Er zijn droge vlokkenvoeders voor planteneters, maar ook (geblancheerde) waterkers, slablaadjes en spinazie worden door de vissen goed opgenomen.

Witte goudvis. Op de achtergrond een goudvis in de oorspronkelijke kleur

KWEEK

In grotere tuinvijvers planten goudvissen zich het gemakkelijkst voort en zult u merken dat u ineens meer visjes in de vijver ziet zwemmen dan er oorspronkelijk uitgezet waren. In een ruim, zuurstofrijk en met fijnbladig groen beplant aquarium wil de goudvis zich ook wel voortplanten, mits het aquarium een zonnige standplaats heeft en de vissen van tevoren goed en afwisselend gevoerd zijn. Wanneer, bij voorkeur in de late lente, paarrijpe vissen (één vrouwtje en twee, drie mannetjes, in verband met een optimale bevruchting van de eitjes) in de kweekbak worden uitgezet, is de kans aanwezig dat ze dezelfde dag nog (of anders de volgende dag bij het ochtendgloren) gaan paaien. Een legrooster is beslist noodzakelijk, aangezien de ouderdieren hun eigen legsel opeten. Om dezelfde reden worden de ouderdieren na het afzetten uitgevangen. Het is niet altijd even eenvoudig om de jonge visjes groot te brengen. Ze zijn erg gevoelig voor temperatuurschommelingen. Een afwijking van één graad Celsius kan al leiden tot misvormingen. De jongen kunnen met fijn stofvoer (S. Micron) worden grootgebracht. Tegenwoordig worden goudvissen in de grotere kwekerijen bijna niet meer op een natuurlijke wijze gekweekt. De kuit en hom worden handmatig afgestreken en met elkaar vermengd, zodat er zo veel mogelijk eitjes worden bevrucht.

In ruime aquaria en tuinvijvers kunnen goudvissen erg groot worden.

KWEEKVORMEN

De goudvis wordt in diverse kleuren en vormen gekweekt, zoals onder meer (vrijwel)

Twee sluierstaartgoudviskweekvormen

eenkleurige witte, rode, gele en zwarte vissen, maar ook gevlekte vissen en vissen die zowel blauwe, zwarte, rode als witte vlekken hebben (shubinkins). Bovendien zijn er goudvissen met verlengde vinnen. Deze worden komeetstaarten genoemd en zijn vanwege hun sierlijke voorkomen erg geliefd. Alle jonge goudvisjes hebben aanvankelijk een groengrijze kleur en ze kleuren pas na ongeveer 3 maanden op. Sommige houden hun oorspronkelijke kleur.

BIJZONDERHEDEN

Meer nog dan bij andere vissoorten moet u bij de aanschaf van goudvissen goed letten op de gezondheid van de vissen. Schaf nooit kwakkelende, te magere, door ziekte aangetaste of misvormde goudvissen aan.

Carassius auratus *(sluiervariëteiten)*

SLUIERSTAARTGOUDVIS

FAMILIE
Cyprinidae (karperachtigen)

ONDERFAMILIE
Cyprininae

VINDPLAATS
De sluierstaartgoudvis is een kweekvorm van de gewone goudvis en is oorspronkelijk door de Chinezen gekweekt.

GESLACHTSONDERSCHEID
Het verschil tussen de geslachten is eigenlijk alleen maar te herkennen als de dieren volwassen zijn. Volwassen vrouwtjes zijn dan enigszins dikker dan de mannetjes, die tij-

Calico sluierstaartgoudvis

Red Cap sluierstaartgoudvis

dens de kweekperiode kleine witte stipjes op de kieuwdeksels vertonen (paaiuitslag).

LENGTE
Bij voldoende ruimte kan de sluierstaart-goudvis ongeveer 30 centimeter lang worden. De vissen worden in aquaria zelden langer dan vijftien centimeter.

HUISVESTING
De sluierstaartgoudvis stelt in principe dezelfde eisen als de normale goudvis, maar hij is niet zo gelukkig met een al te sterke stroming in het aquarium omdat hij niet zo'n krachtige zwemmer is. De meeste sluier-staarten zijn enigszins gevoelig en daarom niet zo geschikt als vijvervis.

SOCIALE EIGENSCHAPPEN
Ook de sluierstaartgoudvis is, evenals de gewone goudvis, een vriendelijke vis die het zowel met andere vissen als met soortgeno-ten goed kan vinden. Plaats deze sluierstaar-ten echter nooit bij agressievere vissoorten (bijv. zonnebaarzen), omdat ze trage zwem-mers zijn en hun weelderige vinnen door dit

soort vissen worden aangevreten. Ook snel-zwemmende soorten kunnen de sluierstaart in de verdrukking brengen; het beste houdt u deze vissen in een speciaalaquarium, met alleen andere sluierstaarten samen. Sluier-staarten zijn erg rustige vissen.

TEMPERATUUR EN WATERSAMENSTELLING
12 tot 24 °C. De kweekvormen kunnen min-der goed tegen een lage watertemperatuur dan de normale goudvis. Het water hoort kristalhelder, beslist zuurstofrijk en vrij van afvalstoffen (nitraten e.d.) te zijn.

VOEDSEL
De sluierstaart heeft dezelfde voedingsbe-hoefte als de gewone goudvis.

KWEEK
De kweek van sluierstaartgoudvissen is ver-gelijkbaar met die van de gewone goudvis-sen.

KWEEKVORMEN
De sluierstaartgoudvis is er in verschillende kleuren en verschijningsvormen, waarvan de Red Cap, calico, zwarte telescoopooggoudvis en de leeuwenkop zonder meer de bekendste zijn en weinig specifieke verzorging nodig hebben. Andere soorten, zoals onder meer de hemelkijker, waarvan de ogen naar boven toe gericht zijn, de ranchu (zonder rugvin) en de ballon- of blaasoog, waarbij er onder de ogen enorme blaasvormige uitstulpsels zitten, de parelschub en de pompoenneus zijn soorten die om een nauwgezette en spe-cifieke verzorging vragen.

BIJZONDERHEDEN
Voor alle soorten geldt uiteraard dat u ervoor moet zorgen dat u gezonde vissen aanschaft zonder afwijkingen. Sluierstaarten zijn wat gevoeliger dan normale of komeetstaart-goudvissen.

Carnegiella strigata strigata

GEMARMERDE BIJLZALM

FAMILIE
Gasteropelecidae (bijlzalmen)

ONDERFAMILIE
Gasteropelecinae

VINDPLAATS
Peru, in kleine beken

Carnegiella strigata strigata

GESLACHTSONDERSCHEID
Het verschil tussen de geslachten is niet of nauwelijks te herkennen.

LENGTE
Tot 5 centimeter

HUISVESTING
Dit kleine bijlzalmpje kan heel goed in middelgrote aquaria worden gehouden. De vissen houden zich vooral in de bovenste waterlagen op en hebben daar ook voldoende open zwemruimte nodig, waarbij ze niet gehinderd worden door grote planten of stukken kienhout. Randbeplanting wordt evenwel op prijs gesteld. Bijlzalmpjes willen nog wel eens springen, zeker als ze een insectje net boven het wateroppervlak waarnemen. Om de vissen te beschermen tegen zichzelf legt u altijd een dekruit op het aquarium. Bijlzalmpjes houden van stroming, die door middel van een krachtige filter of een uitstroomsteentje kan worden bewerkstelligd.

SOCIALE EIGENSCHAPPEN
Dit scholenvisje moet met minimaal vijf soortgenoten samen worden gehouden, aangezien de dieren pas dan tot hun recht komen. Ze zijn overwegend rustig. Al te enthousiaste zwemmers zijn niet zo geschikt om bij bijlzalmpjes te houden omdat ze de visjes ondersteboven zwemmen. Een schooltje corydoras als bodembewoners en daarnaast nog een school visjes die de middelste lagen van het aquarium bewonen, zijn een ideale combinatie met een school bijlzalmpjes.

TEMPERATUUR EN WATERSAMENSTELLING
23-28 °C. Dit zalmpje is niet zo gevoelig voor de watersamenstelling.

VOEDSEL
De bijlzalm is, zoals zijn lichaamsbouw wellicht al doet vermoeden, een visje dat zijn voedsel voornamelijk van het wateroppervlak betrekt. Droogvoer wordt erg goed en probleemloos gegeten, maar kleine fruitvliegjes en muggenlarven zijn delicatessen die we de vissen niet mogen onthouden.

KWEEK
Bijlzalmpjes zijn niet eenvoudig te kweken. In een aparte kweekbak met zeer zacht (onder 5° DH) en over turf gefilterd water met daarnaast veel fijnbladige planten, wil het soms wel eens lukken.

BIJZONDERHEDEN
De bijlzalmenfamilie herbergt meerdere soorten, die in volwassen lichaamslengte variëren van ongeveer 2,5 tot 9 centimeter. De gemarmerde is echter een van de populairste. (Zie ook: *Thoralocharax securis*)

Cichlasoma citrinellum

CITROENCICHLIDE

FAMILIE
Cichlidae (cichliden)

VINDPLAATS
Midden-Amerika

GESLACHTSONDERSCHEID
De volwassen mannetjes hebben een enorm bultvormig voorhoofd (zie afbeelding), ter-

Cichlasoma citrinellum *met jonge visjes*

Cichlasoma citrinellum ♂

wijl de kop van het vrouwtje spits toeloopt. Mannetjes hebben bovendien langere, puntig toelopende vinnen. De beide geslachten wijken zo sterk van elkaar af dat het lijkt of het twee verschillende vissoorten betreft.

LENGTE
25 tot 30 centimeter

HUISVESTING
De citroencichlide hoort thuis in een groot en ruim 'cichlidenaquarium' dat gedomineerd wordt door stenen en rotsen. De stenen moeten wel altijd op de bodem worden gelegd en niet op het grind, aangezien de dieren graag het aquarium naar eigen inzicht verbouwen. Daarom ook heeft het weinig zin om het aquarium te beplanten. De citroencichlide heeft graag schuilmogelijkheden. Die kunnen bijna alleen maar worden gecreëerd met grotere rotspartijen, die voor het behoud van het glazen aquarium vooraf goed aan elkaar moeten worden gekit. Deze vis zwemt graag in kristalhelder water dat steeds in beweging is. Het grind en de decoratiematerialen mogen nooit scherp zijn, aangezien de vissen zich hieraan kunnen verwonden.

SOCIALE EIGENSCHAPPEN
De soort kan vrij onverdraagzaam zijn. Het beste houdt u slechts één koppel met meerdere grote cichliden samen. Dit is alleen mogelijk als er voldoende schuilmogelijkheden zijn, zodat alle soorten een eigen territorium kunnen vormen. De vissen houden zich voornamelijk in en rond het kunstmatig aangelegde 'hol' op.

TEMPERATUUR EN WATERSAMENSTELLING
22-25 °C. Deze vis stelt aan de watersamenstelling weinig eisen, maar zoals bij de meeste grotere en woelende cichlidensoorten is een zeer krachtige motorfilter (wellicht met overcapaciteit) beslist noodzakelijk om het aquariumwater helder te houden.

VOEDSEL
Naast cichlidensticks kunt u de dieren groot en krachtig levend voer geven, zoals kleine visjes en regenwormen. Ook stukjes runderhart en mossel doen het goed. De citroencichlide lijkt altijd honger te hebben, dus pas er voor op om de dieren te veel te geven.

KWEEK
Wilt u met deze vissen kweken, dan hoeft u eigenlijk niet meer te doen dan de watertemperatuur geleidelijk te verhogen naar zo'n 26-27 °C (soms is dat zelfs niet eens nodig). Een kweekstel dat een goede verzorging geniet en voldoende ruimte heeft, zal ook in een aquarium waar andere vissen aanwezig zijn voor nageslacht zorgen. De vissen zorgen beide voor zowel de eieren als de jongen. U kunt de nakweek grootbrengen met klein levend voer en fijngemaakt droogvoer.

BIJZONDERHEDEN
Jonge citroencichliden zijn altijd grijsgrauw van kleur. De prachtige diepgele kleur waar ze hun naam aan te danken hebben, krijgen de vissen pas na verloop van tijd. Sommige dieren houden echter de grijze kleur.

Cichlasoma dovii

FAMILIE
Cichlidae (cichliden)

VINDPLAATS
Midden-Amerika

GESLACHTSONDERSCHEID
Mannelijke dieren hebben een bultvormig voorhoofd en zijn groter dan de vrouwtjes.

LENGTE
De mannetjes kunnen langer dan 65 centimeter worden, maar de vrouwtjes blijven een stuk kleiner. In het aquarium halen de vissen deze lengte meestal niet.

HUISVESTING
Een aquarium van 2 meter breed of groter wordt al snel noodzaak, wilt u deze dieren voldoende ruimte bieden. De dieren woelen graag in de bodem. Een dikke grindlaag die

Cichlasoma dovii

beslist niet scherp mag zijn, is dan ook wenselijk. Omdat deze cichliden zich graag verschuilen, zult u met grote stenen een schuilgelegenheid moeten bouwen. Kit het bouwsel vooraf goed aan elkaar en zet het op de bodem, niet op het grind. Het is namelijk niet denkbeeldig dat deze sterke cichliden met hun gewoel en gegraaf in het grind de hele boel laten instorten.

SOCIALE EIGENSCHAPPEN
De soort is niet erg vriendelijk, soms zelfs uitgesproken agressief. Het beste kunt u een enkel paartje houden dat, bij voldoende ruimte, vergezeld kan worden door een of twee andere sterke en grote cichlidenparen of een grote meerval.

TEMPERATUUR EN WATERSAMENSTELLING
23-28 °C. Deze soort stelt aan de watersamenstelling weinig eisen, maar een zeer krachtige motorfilter is noodzakelijk om het water helder te houden.

VOEDSEL
De vissen eten zowel droogvoer (cichlidensticks) als krachtig levend voer (regenwormen, vissen). Daarnaast kunt u ze stukjes runderhart, mosselvlees en vis geven.

KWEEK
Een geschikt kweekstel dat onder optimale omstandigheden wordt gehouden en goed wordt gevoerd, zal zonder dat u daar wat voor hoeft te doen voor nageslacht zorgen. Laat dit lang op zich wachten, dan kan het helpen om de temperatuur geleidelijk wat te verhogen. De ouderdieren zorgen beide voor het broedsel en de jonge visjes. De jongen kunt u watervlooien en pas uitgekomen pekelkreeftjes voeren.

Cichlasoma meeki
(syn. Thorichthys meeki)

VUURKEELCICHLIDE

FAMILIE
Cichlidae (cichliden)

VINDPLAATS
Midden-Amerika, met name op het schiereiland Yucatan in stilstaande wateren

Cichlasoma meeki ♂

Cichlasoma meeki *(jonge vis)*

GESLACHTSONDERSCHEID
Het verschil tussen beide geslachten is niet moeilijk vast te stellen. Bij het mannetje zijn zowel de rugvin als de anaalvin puntiger dan bij het vrouwtje. Bovendien zijn ze tijdens de paartijd extra opvallend door hun vuurrode buik en keelpartij.

LENGTE
Tot ongeveer 15 centimeter

HUISVESTING
Deze bekende en geliefde cichlidensoort hoort thuis in een groot aquarium (minimaal 1 meter) met veel open zwemruimte. De vissen woelen vooral tijdens de paartijd graag in de bodem en ontzien de wortels en planten hierbij niet. Om ze de gelegenheid te geven hun natuurlijke gedrag te vertonen, is een dikke laag grind noodzakelijk. Uiteraard mag het grind niet scherp zijn, aangezien de dieren zich dan kunnen verwonden. Plaats alleen sterkere plantensoorten in het aquarium en bedek de wortels ervan met stenen en kienhout om te voorkomen dat de vissen ze uitgraven. U kunt de planten ook in potten zetten die u goed ingraaft in het grind. Hierdoor zijn de wortels meestal wel afdoende beschermd.

Vuurkeelcichliden hebben geen plantrijke omgeving nodig en gedijen daarom ook bijzonder goed in een plantloos aquarium, waarin wat rotspartijen en kienhout ter decoratie en als schuilmogelijkheid kunnen worden aangebracht. Het is zonder meer verstandig om de rotsen en kienhout direct op de bodem te plaatsen of deze goed vast te kitten, aangezien deze cichliden ze met hun graafwerkzaamheden kunnen ondermijnen. Een krachtige filter is noodzakelijk om het water helder te houden.

SOCIALE EIGENSCHAPPEN
Vuurkeelcichliden worden normaal gesproken als koppel gehouden. Buiten de paartijd zijn deze territoriumvormende cichliden vreedzaam ten opzichte van andere vissen, mits het aquarium voldoende ruimte biedt. Desondanks is het vanwege hun grootte en eetpatroon beter om ze alleen bij andere, weerbare cichlidensoorten te houden en niet bij kleinere visjes.

TEMPERATUUR EN WATERSAMENSTELLING
21-24 °C. Deze soort stelt aan de watersamenstelling weinig eisen. Een DH tussen 8 en 11° en een neutrale pH zijn ideaal.

VOEDSEL
Alhoewel deze vissen het prima doen op een goede kwaliteit gedroogde cichlidensticks, hebben ze daarnaast zo nu en dan ook behoefte aan levend voer (o.a. muggenlarven, kleine visjes en fijngesneden runderhart).

KWEEK
Vuurkeelcichliden planten zich in het aquarium gemakkelijk voort als de omstandigheden optimaal zijn. Om het geheel te bespoedigen, kunt u de watertemperatuur geleidelijk opvoeren naar 25 °C. De eieren worden op schoongepoetste stenen afgezet (leisteen) en deze worden evenals de jongen door de ouderdieren bewaakt en verzorgd. De jonge visjes worden grootgebracht met klein levend voer en fijn stofvoer (S. Micron).

BIJZONDERHEDEN
Deze cichliden zijn erg geschikt voor beginnende aquarianen en behoren tot de meest populaire cichlidensoorten.

Cichlasoma nigrofasciatus

ZEBRACICHLIDE

FAMILIE
Cichlidae (cichliden)

VINDPLAATS
Midden-Amerika

GESLACHTSONDERSCHEID
De mannetjes hebben langere, puntiger uit-
lopende vinnen en ze zijn groter dan de
vrouwtjes. Vrouwtjes zijn heel goed te herkennen aan een aantal goudgekleurde schubben op de buikpartij.

LENGTE
Tot ongeveer 12 centimeter

HUISVESTING
Deze territoriumvormende cichlide hoort
thuis in een middelgroot tot groot aquarium.
Het aquarium moet de vissen voldoende
schuilmogelijkheden bieden (rotspartijen).
Zebracichliden woelen graag in de bodem en
daarom is een bodembedekking van niet te

Cichlasoma nigrofasciatus

Cichlasoma nigrofasciatus

Cichlasoma nigrofasciatus

grof en zeker niet scherp grind of zand heel
geschikt. Probeer te voorkomen dat de vissen
de stenen ondermijnen door deze stevig op
de grond te plaatsen of van tevoren goed vast
te kitten.

Planten horen in een aquarium met deze
soort niet thuis; de vissen laten planten en
hun wortels niet met rust. Een goede motorfilter is beslist noodzakelijk om het water
schoon te houden. De vissen hebben enorm
veel behoefte aan zuurstof. Plaats daarom
wat extra uitstromertjes voor extra zuurstoftoevoer.

SOCIALE EIGENSCHAPPEN
Deze vissen vormen een paartje dat zich
voornamelijk in het eigen territorium ophoudt en daar geen andere vissen duldt. De
meeste zebracichliden zijn bijzonder agressief. Het is daarom verstandig om ze in een
soortaquarium, zonder gezelschap van andere vissen, onder te brengen.

TEMPERATUUR EN WATERSAMENSTELLING
23-26 °C. De watersamenstelling is niet zo
belangrijk, mits het water maar schoon, zuiver en zuurstofrijk is.

VOEDSEL
De zebracichlide eet cichlidensticks, maar
heeft daarnaast behoefte aan afwisselend
levend voer zoals muggenlarven. Ook kleine
stukjes runderhart, mossel en slakken doen
het goed. Bovendien eten de vissen graag
plantaardige voeding. U kunt ze zo nu en
dan (geblancheerde) slablaadjes en waterkers
geven of voedertabletten voor bodembewoners (S. Viformo).

KWEEK
Onder goede omstandigheden is het kweken
van deze cichliden vrij eenvoudig en het is

erg interessant om het typische gedrag van deze vissen te observeren. De eitjes worden op een steen (leisteen, aardewerken bloempot) gelegd en beide ouderdieren verzorgen en beschermen doorgaans zowel de eitjes als de jonge visjes uitstekend.

KWEEKVORMEN
Er is een albinistische kweekvorm van de zebracichlide bekend. Het betreft hier een bleek rozeachtige vis.

Colisa fasciata

FAMILIE
Anabantidae (labyrintvissen)

ONDERFAMILIE
Trichogasterinae

VINDPLAATS
India en Burma

GESLACHTSONDERSCHEID
Het onderscheid tussen de geslachten is vrij eenvoudig te zien. De mannetjes zijn veel kleurrijker dan de vrouwtjes en bovendien zijn hun vinnen sterk verlengd.

LENGTE
Tot ongeveer 12 centimeter

HUISVESTING
In rustige middelgrote aquaria met veel drijfgroen en randbeplanting, gedempt licht en een vrij lage waterstand (hoogstens 30 centimeter, maar liever nog wat lager) doen deze vissen het goed. Een donkere bodembedekking laat de kleuren beter tot hun recht komen. De vissen zijn op hun rust gesteld en

Colisa fasciata

kunnen daarom beter niet bij drukkere vissen worden gehouden. Daarnaast houden ze niet van stroming in het water.

SOCIALE EIGENSCHAPPEN
Deze vissen zijn normaal gesproken vreedzaam ten opzichte van andere aquariumbewoners, maar de mannetjes kunnen onderling soms onverdraagzaam zijn. Houd ze niet bij drukke zwemmers, of nog erger, agressieve vissoorten. Ook de *Barbus tetrazona* (sumatraan) hoort niet thuis in een aquarium waarin *Colisa fasciatae* worden gehouden, omdat deze vissen de neiging hebben om de voelsprieten af te knabbelen.

TEMPERATUUR EN WATERSAMENSTELLING
24-27 °C. Het water hoeft niet zo zuurstofrijk te zijn, aangezien de vissen beschikken over een 'labyrint', een ademhalingsorgaan dat achterin de kop zit en de vis in staat stelt zuurstof direct uit de atmosfeer op te nemen. De vis past zich in uiteenlopende watersamenstellingen aan, al doet hij het beter in zwak zuur en wat zachter water.

VOEDSEL
Deze labyrintvissen kunnen een leven lang op afwisselend droogvoer gezond blijven (S. Vipan, O-Nip), maar zo nu en dan lusten ze wel graag levend voer zoals muggenlarven, watervlooien en fruitvliegjes.

KWEEK
De kweek van de *Colisa fasciata* is vergelijkbaar met die van de *Colisa lalia*. De *C. fasciata* heeft alleen meer ruimte nodig heeft en hij bouwt het schuimnest meestal onder een drijfplant.

Colisa lalia

DWERGGOERAMI

FAMILIE
Anabantidae (labyrintvissen)

ONDERFAMILIE
Trichogasterinae

VINDPLAATS
Zuidoost-Azië

GESLACHTSONDERSCHEID
Het verschil tussen de mannetjes en vrouwtjes is in één oogopslag te zien, aangezien de mannetjes veel opvallender van kleur zijn.

LENGTE
Tot ongeveer 5 centimeter

HUISVESTING
In kleinere aquaria, met veel drijfgroen, dichte, fijnbladige randbeplanting, weinig tot geen stroming en een lage waterstand komen deze mooie visjes het best tot hun recht. Daarbij is een donkere bodembedekking noodzakelijk om de kleuren beter uit te laten komen.

SOCIALE EIGENSCHAPPEN
Deze overwegend rustige visjes zijn erg verdraagzaam, ten opzichte van zowel soortgenoten als tegenover andere vissen. Het zijn rustige, soms een beetje teruggetrokken levende visjes die beslist schuw worden als ze met al te drukke vissen samen in een aquarium worden gehouden. Ook agressieve vissoorten en sumatraantjes horen absoluut niet in een aquarium met deze visjes thuis. De dwerggoerami houdt zich vooral in de middelste en bovenste waterlagen op.

TEMPERATUUR EN WATERSAMENSTELLING
23-28 °C. Deze vis stelt geen hoge eisen aan de watersamenstelling.

Colisa lalia, *kweekvorm* ♂

VOEDSEL
Geef de dwerggoerami als basis droogvoer, met daarnaast zo nu en dan wat klein levend voer (of GVG-mix) als delicatesse. Hij eet ook graag algen en andere plantaardige kost (gedroogd of vers).

KWEEK
In een aparte kweekbak met een zeer lage waterstand en voldoende drijfgroen (water-

Colisa lalia, *kweekvorm* ♂

Colisa lalia ♂

vorkje) kan een volwassen en in uitstekende conditie verkerend paartje tot kweken worden gebracht. Voer de temperatuur langzaam op tot 29 °C en zorg dat het water zacht is (4-8° DH).

Het mannetje bouwt een schuimnest onder het wateroppervlak, meestal met behulp van stukjes (drijf)planten. Na de omstrengeling, waarbij het vrouwtje de eitjes loslaat en ze door het mannetje worden bevrucht, pikt het mannetje de eitjes van de bodem op en spuwt ze in het schuimnest, waar ze vervolgens netjes blijven hangen. Het mannetje neemt de zorg van de eitjes verder op zich en duldt het vrouwtje absoluut niet meer in zijn buurt. Vang haar daarom direct na het uitzetten uit om te voorkomen dat ze door het mannetje verwond of zelfs doodgejaagd wordt. Komen de visjes uit de eitjes, dan wordt het tijd om ook het mannetje uit te vangen, aangezien hij ze in deze fase zelf als voedsel zal gaan zien.

Het jongbroed kan worden grootgebracht met fijn stofvoer (S. Micron) en minuscuul kleine voedseldiertjes (bijv. pantoffeldiertjes). Overigens mag het kweekbakje niet worden doorlucht. Filteren is overbodig en kan schade veroorzaken aan het schuimnest. Hevel zo nu en dan het vuil en de uitwerpselen van de bodem om het water schoon te houden.

KWEEKVORMEN
Er zijn veel verschillende kweekvormen van de dwerggoerami bekend, zoals de overwegend rode en blauwe variëteit. De stamvorm blijft echter tot dusverre de geliefdste soort.

BIJZONDERHEDEN
Dit visje is mede door zijn taaiheid en interessante gedrag erg geschikt voor beginnende aquarianen.

Colisa sota *(syn.* Colisa chuna*)*

HONINGGOERAMI

FAMILIE
Anabantidae (labyrintvissen)

ONDERFAMILIE
Trichogasterinae

VINDPLAATS
Noordoost-India en Assam

GESLACHTSONDERSCHEID
De mannetjes hebben tijdens de paartijd en als ze zich goed voelen een diep koperkleurig lichaam, een felgele rugvin en een zwarte buik en kop, terwijl de vrouwtjes meer grijsbeige zijn.

LENGTE
Tot 4,5 centimeter

HUISVESTING
De *Colisa sota* kan heel goed in een kleiner aquarium met een rustige standplaats worden ondergebracht. Omdat de visjes vrij schuw zijn, is veel drijfgroen (schaduwvorming) en een dichte beplanting langs de randen noodzakelijk. In een schaars beplant en felverlicht aquarium zijn de dieren angstig en laten ze nooit hun mooie kleuren zien. Houd het waterpeil onder de 25 centimeter. Een donkere bodembedekking is wenselijk. De vissen hebben een voorkeur voor stilstaand water.

SOCIALE EIGENSCHAPPEN
De dieren houden zich bij voorkeur tussen het gebladerte of daar in de buurt op, in de middelste en bovenste waterlagen. Het beste

Colisa sota ♂

houdt u ze als paartje, samen met andere rustige en kleine visjes zoals *Rasbora maculatae*. Als geschikte bodembewoner vormt de *Acanthophtalmus kuhlii* (Indische modderkruiper) een goede keus. Ook met andere labyrintvissen zijn ze heel goed samen te houden.

TEMPERATUUR EN WATERSAMENSTELLING
25-28 °C. Deze vis stelt weinig eisen aan de watersamenstelling.

VOEDSEL
De *Colisa sota* is een gemakkelijke kostganger; hij eet zowel klein vlokkenvoer als levend voer.

KWEEK
De kweek is vergelijkbaar met die van andere labyrintvissen; het mannetje bouwt een schuimnest en verzorgt de eitjes.

Colomesus psittacus

FAMILIE
Tetraodontidae (kogelvissen)

VINDPLAATS
Amazonegebied

GESLACHTSONDERSCHEID
Onbekend

LENGTE
In de vrije natuur kunnen de vissen vrij groot worden, maar in het aquarium worden ze zelden groter dan ongeveer 10 tot 15 centimeter.

Colomesus psittacus

HUISVESTING
Deze kogelvis hoort gezien zijn grootte thuis in ruimbemeten aquaria, waarin zowel voldoende beplanting als open zwemruimte aanwezig is. De hele bodemgrond, of grotere delen daarvan, horen uit gewassen zand te bestaan.

SOCIALE EIGENSCHAPPEN
Dit is een van de vreedzaamste kogelvissen. Daar waar de meeste andere familieleden geneigd zijn om de overige aquariumbewoners het leven zuur te maken, laat deze vis ze meestal met rust. De vissen kunnen zowel alleen als paarsgewijs of in een groepje worden gehouden. Ze bemoeien zich niet veel met elkaar en gaan elk hun eigen gangetje.

TEMPERATUUR EN WATERSAMENSTELLING
22-26 °C. De dieren voelen zich optimaal in zacht tot middelhard water met een zwak zure tot neutrale pH-waarde.

VOEDSEL
Zoals alle kogelvissen houdt ook deze vis erg van slakken. Met zijn harde bek 'kraakt' hij de huisjes in een fractie van een seconde. Daarnaast eet de vis ook ander levend voer. Mosselvlees valt goed in de smaak. Soms neemt hij 'per ongeluk' droogvoer op, maar daar blijft het dan ook bij.

KWEEK
De dieren hebben zich tot dusverre nog niet in aquaria voortgeplant.

Colossoma brachyponum *(syn. Piaractus brachypomus)*

FAMILIE
Serrasalmidae

ONDERFAMILIE
Catoprioninae

VINDPLAATS
Amazonegebied

GESLACHTSONDERSCHEID
Tot dusverre zijn er nog geen uiterlijke verschillen tussen beide geslachten bekend.

LENGTE
In de natuur kunnen de dieren 40 centimeter en langer worden, maar in het aquarium blijven ze doorgaans kleiner.

Colossoma brachyponum

Vanwege hun grootte en het feit dat het hier om een scholenvis gaat, moet het aquarium erg ruim zijn en een minimale lengte van 2 meter hebben. Deze soort eet in een razend snel tempo beplanting op. Dat is de reden waarom de vissen meestal in rotsaquaria worden gehouden. De vissen houden van veel stroming in het water.

SOCIALE EIGENSCHAPPEN

Deze vissen lijken enigszins op piranha's en zijn er ook aan verwant, maar in tegenstelling tot hun roemruchte familieleden laten ze andere aquariumbewoners met rust. Desondanks kunnen we ze beter niet bij kleine visjes houden. De vissen zijn bijzonder actief en moeten in een schooltje van minimaal 5 exemplaren, maar liefst met meer soortgenoten samen worden gehouden.

Corydoras arcuatus

TEMPERATUUR EN WATERSAMENSTELLING

23-28 °C, 5-18° DH, pH 5-6. Filteren over turf.

VOEDSEL

In eerste instantie zijn deze grote zalmen echte planteneters. U kunt ze steeds wat groenvoer geven in de vorm van snelgroeiende, goedkope waterplanten (bijvoorbeeld waterpest), maar ook geblancheerde slablaadjes en spinazie vallenzeer in de smaak. De meeste vissen eten daarnaast klein levend voer en vlokkenvoer.

KWEEK

Over de voortplanting van deze vissen is tot dusverre weinig bekend.

Corydoras-*soorten*

PANTSERMEERVALLEN

FAMILIE
Callichthyidae (pantsermeervallen)

ONDERFAMILIE
Corydoradinae

VINDPLAATS
Venezuela, Bolivia, Argentinië en Brazilië, vooral in stromend water

GESLACHTSONDERSCHEID
Het verschil tussen beide geslachten is niet altijd duidelijk te zien. Voor alle *Corydoras-*

Corydoras sterbai

Corydoras aeneus

soorten geldt dat de volwassen mannetjes wat slanker zijn dan de vrouwtjes. Bij sommige soorten zijn de rugvinnen van de mannelijke dieren wat spitser.

LENGTE

Volwassen vissen worden, afhankelijk van de soort, 3 tot 7 centimeter lang. De meeste volwassen *Corydoras*-soorten hebben een lengte van 4 tot 6 centimeter.

HUISVESTING

Deze visjes kunnen zowel in kleine als grotere aquaria worden gehouden. Voorwaarde

is dat er voldoende planten aanwezig zijn en dat het waterpeil niet al te hoog is; 30 centimeter is doorgaans meer dan voldoende. De vissen stellen stromend water zeer op prijs (door middel van een krachtige filter of uitstroomsteentjes te bewerkstelligen), maar ook in stilstaand water voelen ze zich thuis. Omdat de visjes graag in de bodem woelen, op zoek naar voedsel(resten), is grof of scherp grind niet geschikt als bodembedekking. Om aan de natuurlijke behoeften van de vissen tegemoet te komen, kunt u verschillende plaatsen in het aquarium speciaal inrichten. Erg geschikt hiervoor is een laag gewassen zand van enkele centimeters dik, die enigszins beschut onder overhangende planten of een stuk kienhout is gesitueerd.

SOCIALE EIGENSCHAPPEN

Alle *Corydoras*-soorten zijn vissen die het liefst gezelschap hebben van meerdere soortgenoten. Alhoewel ze geen hechte scholen vormen, zijn ze graag in elkaars nabijheid. Ze vormen een levendig gezelschap in de onderste lagen van het aquarium. De verschillende soorten kunnen het onderling goed vinden.

Deze vriendelijke meervalletjes gaan hun eigen gang en laten andere aquariumbewoners altijd met rust. Vanwege hun vreedzame

Corydoras-soorten hebben graag elkaars gezelschap

93

Corydoras paleatus *'Albino'*

aard en hun typische gedrag zijn ze geschikte bodembewoners in gezelschapsaquaria. Ze passen het beste bij vissen die de middelste en bovenste waterlagen bevolken.

Waak ervoor om deze vriendelijke visjes samen met onverdraagzame of zelfs agressieve vissoorten te houden, aangezien ze daar geen partij voor vormen. De dieren zijn overdag actief, in tegenstelling tot de meeste andere bodembewoners, die juist tegen de schemering wat van zich laten zien.

TEMPERATUUR EN WATERSAMENSTELLING

22-26 °C. Deze vissen stellen weinig eisen aan de watersamenstelling, wat ze tot dankbare vissen voor beginnende aquarianen maakt. Het is echter voor het welzijn van de dieren beter om een deel van het aquariumwater regelmatig (ongeveer één keer per week) te verversen.

VOEDSEL

Deze visjes zijn echte alleseters. Ze ruimen keurig het voedsel op dat door de overige aquariumbewoners niet snel genoeg wordt opgegeten. Ze hebben daarnaast behoefte aan plantaardig voedsel en aan levende of gedroogde voederdiertjes. Erg geschikt voor deze vissoort zijn voedertabletten voor bodembewoners (S. Viformo). Ook zijn ze dol op tubifex.

KWEEK

De kweek is vrij eenvoudig, al is voor een optimaal resultaat een speciaal hiervoor ingericht kweekbakje geschikter dan een gezelschapsaquarium. De visjes hebben allemaal ongeveer hetzelfde voortplantingpatroon, met het verschil dat de ene soort zijn kleefkrachtige eitjes op planten of aquariumruiten zal afzetten en de andere juist een

kuiltje graaft waar de eitjes in worden gedeponeerd. Ook het aantal eitjes dat per keer wordt afgezet, verschilt van soort tot soort.

De dieren moeten vooraf goed en afwisselende worden gevoerd zodat ze in een goede conditie zijn. Ververs het water in de kweekbak steeds beetje bij beetje. Een bij elkaar passend kweekstel is van belang om de kweek tot een succes te maken. Meestal vormen zich vanzelf geschikte kweekparen uit een schooltje, die onder meer opvallen omdat ze steeds in elkaars nabijheid zijn.

De ideale omstandigheden om de kweken te bespoedigen, zijn een pH van ongeveer 6,5 en zacht water (4-7° DH) bij een temperatuur van ongeveer 26 °C. Vang de ouderdieren na het afzetten van de eitjes uit en breng de jonge visjes groot met fijn stofvoer (S. Micron).

KWEEKVORMEN

Er zijn ontelbaar veel verschillende *Corydoras*-soorten die geen kweekvarianten zijn en allemaal een andere tekening hebben. De *C. aeneus* wordt 7 centimeter lang en is de bekendste en ook de grootste. Nog steeds

Corydoras paleatus

Corydoras-soorten *houden van een zachte bodem.*

Corydoras schwartzi

worden er nieuwe soorten ontdekt en inge-
voerd, die op het eerste gezicht vooral van
elkaar afwijken in kleur, tekening en grootte. De enige echte kweekvariant is de 'Albino'. Dit visje is even sterk als de andere
Corydoras-soorten en vormt een mooi con-
trast tegen een donkere bodemgrond.

Crenicara punctulata
(syn. Aequidens hercules)

HERCULESCICHLIDE

FAMILIE
Cichlidae (cichliden)

VINDPLAATS
Zuid-Amerika, noordelijke deel van het
Amazonegebied

Crenicara punctulata

GESLACHTSONDERSCHEID
De mannetjes zijn doorgaans feller gekleurd
dan de vrouwtjes, die wat meer rood pigment
in de vinnen hebben.

LENGTE
Tot 12 centimeter

HUISVESTING
Deze cichlide heeft geen al te groot aquarium
nodig. Het aquarium kan gewoon worden
beplant, aangezien deze dieren, in tegenstelling tot vele andere cichlidensoorten, de
planten met rust laten en ook geen woelers
zijn. De vissen stellen enige beschutting in
de vorm van rotspartijen of kienhout erg op
prijs.

SOCIALE EIGENSCHAPPEN
Deze cichlidensoort kan het beste paarsgewijs worden gehouden, dat wil zeggen één
stelletje per aquarium. De mannetjes kunnen
namelijk onderling nogal eens onverdraagzaam zijn. De vissen nemen een territorium
in beslag en als andere vissen daar uit de
buurt blijven, zullen ze deze met rust laten.
Houd ze niet met schuwere, kleine en minder weerbare vissoorten samen.

TEMPERATUUR EN WATERSAMENSTELLING
22-25 °C. Zacht en zwak zuur water (pH 6,5)
is beslist noodzakelijk om deze vissen gezond te houden.

VOEDSEL
Vissen van deze soort zijn bepaald niet eenvoudig in goede conditie te houden. Ze stellen namelijk vrij hoge eisen aan de watersamenstelling (dit vergt enige ervaring met en
kennis van de chemische watersamenstellingen) en het zijn geen gemakkelijke kostgangers. U kunt proberen of ze vlokkenvoer of
granulen (S. Diskus) opnemen, maar meer
nog hebben de dieren behoefte aan levend
voedsel zoals muggenlarven, kleine jonge visjes en tubifex.

KWEEK
Tot dusverre is er nog weinig bekend over de
voortplanting van deze vis in het aquarium.
In de vrije natuur is de soort wel bestudeerd.
Het bleek dat de dieren evenals de meeste
cichlidensoorten hun eitjes op stenen leggen
en dat zowel het broedsel als de jonge visjes
worden verzorgd en beschermd.

BIJZONDERHEDEN
De afbeelding laat een nog jong visje zien.

Cynolebias nigripinnis

FAMILIE
Cyprinodontidae (eierleggende tandkarpers)

ONDERFAMILIE
Rivulinae

VINDPLAATS
Argentinië

GESLACHTSONDERSCHEID
Het verschil tussen de geslachten is vrij eenvoudig te herkennen. De vinnen zijn bij de mannetjes gekleurd, terwijl de vrouwtjes vrijwel kleurloze vinnen hebben.

LENGTE
Tot 4 centimeter

HUISVESTING
De *C. nigripinnis* komt het beste tot zijn recht in een speciaalaquarium met eventueel wat andere killivissen. Een zachte, donkere bodembedekking, een waterstand die niet hoger is dan 30 centimeter, veel fijnbladige beplanting, drijfgroen en weinig tot geen stroming zijn voor het welzijn van deze vis noodzakelijk.

SOCIALE EIGENSCHAPPEN
De *C. nigripinnis* is een vrij actief visje dat soms wat onverdraagzaam kan zijn ten opzichte van andere aquariumbewoners.

TEMPERATUUR EN WATERSAMENSTELLING
18-25 °C, 3-6° DH, pH 6. De vissen gedijen beter als er regelmatig delen van het water worden ververst.

Cynolebias nigripinnis ♂

VOEDSEL
Deze vis neemt vlokkenvoer goed op (S. San). Daarnaast heeft hij behoefte aan afwisselend levend voer zoals rode-muggenlarven, tubifex, fruitvliegjes en watervlooien.

KWEEK
De kweek van deze kleine killivisjes is niet eenvoudig en voorbehouden aan specialisten. De eitjes worden in turfmolm afgezet en horen een (kunstmatige) droogteperiode van een aantal maanden door te maken. Om dit te kunnen verklaren is het belangrijk om iets van de achtergrond van deze visjes te weten. In de vrije natuur leven deze vissen in overstroomgebieden. In de droogteperiode sterven de meeste af omdat de poeltjes waar ze in leven gewoonweg opdrogen. De bevruchte eitjes blijven echter achter, ingebed en beschermd tegen uitdrogen door een dikke, vochtige humuslaag. Pas als hevige regenval tijdens de regenperiode de kuilen in het oerwoud weer vult met water komen de visjes uit de eitjes en zullen ze al na korte tijd zelf eitjes afzetten, voordat de droogteperiode een einde aan hun leven maakt. De natuur houdt zelfs rekening met extreme omstandigheden; het is bekend dat er uit de eitjes soms na een paar jaar levensvatbare jonge visjes kunnen komen.
Deze soort is overigens niet de enige killivis die een dergelijke manier van voortplanting kent.

Cyphotilapia frontosa

FAMILIE
Cichlidae (cichliden)

VINDPLAATS
Grote meren in Afrika

GESLACHTSONDERSCHEID
Een kenner ziet bij volwassen dieren kleine verschillen in lichaamsbouw.

LENGTE
In de vrije natuur, waar de vissen in enorme meren op grote diepten leven, worden deze cichliden soms 40 centimeter lang. In het aquarium zullen ze doorgaans zelden langer dan 25 tot 30 centimeter worden.

HUISVESTING
De *C. frontosa* hoort thuis in grote, ruime aquaria met veel zwemruimte en rotspartijen

Cyphotilapia frontosa

ter decoratie en als schuilgelegenheid. Hij woelt zo nu en dan in de bodem, maar laat de planten daarbij meestal met rust. Water dat steeds in beweging is, heeft de voorkeur boven (vrijwel) stilstaand water.

SOCIALE EIGENSCHAPPEN
Deze soort vormt een onafscheidelijk paar dat samen intrek in een territorium neemt. Kleinere vissen worden als welkome aanvulling op het menu gezien. In een groter aquarium (vanaf 1,5 meter) met voldoende schuilmogelijkheden kunnen deze vissen heel goed met één of twee andere (grotere) cichlidenparen samen worden gehouden. Ook laten de vissen een grote, solitair levende meerval meestal met rust.

TEMPERATUUR EN WATERSAMENSTELLING
22-25 °C, 9-12° DH, pH 7-8. Een krachtige motorfilter is noodzakelijk om het water zuiver te houden.

VOEDSEL
Deze vissen geven de voorkeur aan krachtig levend voedsel zoals jonge visjes en rodemuggenlarven. Stukjes runderhart en mossel vallen goed in de smaak. Sommige exemplaren nemen ook droog voer op (S. Diskus).

KWEEK
Deze vissen behoren tot de muilbroeders. Een hecht paar gaat onder goede omstandigheden vanzelf over tot voortplanten; u hoeft hier geen bijzondere zorg aan te besteden. Nadat de eitjes zijn afgezet, houdt het vrouwtje deze in de bek om ze 'uit te broeden'. Ze eet tijdens deze periode niet of nauwelijks en daarom horen de vissen al voor het voortplantingsseizoen (lente) in een optimale conditie te zijn. De jonge visjes gebruiken de bek van hun moeder als schuilplaats bij gevaar.

Cyprinus carpio *'Koi'*

KOIKARPER, NISHIKIGOI OF JAPANSE KLEURKARPER

FAMILIE
Cyprinidae (karperachtigen)

ONDERFAMILIE
Cyprininae

VINDPLAATS
De Koikarper wordt al meer dan duizend(!) jaar in Japan gekweekt en is ontwikkeld uit de wilde steenkarper. Onlangs zijn er nog twee wilde karpersoorten ingekruist om tot nieuwe varianten te komen: de spiegel- en lederkarper.

Een prachtige kohaku-koi

Koikarpers kunnen erg groot worden.

Koikarper met een niet-gestandaardiseerde kleur

GESLACHTSONDERSCHEID

Het verschil tussen de geslachten is eigenlijk pas te zien als de dieren wat ouder zijn. Volwassen vrouwtjes hebben dan een vollere buik dan de mannetjes.

LENGTE

Onder optimale omstandigheden in een grote vijver kunnen deze kleurrijke en sterke vissen 80 tot 90 centimeter of nog langer worden bij een gewicht van bijna 10 kilogram. In kleinere vijvers of grote aquaria worden ze zelden groter dan 50 centimeter.

HUISVESTING

Vanwege hun grootte en behoefte aan voldoende zwemruimte kunnen alleen de jonge kois in (grote) aquaria worden gehouden. Ze hebben beslist zuurstofrijk, kristalhelder water met flink wat doorstroming nodig. Onder goede omstandigheden groeien de kois erg snel waardoor een nieuwe, grotere behuizing al snel noodzaak wordt. De koi zoekt graag de bodem af naar iets eetbaars en haalt daarbij alles overhoop; rotspartijen moeten stevig worden vastgekit! Bovendien laten de vissen de planten, ook de sterkere soorten, niet met rust.

Koikarpers zijn er in veel verschillende kleuren en patronen.

Als beplanting komen alleen waterlelies waarvan de wortels goed zijn beschermd (bijvoorbeeld in een speciaal daarvoor bestemd mandje of in een flinke aardewerken bloempot) in aanmerking. Als u deze vissen in een vijver houdt, moet het diepste punt minimaal 1,50 meter zijn.

SOCIALE EIGENSCHAPPEN
Koikarpers zijn zowel ten opzichte van soortgenoten als ten opzichte van (veel kleinere) andere vissen zeer verdraagzaam. De dieren voelen zich als solitair lang niet zo op hun gemak als in het gezelschap van meerdere soortgenoten. Kois zijn vrijwel de hele dag actief op zoek naar voedsel. Ze zwemmen in alle waterlagen en nemen hun voedsel zowel van de bodem als van het wateroppervlak op.

TEMPERATUUR EN WATERSAMENSTELLING
4-23 °C. Waak er in de zomer voor dat het water niet te warm wordt door steeds een deel van het oude water door koud, vers water te vervangen. De koi is een sterke vis die het in allerlei uiteenlopende watersamenstellingen goed doet, mits het water maar helder en zuurstofrijk is.

VOEDSEL
De koikarper is een alleseter. Als basis dient een speciaal voor koikarpers gefabriceerd droogvoer gegeven te worden (S. Koiplus), aangevuld met plantaardig voedsel, bijvoorbeeld geblancheerde slabladeren of zachte waterplanten. Ook allerlei soorten levend voer zijn geliefd.

KWEEK
In grotere vijvers onder optimale omstandigheden planten deze prachtige dieren zich probleemloos voort. Op moderne koikarperfarms worden de eitjes kunstmatig afgestreken en bevrucht. De manier waarop dit gebeurt, is dezelfde als de methode die bij de goudvis wordt gehanteerd.

KWEEKVORMEN
In Japan worden al heel lang kois gekweekt en geselecteerd op een slanke bouw, heldere kleur en de juiste aftekeningen. Ook in andere landen worden de vissen tegenwoordig gekweekt. Voor de diverse soorten aftekeningen en kleuren zijn er 'standaards' opgesteld waarin wordt beschreven hoe bijvoorbeeld de kleurverdeling, kleurtoon, vorm en schubben van de vis eruit horen te zien. De erkende kleurslagen hebben allemaal een

Koikarper

eigen (Japanse) benaming. De 'kohaku' (rood met wit) is de bekendste en meest populaire variëteit. De 'shusui' en de 'asagi' zijn overwegend blauwgekleurde vissen met dieporanje op de flanken. Een goudkleurige vis wordt 'ogon' genoemd. Zo zijn er ook aparte benamingen voor de verschillende soorten schubben die de dieren kunnen hebben. Die benamingen worden toegevoegd aan de benaming die de kleuren en aftekeningen weergeeft.

Er zijn ontelbaar veel verschillende combinaties mogelijk. Wereldwijd worden tentoonstellingen gehouden waar de mooiste kois te zien zijn. Op winnaars van dergelijke evenementen wordt vaak grof geld geboden. Vissen die de standaard dicht benaderen zijn kostbaar in aanschaf, terwijl kois met een niet erkende kleur of aftekening en met een plompe bouw juist relatief goedkoop zijn. Overigens is het niet altijd zo dat jonge, veelbelovende vissen met mooi afgetekende patronen en heldere kleuren uitgroeien tot even mooie volwassen kois. De kleuren kunnen namelijk onder invloed van onder meer het soort voeding intenser worden, maar ook verbleken.

BIJZONDERHEDEN
Kois kunnen, wanneer ze steeds uit de hand worden gevoerd, erg tam worden. Bovendien kunnen ze een hoge leeftijd bereiken. In Japan zou een vis geleefd hebben die ouder dan 200 jaar werd, maar dit is een opmerkelijke uitzondering. Een levensverwachting van 20 jaar is realistischer.

Boven: Dermogenys pusillus

Onder: Enneacanthus obesus

Dermogenys pusillus

FAMILIE
Hemirhamphidae (halfsnavelbekken)

VINDPLAATS
Maleisië, Thailand, Vietnam, Filippijnen en Indonesië

GESLACHTSONDERSCHEID
De mannetjes zijn kleiner dan de vrouwtjes en kenmerken zich daarnaast door een rode vlek op de rugvin.

LENGTE
Tot ongeveer 7 centimeter

HUISVESTING
Dit halfsnavelbekje houdt zich op in de bovenste waterlagen, waar het op zoek is naar kleine insecten die in het water zijn gevallen. De vissen zwemmen graag en hebben daarom, ondanks hun geringe lengte, behoefte aan een groter, langgerekt aquarium als onderkomen. De soort kan met andere vissen samen worden gehouden, maar het is beter om hem in een speciaalaquarium te houden, eventueel met enige bodembewoners. De visjes houden van stroming in het water.

Houd er rekening mee dat halfsnavelbekjes snel schrikken en als reactie daarop hard tegen de aquariumruiten aan kunnen zwemmen en zichzelf hiermee dodelijk kunnen verwonden. Een dekruit is noodzakelijk om te voorkomen dat ze uit het aquarium springen.

SOCIALE EIGENSCHAPPEN
Met name de mannetjes zijn onderling niet verdraagzaam, maar samen met andere vissen geven ze zelden problemen. De beste combinatie is één mannetje met meerdere vrouwtjes.

TEMPERATUUR EN WATERSAMENSTELLING
18-27 °C, 9-13° DH, pH 7. Het komt de conditie en gezondheid van de dieren ten goede wanneer u zo nu en dan wat zeezout aan het aquariumwater toevoegt.

VOEDSEL
Dit opvallende visje eet voornamelijk kleine insectjes (fruitvliegjes) van het wateroppervlak, maar ook verschillende soorten muggenlarven, watervlooien en droogvoer zijn geschikt.

Dermogenys pusillus

KWEEK
Het halfsnavelbekje is eierlevendbarend. De jongen komen levend en wel ter wereld en kunnen al direct voor zichzelf zorgen. Het succesvol kweken van deze vissen is desondanks niet eenvoudig, aangezien de wijfjes relatief kleine worpen (10-20 stuks) voortbrengen en de jongen niet altijd levensvatbaar ter wereld komen. Bovendien eten de ouders hun eigen jongen op.

BIJZONDERHEDEN
De *D. pusillus* is een bijzonder visje dat in de zomermaanden in onverwarmde aquaria en zelfs in tuinvijvers kan worden gehouden. Met name in Thailand worden deze vissen speciaal gekweekt op agressief gedrag, om tegen elkaar te vechten. Hierbij wordt vaak grof geld vergokt. De dieren bevechten elkaar niet tot de dood erop volgt; als een halfsnavelbek de ander overwonnen heeft, laat hij deze, mits er voldoende ruimte is, meestal met rust.

Diapteron abacinum
(syn. Aphyosemion abacinum*)*

FAMILIE
Cyprinodontidae (eierleggende tandkarpers)

VINDPLAATS
West-Afrika, in ondiepe wateren in het regenwoud

GESLACHTSONDERSCHEID
De mannetjes zijn kleurrijker en groter dan de vrouwtjes.

LENGTE
Tot 4 centimeter

HUISVESTING
De *D. abanicum* wordt meestal in speciaalaquaria gehouden. Als aankleding kunt u wat kienhout gebruiken, al is dat niet noodzakelijk. Veel fijnbladige planten (voor schuilmogelijkheden) zijn wel onontbeerlijk. Vermijd rechtstreeks zonlicht; de dieren stellen prijs op een enigszins schemerig leefmilieu.

SOCIALE EIGENSCHAPPEN
Met name de mannetjes kunnen ten opzichte van elkaar erg onverdraagzaam tot agressief reageren, zeker als er slechts twee of drie mannetjes in het aquarium zijn. Laat de ruimte het toe, dan kunt u een groepje van minimaal zes mannetjes met tweemaal zoveel vrouwtjes meestal probleemloos samen houden. In kleinere aquaria is het beter om slechts één mannetje met twee of drie vrouwtjes samen te houden. Deze vissen kunnen worden vergezeld door andere killivissen.

Diapteron abacinum

TEMPERATUUR EN WATERSAMENSTELLING
18-21 °C, 7-11° DH, pH 6-6,5

VOEDSEL
De *D. abanicum* is absoluut geen gemakkelijke kostganger, daar het visje eigenlijk alleen maar levend voer opneemt. Watervlooien (daphnia), pekelkreeftjes (artemia) en tubifex zijn, evenals zwarte-muggenlarven en fruitvliegjes, prima voedseldiertjes voor deze killivis.

KWEEK
De kweek is voorbehouden aan min of meer gevorderde aquarianen.

Distichodus sexfasciatus

FAMILIE
Citharinidae (Afrikaanse karperzalmen)

ONDERFAMILIE
Distichodinae

VINDPLAATS
Zaïre

GESLACHTSONDERSCHEID
Het onderscheid tussen de geslachten is tot dusverre nog niet bekend.

LENGTE
In de vrije natuur worden deze vissen erg groot; exemplaren van 1 meter lang vormen beslist geen uitzondering. In het aquarium halen ze deze lengte uiteraard bij lange na niet, maar u moet er toch rekening mee houden dat deze snelgroeiende vissen een lengte van 30 centimeter of langer kunnen bereiken. Een en ander is echter afhankelijk van de grootte van het aquarium waar ze in worden gehouden.

HUISVESTING
Deze grote vissen horen thuis in zeer grote aquaria, waarin de vissen voldoende zwemruimte hebben. Hiervoor komen eigenlijk alleen maar aquaria met een minimale afmeting van 1,50 meter in aanmerking. De vissen zijn fervente planteneters en daarom heeft het weinig zin om het aquarium met planten in te richten, of het moeten goedkope, zachtbladige planten zijn die als voedsel voor de vissen kunnen dienen. Decoreer het aquarium met rotspartijen, kienhout en eventueel met aquariumplanten van kunststof.

Distichodus sexfasciatus

SOCIALE EIGENSCHAPPEN

Deze soort behoort tot de scholenvissen en komt daarom ook alleen maar tot zijn recht in een school van minimaal vijf, maar liefst nog meer exemplaren. Wanneer ze als solitair worden gehouden, zullen ze binnen korte tijd karakterstoornissen (agressie) gaan ontwikkelen.

TEMPERATUUR EN WATERSAMENSTELLING

23-26 °C. De vissen zijn weinig gevoelig voor de watersamenstelling.

VOEDSEL

Deze vissen zijn planteneters. Aan algen alleen hebben ze niet genoeg. U kunt ze voeren met (geblancheerde) slablaadjes, waterkers en spinazie, waterpest en speciale droogvoeders voor planteneters (S. Viformo, S. Flora).

KWEEK

Over de voortplanting in aquaria is tot dusverre niets bekend. Waarschijnlijk heeft dit te maken met het feit dat de vissen in het aquarium nooit hun volwassen grootte bereiken, maar dat is niet zeker.

BIJZONDERHEDEN

De dieren op de afbeelding zijn nog jonge vissen die hun volle kleurenpracht nog niet hebben verloren. Wanneer ze groter en volwassen worden, verdwijnen de kleuren en worden de vissen minder aantrekkelijk om te zien. Daarnaast zijn ze dan ook moeilijker houdbaar vanwege hun grootte en hun actieve levenswijze.

Denk van tevoren goed na over de aanschaf van deze vissen.

Elassoma evergladei

DWERGZONNEBAARS

FAMILIE
Centrarchidae (zonnebaarzen)

VINDPLAATS
Zuidelijke deel van Noord-Amerika (Everglades)

GESLACHTSONDERSCHEID
Het opvallendste verschil tussen de geslachten is dat de vrouwtjes vrijwel doorzichtige vinnen hebben, terwijl die van de mannetjes enigszins gekleurd zijn.

LENGTE
Tot 4,5 centimeter

HUISVESTING
In kleinere aquaria komen deze kleine Amerikanen het beste tot hun recht. Aangezien de visjes enigszins schuw zijn, is een dichte beplanting vereist, met daarnaast voldoende schuilmogelijkheden zoals kienhout en stenen. Om het gedrag van deze visjes goed te kunnen bestuderen en ze wellicht na te kweken is een soortaquarium zonder andere vissen het geschiktst.

SOCIALE EIGENSCHAPPEN
De visjes betrekken een territorium. Het in eerste instantie onopvallende voorkomen wordt meer dan goedgemaakt door het typische gedrag dat ze vertonen; ze hebben een eigenaardige manier van voortbewegen en houden zich vooral in de onderste waterlagen op. Ten opzichte van andere vissen zijn ze bijzonder verdraagzaam. Helaas zijn ze

Elassoma evergladei

wat schuw, waardoor ze zich weinig zullen laten zien als hun medebewoners drukke zwemmers of minder vriendelijke vissen zijn.

TEMPERATUUR EN WATERSAMENSTELLING
De visjes kunnen temperaturen van 7-27 °C vrijwel zonder problemen verdragen, maar voelen zich duidelijk optimaal in een watertemperatuur van rond de 20 °C. De *E. evergladei* past bijzonder goed in een onverwarmd aquarium. Het is bevorderlijk voor de gezondheid en de paarbereidheid van de vissen om ze in watertemperaturen van 8-10 °C te laten overwinteren. Deze vis stelt geen hoge eisen aan de watersamenstelling.

VOEDSEL
Deze visjes blijven met een basis van geschikt droogvoer (S. Flora) in goede conditie, mits het dieet wordt aangevuld met watervlooien, artemia en tubifex. Daarnaast hebben de vissen behoefte aan plantaardig voedsel (algen).

KWEEK
Als de dieren een koude overwintering hebben doorgemaakt en ze in goede conditie zijn, zullen ze, als de temperatuur stijgt, vanzelf tot paring overgaan en eitjes afzetten. Deze visjes plegen geen verwoede broedzorg, maar laten hun broedsel en jongen wel met rust, zodat ze doorgaans niet hoeven worden uitgevangen.

Enneacanthus obesus

FAMILIE
Centrarchidae (zonnebaarzen)

VINDPLAATS
Vooral Florida, maar ook in noordelijker gelegen Amerikaanse streken

GESLACHTSONDERSCHEID
Het verschil tussen beide geslachten is moeilijk vast te stellen. Tijdens de kweekperiode zijn de vrouwtjes vaak wat voller omdat ze eitjes dragen.

LENGTE
Tot ongeveer 11 centimeter

HUISVESTING
Deze koudwatervis hoort thuis in middelgrote tot grotere aquaria, maar kan ook in buitenvijvers worden gehouden. De vissen stellen weinig eisen aan de inrichting, al houden

Enneacanthus obesus

ze van enigszins stromend water, waar u voor kunt zorgen met een krachtige motorfilter.

SOCIALE EIGENSCHAPPEN
De vissen trekken graag met een aantal soortgenoten op, maar ten opzichte van andere vissen kunnen ze wel eens agressief zijn. Houd ze daarom niet samen met kwetsbare vissen. Wat temperament, uiterlijk en manier van doen betreft doen ze sterk denken aan Zuid-Amerikaanse cichliden.

TEMPERATUUR EN WATERSAMENSTELLING
Deze zonnebaars is een koudwatervis. Waak voor oververhitting; wordt het water warmer dan 23 °C, vervang dan dagelijks een gedeelte van het aquariumwater door koud water. Hard water heeft de voorkeur.

VOEDSEL
Zonnebaarzen zijn veelvraten en eten voornamelijk levend voer zoals muggenlarven, watervlooien en kleine wormpjes. Ook vliegen en muggen doen het goed, evenals kleine regenwormpjes en diepgevroren voedseldiertjes. Niet alle dieren accepteren droog voer. Gezien hun enorme eetlust is het dan ook niet altijd gemakkelijk om deze vissen de wintermaanden door te krijgen.

KWEEK
Deze op cichliden lijkende koudwatervissen hebben een met deze grote vissenfamilie vergelijkbaar voortplantingsgedrag. Het enige verschil is dat het mannetje het vrouwtje, nadat haar taak erop zit, meestal niet meer in de buurt van het nest verdraagt. U kunt haar dan ook beter uitvangen zodra de eitjes zijn gelegd. Komen de jonge visjes uit, dan is het beter om ook het mannetje uit te vangen. Breng de jongen vervolgens groot met klein levend voer.

Er zijn verschillende soorten zonnebaarzen, die allemaal af en toe worden aangeboden als vijvervis. Ze zijn hiervoor ook prima geschikt. Vanwege hun roverige karakter passen ze echter niet in een vijver met kleine goudvissen of windes. Ook zijn ze geen geschikt gezelschap voor sluierstaarten. Het beste kunt u ze houden in een speciaal voor deze vissen ingericht groot koudwateraquarium.

Epalzeorhynchus bicolor
(syn. Labeo bicolor*)*

VUURSTAARTLABEO

FAMILIE
Cyprinidae (karperachtigen)

ONDERFAMILIE
Garrinae

VINDPLAATS
Thailand, vooral in stromend water

GESLACHTSONDERSCHEID
Er is een geoefend oog voor nodig om het verschil tussen de geslachten vast te stellen. De vrouwtjes zijn, als ze volwassen zijn, vaak wat dikker en minder intens van kleur dan de mannetjes.

LENGTE
Tot ongeveer 13 centimeter

HUISVESTING
De vuurstaartlabeo hoort thuis in een groter aquarium met enigszins gedempte verlichting. De vis vormt een territorium en houdt zich graag schuil tussen kienhout, planten en

Epalzeorhynchus bicolor

Epalzeorhynchus bicolor

rotspartijen. Omdat deze vissen niet in de bodem woelen en ook de planten met rust laten, kunnen ze heel goed in dichtbeplante aquaria worden gehouden.

SOCIALE EIGENSCHAPPEN
De *Labeo bicolor* is een territoriumvormende vis. Jonge visjes kunnen nog wel bij elkaar worden gehouden, maar oudere vissen zijn erg onverdraagzaam. Als solitair, in een groot aquarium met voldoende beplanting en decoratiemateriaal, doet deze vis het echter prima. Sommige exemplaren terroriseren de andere aquariumbewoners; kleine en schuwere visjes delven dan al snel het onderspit.

TEMPERATUUR EN WATERSAMENSTELLING
24-26 °C. Deze vis stelt aan de watersamenstelling geen hoge eisen. In het ideaalste geval is het water licht zuur tot neutraal (pH 6,5-7) en middelhard.

VOEDSEL
De vuurstaartlabeo is een echte alleseter. Hij neemt graag droogvoer op, evenals voedertabletten voor bodembewoners (S. Viformo). Daarnaast eet deze vis ook levend voer en algen en ruimt hij de voedselresten van de overige aquariumbewoners op.

KWEEK
Tot dusverre is er helaas nog nauwelijks melding gemaakt van geslaagde nakweken in het aquarium. Bekend is in ieder geval dat de vissen broedzorg vertonen; het mannetjes bewaakt en beschermt zowel de eitjes als de jonge visjes tegen al te nieuwsgierige of hongerige vissen. Het duurt een hele tijd voordat bij jonge visjes de diep fluweelzwarte kleur is ontwikkeld.

Epalzeorhynchus frenatus
(syn. Labeo frenatus)

FAMILIE
Cyprinidae (karperachtigen)

ONDERFAMILIE
Garrinae

VINDPLAATS
Thailand, in stromend water

GESLACHTSONDERSCHEID
De geslachten zijn niet zo eenvoudig te herkennen, vooral als de dieren nog jong zijn.
Volwassen vrouwtjes zijn wat voller dan de
mannetjes.

LENGTE
Tot ongeveer 13 centimeter

HUISVESTING
In een groter aquarium met voldoende
schuilmogelijkheden in de vorm van weelderige beplanting, rotspartijen en kienhout zijn
deze vissen het beste op hun plaats. Daarnaast stellen de dieren gedempt licht zeer op
prijs. Omdat de vissen niet in de bodem woelen en de planten met rust laten, kunnen ze
probleemloos in dichtbeplante aquaria worden gehouden.

SOCIALE EIGENSCHAPPEN
De *E. frenatus* vormt een territorium waarin
geen enkele andere vis wordt geduld. De
jonge visjes kunnen het vaak onderling nog
wel goed vinden, maar oudere dieren worden erg onverdraagzaam en zelfs agressief

Epalzeorhynchus frenatus

ten opzichte van elkaar en vaak ook de andere aquariumbewoners. De vissen kunnen dan
ook het beste als solitair worden gehouden.
Plaats ze niet bij schuwere en kleinere vissoorten, want die zullen door de *E. frenatus*
zeker worden nagejaagd.

TEMPERATUUR EN WATERSAMENSTELLING
24-26 °C. Deze vis stelt aan de watersamenstelling geen hoge eisen, maar evenals de
vuurstaartlabeo houdt hij van licht zuur tot
neutraal en middelhard water.

VOEDSEL
De *E. frenatus* is een alleseter. Naast droogvoer en voedertabletten voor bodembewoners eten de dieren ook algen, (geblancheerde) slablaadjes, spinazie en levend voer.

KWEEK
De voortplanting is vergelijkbaar met die van
de vuurstaartlabeo.

BIJZONDERHEDEN
Deze soort lijkt sterk op de vuurstaartlabeo,
maar is vanwege zijn blekere kleuren wat
minder in trek.

Epalzeorhynchus kallopterus

FAMILIE
Cyprinidae (karperachtigen)

ONDERFAMILIE
Garrinae

VINDPLAATS
Thailand en Indonesië

GESLACHTSONDERSCHEID
Onbekend

LENGTE
Tot ongeveer 15 centimeter

HUISVESTING
Deze vis doet het goed in middelgrote tot
grote aquaria. De dieren verstoppen zich
graag; houd hier rekening mee bij het inrichten van het aquarium. Grillig gevormd kienhout vormt de ideaalste beschutting. Ook
dichtbeplante stukken worden door de vissen als schuilplaats ingenomen.

SOCIALE EIGENSCHAPPEN
Ten opzichte van soortgenoten is deze vis
niet zo verdraagzaam. Daarom is het beter

Epalzeorhynchus kallopterus

om maar één enkele vis van deze soort houden. Andere aquariumbewoners worden normaal gesproken met rust gelaten. De vissen zijn territoriumvormers.

TEMPERATUUR EN WATERSAMENSTELLING
24-26 °C, 4-8° DH, pH 6-7. Regelmatig water verversen.

VOEDSEL
Deze vis eet zowel levend voer als vlokkenvoer. Plantaardige kost vormt een belangrijk deel van de voedselbehoefte van deze vis en mag nooit ontbreken op het menu. Ze eten bovendien graag (geblancheerde) slablaadjes en speciale voedertabletten voor bodembewoners.

KWEEK
Over de voortplanting van deze vissoort is tot dusverre weinig bekend, maar aangenomen wordt dat deze vergelijkbaar is met die van de vuurtstaartlabeo.

Epiplatys dageti

DWARSBANDSNOEKJE

FAMILIE
Cyprinodontae (eierleggende tandkarpers)

ONDERFAMILIE
Rivulinae

VINDPLAATS
West-Afrika

GESLACHTSONDERSCHEID
Het verschil tussen de beide geslachten is vrij gemakkelijk te zien. Over het algemeen zijn de mannetjes kleurrijker en kleiner dan de vrouwtjes. Vooral de vuurrode keelpartij is opvallend aan de mannelijke visjes.

LENGTE
Tot 5,5 centimeter

HUISVESTING
Het dwarsbandsnoekje past heel goed in kleinere aquaria. Voldoende beplanting en schuilmogelijkheden, alsmede diffuse verlichting (drijfplanten) en daarbij een donkere bodembedekking zijn wenselijk om deze vis zich op zijn gemak te laten voelen. Deze vissen bewonen de bovenste waterlagen en gaan daarom goed samen met soorten die zich voornamelijk in de middelste en onderste lagen van het aquarium ophouden.

SOCIALE EIGENSCHAPPEN
Dwarsbandsnoekjes zijn in het algemeen rustige en vreedzame vissen, zowel ten opzichte van elkaar als in de buurt van andere aquariumbewoners. Exemplaren die zich ontwikkelen tot onverdraagzame of tot agressieve visjes behoren beslist tot de uitzonderingsgevallen.

TEMPERATUUR EN WATERSAMENSTELLING
21-25 °C, 5-12° DH, pH 6

VOEDSEL
Als basis kunt u droogvoer geven, maar zo nu en dan hebben de dieren ook behoefte aan klein levend voer zoals muggenlarven, artemia (pekelkreeftjes) en kleine insecten (fruitvliegjes).

KWEEK
De visjes gaan gemakkelijk over tot paaien als de omstandigheden goed zijn. In een spe-

Epiplatys dageti ♂

Epiplatys dageti ♂

Erpetoichthys ornatipinnis

FAMILIE
Polypteridae (kwastvinsnoeken en kwast-alen)

VINDPLAATS
Zaïre

GESLACHTSONDERSCHEID
Tot dusverre nog onbekend

LENGTE
In de vrije natuur worden deze vissen soms wel 45 centimeter lang. In het aquarium blijven ze meestal kleiner.

ciaal hiervoor ingericht kweekbakje moet de temperatuur iets hoger zijn dan de vissen gewend waren. Het wijfje legt erg veel eitjes. Om ervoor te zorgen dat er zo veel mogelijk van worden bevrucht, is het raadzaam meerdere mannetjes bij het vrouwtje te laten. Houd de gang van zaken echter wel goed in de gaten, aangezien de mannetjes onderling, zeker in dergelijke omstandigheden, agressief op elkaar kunnen reageren. Na het afzetten kunt u de ouderdieren het beste uitvangen, aangezien ze geneigd zijn zowel hun eigen broedsel als de jongen op te eten. Breng de jongen groot met stofvoer en uiterst klein levend voer (bijv. pantoffeldiertjes).

HUISVESTING
Deze merkwaardige kostganger hoort thuis in grotere aquaria met veel schuilmogelijkheden (planten, kienhout). Als bodembedekking voldoet zeer fijn grind of gewassen zand.

SOCIALE EIGENSCHAPPEN
In grotere aquaria met voldoende schuilmogelijkheden zijn er natuurlijke 'grenzen' en kunnen meerdere vissen worden gehouden. In alle andere gevallen is het beter slechts één enkel exemplaar te houden, aangezien de vissen anders continu met elkaar op de vuist gaan. Ze voelen zich als solitair overigens uit-

Erpetoichthys ornatipinnis

Erpetoichthys ornatipinnis

stekend op hun gemak. Als gezelschap zijn kleinere, minder weerbare vissen niet zo op hun plaats; ze worden als waardevolle aanvulling op het menu gezien. Grotere cichliden behoren wel tot de mogelijkheden.

TEMPERATUUR EN WATERSAMENSTELLING
25-28 °C. De vissen stellen weinig eisen aan de watersamenstelling.

VOEDSEL
Vlokkenvoer wordt door deze vissen amper opgenomen; ze hebben voornamelijk behoefte aan levend voer, stukjes vlees en vis. Kleine visjes, maar ook fijngehakte stukjes runderhart, regenwormen en ander krachtig levend voer doen het goed.

KWEEK
Over de voortplanting is tot dusverre weinig bekend.

Eutropiellus buffei *(syn.* E. debauwi*)*

DRIESTREEPGLASMEERVAL

FAMILIE
Schilbeidae (glasmeervallen)

ONDERFAMILIE
Schilbeinae

VINDPLAATS
Nigeria en Zaïre, in stromende beekjes

GESLACHTSONDERSCHEID
Het verschil tussen de geslachten is het beste te zien aan de dikte van de visjes. De mannetjes zijn vaak slanker dan de vrouwtjes.

LENGTE
Tot ongeveer 10 centimeter

HUISVESTING
Dit scholenvisje past het beste in een ruimer bemeten aquarium (80-90 centimeter), met voldoende open zwemruimte en stroming in het water.

De bodembedekking moet donker van kleur zijn; niet alleen voelen de vissen zich dan beter op hun gemak, de kleuren komen ook beter tot hun recht. Deze vis is niet zo dol op een felle verlichting; drijfplanten zoals watervorkje dempen het licht op een natuurlijke manier.

SOCIALE EIGENSCHAPPEN
Deze zeer vreedzame en vrij drukke scholenvis moet altijd met minimaal vijf exemplaren samen worden gehouden (een grotere groep is nog beter).

Ten opzichte van de andere aquariumbewoners stellen de vissen zich verdraagzaam op, maar omdat ze zo druk zijn, zwemmen ze schuwere, trage en tere visjes nogal eens ondersteboven. Deze vissen met hun typische manier van zwemmen houden zich bij voorkeur in de onderste en middelste waterlagen op.

TEMPERATUUR EN WATERSAMENSTELLING
23-26 °C De vis stelt weinig eisen aan de watersamenstelling.

VOEDSEL
De *E. buffei* eet graag zowel droogvoer als levend voer. Ook tubifex doet het goed.

KWEEK
Over de voortplanting is tot dusverre weinig bekend.

BIJZONDERHEDEN
Driestreepglasmeervallen zijn weinig eisen stellende en levendige vissen die zeer geschikt zijn voor beginnende aquarianen.

Eutropiellus buffei

Boven: Farlowella acus

Onder: Gyrinocheilus aynomieri '*Albino*'

Farlowella acus

FAMILIE
Loricariidae (harnasmeervallen)

ONDERFAMILIE
Loricaniinae

VINDPLAATS
Amazonegebied

GESLACHTSONDERSCHEID
Bij vrouwtjes ontbreken de borstelhaartjes langs de kop.

LENGTE
Tot 15 centimeter

HUISVESTING
De soort komt in een middelgroot tot groot aquarium het beste tot zijn recht. Zorg altijd voor voldoende beplanting en decoratie (kienhout) in het aquarium, want deze vormen uitstekende schuilplaatsen voor deze enigszins schuwe vis.
De soort is niet zo gesteld op stromend water.

SOCIALE EIGENSCHAPPEN
De vissen zijn bijzonder gemakkelijk in de omgang met zowel soortgenoten als andere vissen; ze gaan een beetje hun eigen gang en trekken zich weinig aan van andere vissen in het aquarium. Overdag zijn ze meestal rustig en houden ze zich schuil, om tegen de schemering actief op zoek naar voedsel te gaan.

TEMPERATUUR EN WATERSAMENSTELLING
23-26 °C. De waterkwaliteit (schoon en zuiver water is noodzakelijk) en -samenstelling steekt bij deze vissen erg nauw: het water moet erg zacht zijn (0-4° DH), bij een pH van rond de 6.

VOEDSEL
Deze opvallende vis scharrelt zijn kostje tussen de planten en op de bodem bij elkaar en ruimt de niet-opgegeten resten van de overige aquariumbewoners op. Hij houdt ook van speciaal voor bodembewoners gefabriceerde tabletten.

KWEEK
Over de voortplanting van deze opvallende harnasmeerval is tot dusverre helaas slechts weinig bekend.

Formosiana tinkhami

Formosiana tinkhami

FAMILIE
Balitoridae

ONDERFAMILIE
Homalopterinae

VINDPLAATS
Oost-Azië, in snelstromende beekjes

GESLACHTSONDERSCHEID
Onbekend

LENGTE
Tot 10 centimeter

HUISVESTING
Deze vissen zijn eenvoudig tevreden te stellen en kunnen in middelgrote en grote aquaria worden gehouden. Zowel in stromend als

in stilstaand water voelen ze zich op hun gemak. Wat schuilmogelijkheden (overhangende planten zijn toereikend) worden op prijs gesteld.

SOCIALE EIGENSCHAPPEN
Alhoewel het hier niet gaat om een echte scholenvis, voelt het dier zich zekerder wanneer het door meerdere soortgenoten wordt vergezeld. Zowel ten opzichte van soortgenoten als andere aquariumbewoners stelt hij zich goedaardig op; hij gaat een beetje zijn eigen gang.
De *F. tinkhami* houdt zich bij voorkeur in de onderste waterlagen op.

TEMPERATUUR EN WATERSAMENSTELLING
18-25 °C. De vis heeft een voorkeur voor zacht tot middelhard water met een neutrale pH-waarde.

VOEDSEL
Deze vis eet zowel algen, klein levend voer als voederresten van de medebewoners.

KWEEK
Tot dusverre zijn deze dieren nog niet in aquaria nagekweekt.

Gambusia affinis holbrooki

MUSKIETENVISJE

FAMILIE
Poeciliidae (levendbarende tandkarpers)

VINDPLAATS
Zuidelijke delen van Noord-Amerika, Mexico

GESLACHTSONDERSCHEID
De mannetjes zijn veel kleiner dan de vrouwtjes, ze zijn zwartgevlekt en hebben bovendien een gonopodium (zie afbeelding). De vrouwtjes zijn vrijwel kleurloos.

LENGTE
De mannetjes worden niet groter dan zo'n 3 tot 3,5 centimeter. De vrouwtjes kunnen 6 tot 7 centimeter lang worden.

HUISVESTING
Dit eierlevendbarende visje kan heel goed in een klein tot middelgroot aquarium worden gehouden. De vis stelt erg weinig eisen. Hij houdt alleen van een dichte en fijnbladige beplanting.

Gambusia affinis holbrooki ♂

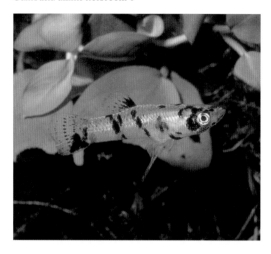

SOCIALE EIGENSCHAPPEN
Onder elkaar zijn deze visjes doorgaans vriendelijk, maar ten opzichte van andere vissoorten hebben ze nogal eens agressieve neigingen. Eén mannetje wordt, vanwege zijn actieve paargedrag, doorgaans met twee of drie vrouwtjes samen gehouden. De visjes zwemmen door het hele aquarium, maar ze hebben een voorkeur voor de bovenste waterlagen.

TEMPERATUUR EN WATERSAMENSTELLING
15-30 °C. Deze vis is zo sterk en taai dat hij het in water van allerlei uiteenlopende samenstellingen en kwaliteiten goed doet en zich er ook in voortplant. Ook de watertemperatuur, of deze nu extreem hoog of laag is, schijnt hem niet te deren. Temperaturen van rond de 20 C° zijn echter optimaal. Deze visjes kunnen zelfs enige tijd in water van onder de tien graden Celsius en in brak water overleven.

VOEDSEL
De *G. affinis* is een bijzonder gemakkelijke kostganger. Hij is een veelvraat die probleemloos een leven lang op droogvoer kan worden gehouden (S. Flora/Premium Tabs). Algen eet hij ook graag. Daarnaast zullen deze visjes het zeker op prijs stellen wanneer u ze regelmatig wat levende rode-muggenlarven voert.

KWEEK
Het vrouwtje is erg productief. Zoals alle eierlevendbarende visjes werpt ze levende jongen die al direct voor zichzelf kunnen zorgen. De ouderdieren staan hun kinderen

echter zeer naar het leven. Wanneer een drachtig vrouwtje, dat herkenbaar is aan de dikke buik en donkere drachtigheidsvlek net voor de aarsvin, naar een apart bakje met veel fijnbladig groen (drijfplanten zoals het mosselplantje, maar ook een flinke pluk Javamos zijn gewenst) wordt overgeplaatst, geeft dit de beste resultaten. Nadat de jongen zijn geboren, moet de moedervis direct uitgevangen worden. De jonge visjes laten zich vervolgens goed opkweken met fijn stofvoer (S. Micron).

BIJZONDERHEDEN
Visjes van deze soort doen het erg goed in tuinvijvers en onverwarmde aquaria, mits de temperaturen niet te lang achtereen onder de 12 graden Celsius komen. In dichtbeplante tuinvijvers is de kweek succesvoller dan in kleine aquaria. Net als de *Poecilia reticulata* (gup) is ook dit visje in verschillende werelddelen uitgezet om (malaria)muggen te bestrijden. Het komt dan ook op veel meer plaatsen in de natuur voor dan de aangegeven oorspronkelijke vindplaats.

Gnathonemus petersii

OLIFANTSVIS

FAMILIE
Mormyridae (tapirvissen)

VINDPLAATS
Afrika, vooral in Kameroen en Nigeria, in stilstaand en langzaam stromend water

GESLACHTSONDERSCHEID
De mannetjes zijn herkenbaar aan de inkeping in de aarsvin. Bij de vrouwtjes is de aarsvin recht.

Gnathonemus petersii

LENGTE
Tot ongeveer 18 centimeter

HUISVESTING
De olifantsvis hoort thuis in grotere aquaria. Hij houdt niet van een felle verlichting, dus drijfgroen is noodzakelijk. De vis stelt veel schuilmogelijkheden in de vorm van een dichte beplanting en kienhout erg op prijs. Omdat deze soort in de bodemgrond woelt, moet u zorgen voor een bodembedekking die bestaat uit fijn, afgerond (en zeker niet scherp) grind of schoongewassen zand.

SOCIALE EIGENSCHAPPEN
De dieren houden zich bij voorkeur in de onderste waterlagen op. Overdag zult u ze weinig zien, dan verstoppen ze zich liever. Tegen de schemering gaan ze op zoek naar voedsel. Geef ze daarom ook alleen tegen de avond wat te eten, anders is alles al opgegeten door de andere aquariumbewoners als deze vissen actief worden. Als solitair komen ze het beste tot hun recht, aangezien ze onderling nogal eens onverdraagzaam en zelfs agressief kunnen zijn. Andere aquariumbewoners laten deze merkwaardige vissen echter links liggen, mits ze niet al te opdringerig zijn. De olifantsvis is territoriumvormend en wenst in zijn territorium niet gestoord te worden.

TEMPERATUUR EN WATERSAMENSTELLING
Olifantsvissen zijn erg warmtebehoeftig en temperaturen onder de 24 °C kunnen ze ziek maken. De watersamenstelling is voor deze vissen niet zo heel belangrijk, al kunnen ze slecht tegen waterverversingen. Ideaal is een pH rond de 6,5.

VOEDSEL
De olifantsvis neemt vrijwel alleen voedsel van en uit de bodem op. Tubifex wordt goed en graag opgenomen, en dat geldt ook voor ander levend voer. Geef de dieren daarnaast wat vlokkenvoer en kleine stukjes geblancheerde sla.

KWEEK
Onbekend

BIJZONDERHEDEN
De olifantsvis is niet eenvoudig gezond te houden. De beste resultaten worden behaald in een aquarium met een rustige standplaats, 'oud' aquariumwater, een afwisselende voeding en beslist niet te veel medebewoners waar hij steeds door wordt gestoord.

Gobiopterus chuno

GLASGRONDELTJE

FAMILIE
Gobiidae (grondels)

VINDPLAATS
Zuidoost-Azië

GESLACHTSONDERSCHEID
Tot dusverre nog onbekend

LENGTE
Tot 2,5 centimeter

HUISVESTING
Dit kleine en doorzichtige visje doet het over het algemeen uitstekend in de kleinste aquaria. Het stelt een zachte bodemgrond, veel schuilplaatsen en een rijke beplanting buitengewoon op prijs.

SOCIALE EIGENSCHAPPEN
Deze rustige visjes kunnen het zowel onderling als met andere vissoorten prima vinden. Ze gaan een beetje hun eigen gangetje en houden zich bij voorkeur op de bodem en in de buurt van de bodem op.

TEMPERATUUR EN WATERSAMENSTELLING
24-27 °C. De ideale watersamenstelling is jammer genoeg niet bekend, wat er wellicht ook de oorzaak van is dat de visjes in het aquarium niet oud worden.

VOEDSEL
De visjes eten voornamelijk klein levend voer zoals cyclops en daphnia's (watervlooien).

Gobiopterus chuno

KWEEK
Tot dusverre is het glasgrondeltje nog niet in aquaria nagekweekt.

BIJZONDERHEDEN
Helaas is dit aparte visje met zijn doorschijnende lichaam erg moeilijk houdbaar en wordt het als gevolg hiervan zelden geïmporteerd. Wellicht dat enkele gevorderde aquarianen zich op dit visje kunnen toeleggen, zodat we over een paar jaar weten welke waterwaarden en wat voor voeding het geschiktst zijn voor dit visje.

Gymnocorymbus ternetzi

ROUWRIO OF ZWARTE TETRA

FAMILIE
Characidae (karperzalmen)

ONDERFAMILIE
Tetragonopterinae

VINDPLAATS
Paraguay, Brazilië en Bolivia

GESLACHTSONDERSCHEID
De mannetjes zijn wat slanker dan de vrouwtjes en hun rugvin is smaller.

LENGTE
Tot 6 centimeter

HUISVESTING
De rouwrio, ook wel zwarte tetra genoemd, stelt erg weinig eisen. De soort kan prima in een gezelschapsaquarium worden gehouden. Het aquarium hoeft niet groot te zijn, 60 centimeter is voldoende. Uiteraard doen de vissen het ook goed in grotere aquaria. Voldoende randbeplanting en open zwemruimte zijn wenselijk, evenals een donkere bodem, die de kleur beter doet uitkomen.

SOCIALE EIGENSCHAPPEN
De zwarte tetra voelt zich het prettigst in een schooltje van minimaal vijf exemplaren, maar heeft liefst nog meer soortgenoten om zich heen. Solitair gehouden vissen ontwikkelen vaak gedragsstoornissen (agressie). Deze visjes kunnen vrijwel probleemloos met kleinere of minder weerbare vissoorten worden gehouden, maar houd er rekening mee dat sommige exemplaren op latere leeftijd wel eens wat onverdraagzaam kunnen worden ten opzichte van de medebewoners.

Gymnocorymbus ternetzi

Zwarte tetra's bewonen vooral de middelste waterlagen in het aquarium en zijn gemiddeld actief.

TEMPERATUUR EN WATERSAMENSTELLING
21-25 °C. De zwarte tetra doet het goed in de meest uiteenlopende watersamenstellingen.

VOEDSEL
Deze scholenvisjes kunnen met recht alleseters worden genoemd. De dieren kunnen zonder problemen een leven lang (afwisselend) droogvoer eten. Ze houden van plantaardige kost (S. Flora) en levend voer.

KWEEK
Zwarte tetra's behoren tot de vrijleggers en zoals veel andere vrijleggers eten ze hun eigen eitjes op. Na het afzetten moeten de ouderdieren dan ook worden verwijderd.

KWEEKVORMEN
Er is ook een langvinnige variëteit van deze vis (zie afbeelding).

BIJZONDERHEDEN
Jongere visjes hebben diepzwarte aftekeningen, maar naarmate ze ouder worden, kleuren ze grijzer. Dit heeft niet alleen te maken met hun leeftijd, maar ook met de kwaliteit van de voeding en de watersamenstelling.

Gyrinocheilus aynomieri

SIAMESE ALGENETER, INDISCHE ALGENETER

FAMILIE
Gyrinocheilidae (algeneters)

ONDERFAMILIE
Gyrinocheilinae

VINDPLAATS
Thailand, in snelstromende beekjes

GESLACHTSONDERSCHEID
De vrouwtjes zijn wat groter en voller dan de mannetjes en hebben bovendien minder uitstulpsels op de bek.

LENGTE
In de natuur zijn exemplaren uitgevangen van ruim 22 centimeter, maar in het aquarium worden ze meestal niet langer dan ongeveer 15 centimeter.

HUISVESTING
De Siamese algeneter voelt zich in allerlei uiteenlopende aquaria thuis. Hij is de hele dag in touw om bealgde aquariumruiten, planten en decoratie schoon te poetsen en zal zich daarom zonder meer beter voelen in een bealgd aquarium. Ook stelt de vis schuilplaatsen in de vorm van grillig kienhout zeer op prijs.

SOCIALE EIGENSCHAPPEN
Jonge dieren zullen de medebewoners niet lastigvallen en gaan een beetje hun eigen weg. Oudere vissen kunnen de vervelende eigenschap ontwikkelen om de overige aquariumbewoners het leven zuur te maken. De vissen worden meestal als solitair gehouden, aangezien ze het onderling niet altijd goed kunnen vinden (territoriumvormende vis), maar een ruimbemeten aquarium met voldoende verstopmogelijkheden kan wel ruimte voor twee exemplaren bieden. Deze vis houdt zich met name op de bodem van het aquarium op.

TEMPERATUUR EN WATERSAMENSTELLING
20-27 °C. Deze vis stelt zowel aan de temperatuur als aan de waterkwaliteit weinig eisen.

Gyrinocheilus aynomieri

De *G. aynomieri* heeft voornamelijk algen op het menu staan. Is het aquarium niet (meer) bealgd, voer de vis dan bij met speciale voedertabletten voor bodembewoners (S. Viformo) of geblancheerde slablaadjes en waterkers.

Daarnaast eten de dieren ook voederresten die op de bodem terechtkomen.

KWEEK

Het is bekend dat zowel het mannetje als het vrouwtje broedzorg vertoont, maar nakweek van deze vis is tot op heden slechts sporadisch gelukt.

KWEEKVORMEN

Er is één kleurvariëteit, de *G. aymonieri* 'Albino'.

BIJZONDERHEDEN

Dit is een van de beste vissen die u kunt aanschaffen wanneer u last hebt van te veel algen in uw aquarium. Echter, de vis eet alleen algen die vast op planten, stenen en kienhout zitten en geen zwevende algen of draadalgen. Houd er ook rekening mee dat deze dieren op latere leeftijd vanwege hun onverdraagzame natuur nog maar moeilijk in een gezelschapsaquarium kunnen worden gehouden.

Hasemania nana

Hasemania nana

KOPERZALM

FAMILIE
Characidae (karperzalmen)

ONDERFAMILIE
Tetragonopterinae

VINDPLAATS
Brazilië

GESLACHTSONDERSCHEID
De mannetjes zijn enigszins slanker gebouwd dan de vrouwtjes en ze zijn als ze eenmaal volwassen zijn vaak wat intenser van kleur.

LENGTE
Tot 5 centimeter

HUISVESTING
In gezelschapsaquaria met voldoende (dichte) randbeplanting en open zwemruimte voelt deze vis zich prima thuis. Als de bodembedekking donker is en het licht gefilterd wordt door drijfplanten komen niet alleen de kleuren van deze vissen veel beter tot hun recht, de vissen voelen zich ook duidelijk prettiger. Het aquarium hoeft voor deze visjes niet zo groot te zijn; een aquarium van 60 centimeter breed is voldoende.

SOCIALE EIGENSCHAPPEN
Het koperzalmpje is een zachtaardig scholenvisje dat het prima doet in het gezelschapsaquarium. Houd de vissen altijd in een schooltje van minimaal zes exemplaren; als eenling of als stel gehouden koperzalmpjes zijn erg schuw en laten bovendien nooit hun diepe koperen kleur zien. Ook het gezelschap van rovers of andere onverdraagzame vissoorten is niet ideaal. Koperzalmpjes zijn gemiddeld actief en houden zich voornamelijk in de middelste waterlagen op.

TEMPERATUUR EN WATERSAMENSTELLING
20-25 °C. De vissen zijn weinig gevoelig voor de watersamenstelling. Ze hebben een lichte voorkeur voor licht zuur en zacht water.

VOEDSEL
De koperzalm eet alles. De dieren zijn heel goed op een afwisselend menu van droogvoer te houden, maar ze houden ook van levend voer (muggenlarven, pekelkreeftjes) en algen. Koperzalmpjes nemen nauwelijks voedsel van de bodem op.

KWEEK
Deze visjes zijn niet zo heel moeilijk aan het kweken te krijgen, mits de watersamenstelling in orde is en het 'klikt' tussen beide partners. Om de juiste omstandigheden te creëren is zeer zacht (3-4° DH) en zuur (pH 5,5) water een vereiste. Zet alleen kweekstellen die in een optimale conditie zijn in de kweekbak. Om uit een schooltje koperzalmpjes te herkennen welke visjes het beste bij elkaar passen, zult u hun manier van doen regelmatig moeten bestuderen. De kweekbak zelf behoort ingericht te zijn met veel fijnbladige planten (Javamos, myriophyllum) waar de eitjes tussen worden gedeponeerd. Voer de temperatuur langzaam een aantal graden op. Na het afzetten moet u de ouderdieren uitvangen, aangezien ze hun eigen eieren opeten. Een legrooster kan hier tijdelijk uitkomst bieden.

Helostoma temminckii

ZOENVIS OF ZOENGOERAMI

FAMILIE
Anabantidae (labyrinthvissen)

ONDERFAMILIE
Helostomatidae

VINDPLAATS
Indonesië en Thailand

GESLACHTSONDERSCHEID
Bij jonge dieren zijn er geen uiterlijke verschillen tussen de geslachten. Volwassen, en

Helostoma temminckii

dus grotere, vrouwtjes zijn soms herkenbaar omdat hun buikpartij wat dikker is.

LENGTE
In de vrije natuur kunnen deze vissen een lengte van ruim 30 centimeter bereiken, maar in het aquarium worden ze meestal niet veel groter dan 13-14 centimeter.

HUISVESTING
Zoenvissen zijn bezige vissen die de hele dag door op zoek zijn naar voedsel. Op de bek zitten kleine uitsteekseltjes waarmee ze gemakkelijk algen weg kunnen raspen. De zoenvis kan als hij nog klein is in kleinere gezelschapsaquaria worden ondergebracht, maar als de vis groter wordt, zult u moeten omzien naar een passender behuizing. Aquaria van minimaal 80 centimeter zijn meestal groot genoeg voor deze dieren met hun vrolijke uitstraling. De waterstand mag niet te hoog zijn en de dieren houden niet echt van stroming in het water. Veel bealging is wel wenselijk.

SOCIALE EIGENSCHAPPEN
De zoenvis stelt zich tolerant op ten opzichte van de andere aquariumbewoners en kan zowel als solitair als met meerdere exemplaren samen worden gehouden. De soort is zeer geschikt voor het gezelschapsaquarium. Hebt u meerdere zoenvissen in het aquarium, dan kunt u het typische gedrag waarnemen waar de vis zijn benaming aan te danken heeft. De vissen drukken hun zuignapachtige bek tegen elkaar en 'zoenen' tot de ander het opgeeft. Uiteraard heeft dit in het geheel niets met het liefdesspel te maken, aangezien vrijwel alleen mannetjes onderling dit gedrag vertonen. Algemeen wordt aangenomen dat dit zogenaamde zoengedrag een vorm van vechten is, alleen dan wel een onschuldige.

De zoenvis zwemt in alle waterlagen en is vrij actief.

TEMPERATUUR EN WATERSAMENSTELLING
24-27 °C. De vis stelt zowel aan de watersamenstelling als aan de kwaliteit van het water weinig eisen. Is er zuurstofgebrek in het aquarium, dan stelt hun 'labyrint' (een orgaan achter in de kop) de vissen in staat om zuurstof direct uit de atmosfeer op te nemen. Dit is kenmerkend voor alle labyrintvissen.

VOEDSEL
De zoenvis heeft voornamelijk algen op het menu staan en is de hele dag in touw om de ruiten, planten en decoratie keurig schoon te eten. Zijn er geen algen (meer) te vinden in het aquarium, geef de vis dan geregeld (geblancheerde) blaadjes sla, waterkers, spinazie en eventueel speciale voedertabletten voor planteneters.

Zoenvissen eten daarnaast ook vlokvoer en levend voer, maar ze verkommeren snel zonder plantaardige voeding.

KWEEK
Het is geen eenvoudige opgave om deze vissen aan het kweken te krijgen. Zorg in ieder geval voor een aparte ruime kweekbak waarin veel algen groeien (zonnige standplaats). Is het eenmaal zo ver, dan zijn zoenvissen erg productief. De eitjes drijven net onder het wateroppervlak. Hoewel de ouderdieren de eitjes met rust laten, is het beter om ze na het afzetten uit te vangen. Kweek de jonge visjes op met kleine eencelligen, zoals bijvoorbeeld pantoffeldiertjes. Later eten ze ook zeer fijn stofvoer (S. Micron). Uiteraard eten ze algen en de kleine diertjes die daarin leven. Daarom moet de kweekbak beslist bealgd zijn.

KWEEKVORMEN
De afgebeelde vis is de roze variëteit die erg populair is onder aquariumliefhebbers. De wildkleurige (groengrijze) zoenvis is minder geliefd en wordt vaker in de natuur aangetroffen dan in aquaria.

BIJZONDERHEDEN
Deze uitmuntende algeneter geldt in het land van herkomst als gewaardeerde consumptievis. De dieren worden daar voor dit doel speciaal gekweekt.

Hemichromis bimaculatus

RODE CICHLIDE

FAMILIE
Cichlidae (cichliden)

VINDPLAATS
Afrika, stroomgebied Nijl en Kongo (Ghana)

GESLACHTSONDERSCHEID
Niet eenvoudig te zien: wanneer een groepje jonge visjes bij elkaar wordt gebracht, zullen er na verloop van tijd vanzelf een of meerdere hechte koppels ontstaan. Tijdens de paartijd zijn de mannetjes intensiever rood gekleurd.

LENGTE
Tot ongeveer 13 centimeter

HUISVESTING
Deze cichliden doen het goed in middelgrote aquaria met zeer sterke planten, veel kienhout en rotspartijen ter decoratie. De vissen woelen en graven graag in de bodem –voor-al in de paartijd–, dus pas op met losliggende stenen. Ze stellen schoon, zuiver, zuurstofrijk en zo mogelijk stromend water zeer op prijs.

SOCIALE EIGENSCHAPPEN
De soort kan in een geschikt aquarium prima samen gehouden worden met enige andere cichlidenparen, al zijn ze tijdens de paartijd uiterst agressief en wordt geen enkele andere vis in het territorium geduld. Begin met een groepje jonge vissen en houd daaruit een stel aan dat zich van de rest afzondert. Dit is vrijwel zeker een geschikt kweekkoppel. De rode cichlide houdt zich voornamelijk in de onderste waterlagen op.

TEMPERATUUR EN WATERSAMENSTELLING
22-26 °C. Deze vis stelt aan de watersamenstelling weinig eisen, als het water maar zuurstofrijk is.

VOEDSEL
De vissen eten graag levend voer, zoals kleine visjes en muggenlarven, maar ze nemen ook cichlidensticks goed op.

Natuurlijke biotoop van de Hemichromis bimaculatus

KWEEK
Een goed bij elkaar passend koppel plant zich ook voort in het gezelschap van andere vissen. Het territorium wordt echter zeer agressief verdedigd, dus moet er voldoende ruimte zijn voor alle vissen. De dieren leggen eitjes op keurig schoongepoetste stukken kienhout of stenen (leisteen). Beide ouderdieren verzorgen zowel de eitjes als de jonge visjes goed.

Hemigrammopetersius caudalis

FAMILIE
Alestidae (Afrikaanse karperzalmen)

ONDERFAMILIE
Alestinae

VINDPLAATS
Zaïre

GESLACHTSONDERSCHEID
Het mannetje valt op door de witte strepen op de vinnen.

LENGTE
Tot ongeveer 6,5 centimeter

HUISVESTING
De soort kan prima in een middelgroot gezelschapsaquarium worden ondergebracht, met voldoende randbeplanting en vrije zwemruimte. Een donkere bodembedekking en wat drijfgroen doen de kleuren van de vissen beter uitkomen.

SOCIALE EIGENSCHAPPEN
Deze soms wat schuwe en schrikachtige visjes laten de overige aquariumbewoners met rust, maar worden door agressievere vissoorten vaak nagejaagd. Ze horen dan ook niet thuis in een aquarium met roofzuchtige vissoorten. Alleen in een grotere school (vanaf vijf, maar liever met veel meer exemplaren) komen de dieren tot hun recht en voelen ze zich zekerder. Ze houden zich vooral in de middelste waterlagen op.

TEMPERATUUR EN WATERSAMENSTELLING
Temperatuur 22-26 °C. Deze visjes stellen aan de watersamenstelling weinig eisen.

VOEDSEL
De *H. caudalis* is een echte alleseter. Een gevarieerd menu van diverse droogvoeders en zo nu en dan wat levend voer houdt de dieren in een goede conditie.

KWEEK
De kweek is mogelijk in een aparte kweekbak op een zonnige standplaats. De vissen zijn vrijleggers en eten hun eigen eitjes op, dus vang de ouderdieren direct na het afzetten uit. Een legrooster dat een paar centimeter van de bodem wordt vastgemaakt, zorgt ervoor dat de vissen tijdens de paring niet bij hun eitjes kunnen komen.

Hemigrammus bleheri

ROODKOPZALM

FAMILIE
Characidae (karperzalmen)

ONDERFAMILIE
Tetragonopterinae

VINDPLAATS
Zuid-Amerika (Brazilië)

Het verschil tussen beide geslachten is niet altijd duidelijk te zien, maar over het algemeen zijn de vrouwtjes wat voller dan de mannetjes.

LENGTE
Tot ongeveer 5 centimeter

HUISVESTING
Het meest geschikte onderkomen voor dit visje is een langgerekt aquarium met veel vrije zwemruimte. Een enigszins diffuse verlichting, schaduwrijke plaatsen (te creëren met drijfgroen) en een matige doorstroming zijn wenselijk.

SOCIALE EIGENSCHAPPEN
Roodkopzalmpjes gaan een beetje hun eigen gang en zijn erg goedaardig ten opzichte van andere vissen. In een grotere school (vanaf zeven exemplaren) komen de vissen veel beter tot hun recht dan in een kleiner schooltje. Ze houden zich voornamelijk in de middelste waterlagen op en zijn gemiddeld actief tot actief.

TEMPERATUUR EN WATERSAMENSTELLING
24-26 °C. Het water moet zeer zacht tot zacht zijn (ongeveer 2-7° DH), en enigszins zuur (pH 6). De vissen zijn erg gevoelig voor afvalstoffen in het water. Probeer deze te beperken door matig te voeren (niet meer dan dat u de vissen ziet opeten) en regelmatig vuil van de bodem af te hevelen. Ook gedeeltelijke waterverversingen zijn noodzakelijk om deze vis gezond te houden.

VOEDSEL
De roodkopzalm is een alleseter. De soort kan heel goed een leven lang op droogvoer worden gehouden, mits het afwisselend is,

Hemigrammus bleheri

maar hij eet daarnaast ook graag zo nu en dan wat klein levend voer.

KWEEK
De roodkopzalm paart in schoolverband. Wanneer u met deze visjes wilt kweken, zet dan de hele school over in een aparte kweekbak waarin u vooraf hebt gezorgd voor optimale omstandigheden. Het water moet zo zuiver mogelijk zijn, zeer zacht (1-3° DH) en met een pH van rond de 6. Filteren over turf is noodzakelijk. Daarnaast moeten er veel fijnbladige planten in staan waarin de dieren hun eitjes kunnen afzetten en moet het aquarium een enigszins schemerige standplaats hebben. Zorg er steeds voor dat de temperatuur langzaam een of twee graden hoger wordt opgevoerd dan dat ze tot dan toe gewend waren. Met dit alles bootst u de omstandigheden na die in de natuur tijdens de paartijd heersen. Als gevolg daarvan zullen de visjes gaan paren.

De eieren worden even vrolijk weer opgegeten, dus na het afzetten kunt u de ouderdieren beter maar uitvangen. De jonge visjes komen na een of twee dagen al uit het ei en kunnen worden opgekweekt met eencelligen (pantoffeldiertjes), microwormpjes en zeer fijn stofvoer (S. Micron). Let er echter weer op dat u niet te veel eten geeft, om vervuiling van het water te voorkomen.

BIJZONDERHEDEN
Er zijn meerdere soorten die sprekend op deze soort lijken en vaak met elkaar worden verward, zeker als de dieren nog niet volwassen zijn. Bekende visjes zijn onder meer de *Hemigrammus rhodostomus* en de *Petitella georgiae*.

Hemigrammus caudovittatus

RUITVLEKZALM

FAMILIE
Characidae (karperzalmen)

ONDERFAMILIE
Tetragonopterinae

VINDPLAATS
Argentinië

GESLACHTSONDERSCHEID
De vrouwtjes hebben een vollere buikpartij dan de mannetjes, die wat intensiever gekleurd zijn.

Hemigrammus caudovittatus

LENGTE
Tot ongeveer 8 centimeter

HUISVESTING
De ruitvlekzalm hoort thuis in grotere aquaria, met veel vrije zwemruimte, eventueel stroming in het water en grofbladige, sterke waterplanten. Aangezien de soort graag planten eet, zijn zachte en fijnbladige waterplanten alleen ter aanvulling van het menu van deze vis geschikt en niet ter decoratie. Een donkere bodemgrond laat de kleuren beter uit komen.

SOCIALE EIGENSCHAPPEN
Deze vissen behoren altijd in een school van ongeveer zeven exemplaren te worden gehouden. Eenmaal volwassen willen de dieren nog wel eens aan de aantrekkelijke lange vinnen van andere aquariumbewoners snoepen. Houd hier rekening mee bij de samenstelling van uw vissenpopulatie. Grotere en weerbare vissen zijn geschikte medebewoners, omdat de ruitvlekzalmen als ze ouder worden graag andere vissen 'treiteren'. U kunt dus geen kleine, kwetsbare vissen in hetzelfde aquarium houden.

TEMPERATUUR EN WATERSAMENSTELLING
17-23 °C. De watersamenstelling is van ondergeschikt belang.

VOEDSEL
De ruitvlekzalm is een echte alleseter, maar voldoende plantaardige voeding is onontbeerlijk om de dieren gedurende lange tijd gezond te houden. Geblancheerde slablaadjes, waterkers, spinazie en uiteraard tabletten en vlokkenvoer voor plantenetende vissen doen het goed.

KWEEK
Het is niet moeilijk om deze visjes zover te krijgen dat ze zich gaan voortplanten. Hiervoor is een apart aquarium met wat grovere waterplanten geschikt, waarin de temperatuur langzaam wat wordt opgevoerd. De vissen zetten hun eitjes af tussen planten, maar gaan nogal eens over tot het opeten van hun legsel. Na het afzetten kunnen de ouderdieren dan ook beter worden verwijderd. De jonge visjes kunnen met fijn stofvoer (S. Micron) worden grootgebracht.

BIJZONDERHEDEN
De ruitvlekzalm kan in onverwarmde aquaria en 's zomers in buitenvijvers worden gehouden. Vroeger behoorden deze taaie en weinig eisen stellende vissen tot de meest gehouden tropische siervissen, maar destijds werden er lang niet zo veel verschillende soorten vissen geïmporteerd als nu. Bovendien was de techniek nog niet zo ver ontwikkeld om ook moeilijker houdbare soorten een passend leefmilieu te kunnen bieden.

Vanwege het wat onverdraagzame karakter dat de vissen op latere leeftijd richting andere vissen tentoonspreiden en het feit dat ze planten niet ongemoeid laten, is deze vis tegenwoordig uit de gratie geraakt.

Hemigrammus erythrononus
(syn. H. gracilis)

VUURNEON

FAMILIE
Characidae (karperzalmen)

ONDERFAMILIE
Tetragonopterinae

VINDPLAATS
Guyana en Paraguay, in ondiepe kleine beekjes en overstroomgebieden

GESLACHTSONDERSCHEID
De mannetjes zijn slanker dan de vrouwtjes en hebben witte vinpunten.

LENGTE
Tot ongeveer 4,5 centimeter

HUISVESTING
In aquaria met een enigszins diffuse verlichting (drijfplanten), een donkere bodemgrond, veel fijnbladige randbeplanting en in het midden voldoende open zwemruimte voelt

deze vis zich opperbest. In een dergelijke omgeving lichten de neonachtige strepen van de vissen spectaculair op. Het aquarium hoeft niet groot te zijn; als deze soort gehouden wordt met niet te veel andere vissen is een bak van 50 centimeter breed groot genoeg. Stroming is niet noodzakelijk.

SOCIALE EIGENSCHAPPEN

Dit scholenvisje moet met minimaal vijf exemplaren samen worden gehouden. De vissen voelen zich het meest op hun gemak in een groep van twaalf exemplaren of meer. Zo'n grote school heeft ook een veel grotere sierwaarde. Zowel ten opzichte van elkaar als ten opzichte van andere aquariumbewoners stellen ze zich erg verdraagzaam en goedaardig op. Ondanks dat de visjes graag zwemmen, zijn ze niet echt druk. Ze houden zich meestal in de middelste waterlagen op. Deze visjes passen niet bij agressieve of roofzuchtige vissen.

TEMPERATUUR EN WATERSAMENSTELLING

24-28 °C. Deze visjes kunnen in verschillende watersamenstellingen worden gehouden, maar de voorkeur gaat uit naar enigszins zuur (pH 6,5) en zacht water (4-8° DH). Filter zo nu en dan over turf.

VOEDSEL

De vuurneon is een alleseter; hij neemt zowel droogvoer als plantaardige voeding en klein levend voer probleemloos op.

KWEEK

Deze vissen planten zich zowel als paartje als in schoolverband voort. Wilt u graag nageslacht van uw schooltje vuurneons, zet dan de hele school of een goed bij elkaar passend kweekpaartje over in een aparte kweekbak met veel drijfgroen, fijnbladige

planten en erg zacht water (1-4 ° DH). Filter over turf. Voer de temperatuur in de kweekbak langzaam op, maar laat hem niet boven de 29 C° komen.

Vuurneons zijn eiervreters, dus vang de school uit nadat de eitjes zijn afgezet. De jonge visjes kunnen vervolgens met fijn stofvoer (S. Micron), microwormpjes en eencelligen (zoals pantoffeldiertjes) worden grootgebracht.

Hemigrammus hyanuary

GROENE NEON

FAMILIE
Characidae (karperzalmen)

ONDERFAMILIE
Tetragonopterinae

VINDPLAATS
Voornamelijk in het Hyanuary-meer in het Amazonegebied, in Brazilië

LENGTE
Tot ongeveer 4,5 centimeter

HUISVESTING
Deze visjes doen het goed in zowel kleinere als middelgrote gezelschapsaquaria met veel open zwemruimte. Een zonnige standplaats van het aquarium komt het welzijn van de vissen ten goede.

SOCIALE EIGENSCHAPPEN
De visjes horen thuis in een school van minimaal zeven, anders zijn ze schuw en laten ze hun kleuren niet zien. Ten opzichte van andere aquariumbewoners stellen ze zich vredelievend op. Deze levendige visjes zijn

Hemigrammus erythrozonus

Hemigrammus hyanuary

snelle zwemmers en houden zich vooral in de middelste waterlagen op. Plaats ze niet bij rovers of onverdraagzame vissoorten.

TEMPERATUUR EN WATERSAMENSTELLING
24-27 °C. Deze soort stelt aan de watersamenstelling geen al te hoge eisen, al hebben de visjes een voorkeur voor zacht en enigszins zuur water.

VOEDSEL
De groene neon is een alleseter. Plantaardig voedsel, droogvoer en klein levend voer doen het bij de vissen goed. De soort kan zonder meer leven op een afwisselend menu van verschillende soorten droogvoer.

KWEEK
Wanneer u deze visjes wilt kweken, zult u een klein kweekaquarium moeten inrichten. Ochtendzon in het aquarium is ideaal. De zuurgraad hoort rond de 6 te liggen en het water moet zacht zijn (lager dan 8° DH). Een paar centimeter boven de bodem brengt u een legrooster aan, aangezien deze vrijleggende vissen eiervreters zijn. Breng de jonge visjes groot met fijn stofvoer.

Hemigrammus pulcher

Hemigrammus pulcher

FAMILIE
Characidae (karperzalmen)

ONDERFAMILIE
Tetragonopterinae

VINDPLAATS
Amazonegebied

GESLACHTSONDERSCHEID
De volwassen vrouwtjes zijn niet moeilijk te onderscheiden van de mannetjes; ze hebben duidelijk een rondere buiklijn.

LENGTE
Tot ongeveer 5,5 centimeter

HUISVESTING
Deze soort voelt zich thuis in een middelgroot of kleiner aquarium met vrije zwemruimte en wat randbeplanting. Een donkere bodembedekking en wat drijfgroen zijn ook wenselijk. Stroming mag, maar is niet noodzakelijk.

SOCIALE EIGENSCHAPPEN

Dit is een vriendelijk visje dat thuishoort in een schooltje van minimaal vijf, maar liever meer exemplaren. Het houdt zich vooral in de middelste waterlagen op en is vrij rustig tot gemiddeld actief.

TEMPERATUUR EN WATERSAMENSTELLING

22-26 °C. De soort stelt aan de watersamenstelling geen hoge eisen. Ideaal is middelhard water met een neutrale pH.

VOEDSEL

De *H. pulcher* is een alleseter. Het visje kan prima leven op een menu van uitsluitend droogvoer, mits dat afwisselend genoeg is (S. Vipan/O-nip). Evenwel eet de vis af en toe graag levend voer zoals tubifex en watervlooien.

KWEEK

De kweek van deze visjes is niet eenvoudig, mede doordat de vissen erg gevoelig zijn voor een teveel aan afvalstoffen in de kweekbak en het niet altijd 'klikt' tussen beide partners. Ook komt het voor dat een paringsbereid mannetje een vrouwtje dat nog niet zover is de dood injaagt.

Normaal stellen de dieren niet zo veel eisen aan het aquariumwater, maar tijdens de kweekperiode is deze samenstelling juist heel belangrijk. Dan hebben ze zeer zacht (2-4 °DH) en enigszins zuur (pH 6-6,5) water nodig, dus filteren over turf is een must. Zorg ervoor dat de bak schaduwrijk is en dat er geen direct zonlicht in schijnt. De temperatuur verhoogt u daarna geleidelijk tot ongeveer 27-28 °C.

Als de eitjes erg lang op zich laten wachten terwijl de omstandigheden ideaal zijn en de vissen in een optimale conditie verkeren, kunt u er van uitgaan dat het stel elkaar niet zo ligt.

Nadat de eitjes zijn afgezet, verwijdert u de ouderdieren omdat ze eiervreters zijn. Breng de jonge visjes groot met microwormpjes, eencelligen zoals pantoffeldiertjes en fijn stofvoer (S. Micron).

Hemigrammus rodwayi

FAMILIE
Characidae (karperzalmen)

ONDERFAMILIE
Tetragonopterinae

Hemigrammus rodwayi

VINDPLAATS
Guyana

GESLACHTSONDERSCHEID
De volwassen vrouwtjes zijn herkenbaar aan de dikkere buikpartij.

LENGTE
Tot ongeveer 5 centimeter

HUISVESTING
Deze visjes kunnen in zowel kleine als middelgrote aquaria worden gehouden, samen met vriendelijke vissoorten. Ze zijn ideale bewoners voor het gezelschapsaquarium. Zorg voor wat fijnbladige randbeplanting. De vis heeft geen behoefte aan schaduwrijke plaatsen in het aquarium, maar voelt zich desondanks wel beter wanneer de bodemgrond wat donker van tint is. Zijn kleuren vallen dan ook beter op.

SOCIALE EIGENSCHAPPEN
De visjes zijn erg vreedzaam en vriendelijk. Het is zonder meer noodzakelijk ze in een grotere school te houden. Plaats ze niet bij te drukke of zelfs onverdraagzame medebewoners, aangezien de kans dan groot is dat ze zich tussen de planten verschuilen en zich niet laten zien. Ze houden zich voornamelijk in de middelste waterlagen op en zijn gemiddeld actief.

TEMPERATUUR EN WATERSAMENSTELLING
23-27 °C. De visjes hebben zacht tot matig hard water nodig.

VOEDSEL
De soort eet graag droogvoer en klein levend voer.

Het kweken van deze visjes gaat ongeveer op dezelfde manier als bij andere *Hemigrammus*-soorten.

KWEEKVORMEN

Er zijn twee verschillende soorten *H. rodwayi's*: de gouden en de soorten die wat minder intens van kleur zijn, maar wel helderrode randen rond de ogen hebben. De afbeelding toont een goudgekleurde vis, waarbij de roodomrande ogen ontbreken.

Hepsetus odoe *'Afrika'*

FAMILIE
Hepsetidae

ONDERFAMILIE
Hepsetinae

VINDPLAATS
Afrika (onder meer in Senegal)

GESLACHTSONDERSCHEID
Onbekend

LENGTE
In de natuur worden deze rovers tot 80 centimeter lang, maar in het aquarium blijven ze veel kleiner.

HUISVESTING
Deze nogal roofzuchtige Afrikaanse vis kan als hij eenmaal volwassen is eigenlijk alleen nog maar in zeer grote aquaria worden ondergebracht; aquaria van 2 meter lang zijn soms nog te klein. De vis moet voldoende mogelijkheden hebben om te zwemmen en te jagen en kan dit niet in kleinere of smalle

Hepsetus odoe

Hepsetus odoe

aquaria. Het valt niet mee om in dergelijke aquaria decoratiemateriaal aan te brengen, omdat dit de vrije zwemruimte voor de vissen beperkt.

SOCIALE EIGENSCHAPPEN
Zoals de afbeelding laat zien, heeft de *H. odoe* tandjes en hij gebruikt ze ook. Het mag duidelijk zijn dat deze vissen rovers zijn die, als ze eenmaal wat groter geworden zijn niet meer met andere vissen samen gehouden kunnen worden. Onderling geven de vissen zelden aanleiding tot problemen. Jonge vissen kunnen zolang ze niet te groot zijn in aquaria samen met enkele (weerbare!) cichliden worden gehouden.

TEMPERATUUR EN WATERSAMENSTELLING
25-28 °C. Aan de watersamenstelling stelt de vis weinig eisen, maar het aquarium moet wel zuurstofrijk zijn, goed doorlucht worden en vooral worden vrijgehouden van afvalstoffen. Hevel vuil regelmatig van de bodem af.

VOEDSEL
Deze grote vis eet veel en alleen krachtig levend voer, stukjes vlees en vis en vlees van schelpdieren. Ook visjes, stukjes runderhart en mossel en regenwormen voldoen prima.

KWEEK
Tot dusverre is deze vis nog niet nagekweekt in aquaria.

BIJZONDERHEDEN
Vanwege de grootte van de vis en het feit dat hij een gulzige eter is die erg veel krachtig levend voedsel nodig heeft, is dit een vissoort waarvan het bezit voor weinigen is weggelegd. Krijgt de vis niet de juiste en voldoen-

de voeding of is er niet genoeg ruimte in het aquarium, dan leeft hij niet lang.

De vis op de dia is een nog jong exemplaar; als ze groter zijn, verdwijnen de contrasterende vlekjes en kleurt het dier effen goudzilver op.

Hoplosternum pectorale

FAMILIE
Callichthyidae (pantsermeervallen)

ONDERFAMILIE
Callichtyinae

VINDPLAATS
Zuid-Amerika

GESLACHTSONDERSCHEID
Bij jonge dieren is het verschil tussen de geslachten niet altijd duidelijk te zien, maar bij volwassen dieren vallen de mannetjes op omdat ze grotere borstvinnen hebben.

LENGTE
Tot ongeveer 13 centimeter

HUISVESTING
Deze pantsermeerval hoort thuis in een middelgroot tot groot aquarium waarin voldoende schuilmogelijkheden zijn in de vorm van kienhout, steenpartijen en een dichte beplanting. Deze vissen zoeken hun voedsel voornamelijk in de bodem en om ervoor te zorgen dat ze zichzelf niet beschadigen, kunt u een bepaalde plaats in het aquarium speciaal inrichten. Hiervoor is een dikke laag gewassen zand bijzonder geschikt, die bij voorkeur onder wat overgroeiende planten is gesitueerd.

Hoplosternum pectorale

SOCIALE EIGENSCHAPPEN
Deze vissen gaan een beetje hun eigen gang en laten andere aquariumbewoners meestal met rust. De mannetjes kunnen alleen in de paartijd wat vervelend zijn. De soort doet het zowel als solitair als in een klein groepje (drie tot vier exemplaren) goed, mits er maar voldoende ruimte voor ieder dier is, aangezien ze een territorium vormen waarin buiten de paartijd geen soortgenoten worden toegelaten.

TEMPERATUUR EN WATERSAMENSTELLING
20-26 °C. Deze pantsermeerval is weinig gevoelig voor zowel de pH als de hardheid van het water.

VOEDSEL
Omdat de vis zich voornamelijk op de bodem ophoudt, eet hij de resten die andere aquariumbewoners doorlaten. Daarnaast kunt u de vissen een plezier doen door ze zo nu en dan een voedertablet voor bodembewoners te geven (S. Viformo).

KWEEK
Een kweekstel kan worden overgebracht in een aparte, wat grotere kweekbak waarvan het waterpeil vrij laag moet zijn. De ideaalste omstandigheden om de vissen aan het paaien te krijgen, zijn zeer zacht tot zacht water (1-6° DH) en een temperatuur die geleidelijk omhoog gebracht wordt tot 28 °C. Het vrouwtje zet de eitjes af in een schuimnest onder overhangende, grote bladeren, waar ze worden verzorgd door het mannetje.

Vang het vrouwtje direct na het afzetten uit, aangezien het mannetje haar anders blijft najagen. Zodra de jonge visjes gaan zwemmen, kan ook het mannetje beter worden verwijderd.

Hoplosternum thoracatum

FAMILIE
Callichthydae (pantsermeervallen)

ONDERFAMILIE
Callichthynae

VINDPLAATS
Zuid-Amerika (Peru, Brazilië, Venezuela, Colombia)

GESLACHTSONDERSCHEID
De mannetjes zijn alleen tijdens de paartijd

Hoplosternum thoracatum

te onderscheiden van de vrouwtjes. De mannetjes hebben dan een enigszins parelmoerkleurige buik.

LENGTE
Tot ongeveer 18 centimeter

HUISVESTING
Deze vissen horen thuis in middelgrote tot grote aquaria (70-100 centimeter breed) met een lage waterstand en wat schuilmogelijkheden zoals stenen, plantengroepen en kienhout. Wanneer het aquarium niet te fel verlicht wordt, voelen deze vissen zich beter op hun gemak. Vanwege hun woelgedrag, waarbij ze overigens de planten ontzien, is een (plaatselijk) zachte bodem wenselijk (zie ook *Hoplosternum pectorale*).

SOCIALE EIGENSCHAPPEN
De vissen kunnen het zowel onderling als met andere aquariumbewoners goed vinden. Alleen in de paartijd zijn sommige vissen (met name de mannelijke dieren) wat onverdraagzaam. U kunt ze zowel als eenling als in een klein groepje houden.

TEMPERATUUR EN WATERSAMENSTELLING
20-26 °C. De watersamenstelling is niet van belang.

VOEDSEL
Deze typische pantsermeerval ruimt het voer dat de andere aquariumbewoners niet opeten netjes op, maar ook voedertabletten voor bodembewoners eet hij graag.

KWEEK
De kweek is vergelijkbaar met die van de *Hoplosternum pectorale*.

BIJZONDERHEDEN
Deze vis is bijzonder sterk en is dan ook een zeer geschikte beginnersvis.

Hypancistrus zebra

FAMILIE
Loricariidae (harnasmeervallen)

ONDERFAMILIE
Ancistrinae

VINDPLAATS
Brazilië

GESLACHTSONDERSCHEID
De geslachten zijn vrijwel niet van elkaar te onderscheiden.

LENGTE
Tot ongeveer 8 centimeter

HUISVESTING
Deze zeer spectaculair getekende meerval kan prima in kleinere aquaria worden gehouden. Schuilmogelijkheden moeten echter altijd aanwezig zijn. Hiervoor kunt u bijvoorbeeld grillig gevormd kienhout gebruiken. De dieren waarderen een dichte beplanting.
Houdt u meerdere exemplaren bij elkaar, dan moet het aquarium ruimer zijn (ongeveer 80 centimeter breed).

SOCIALE EIGENSCHAPPEN
Deze visjes hebben territoriale neigingen en kunnen het daarom in een klein aquarium zonder schuilmogelijkheden onderling niet zo goed vinden.

Hypancistrus zebra

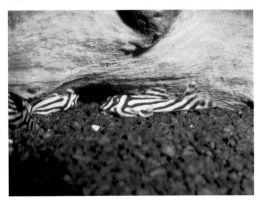

Ze worden tegen de schemering actiever en laten andere vissen met rust. De soort houdt zich in de onderste waterlagen, en dan vooral dicht in de buurt van schuilgelegenheden op.

Omdat ze wat schuw zijn kunt u ze beter niet samenhouden met andere bodembewoners; ze laten zich door hen gemakkelijk verdringen en komen dan tijdens het voeren niet aan bod.

TEMPERATUUR EN WATERSAMENSTELLING
26-29 °C. Middelhard water en een neutrale zuurgraad heeft de voorkeur.

VOEDSEL
De dieren zijn alleseters. Ze houden zich voornamelijk op de bodem op, waar ze voedselresten opeten. Daarnaast is het goed om ze iedere dag, tegen de schemering, voedertabletten voor bodembewoners te geven.

KWEEK
Over de voortplanting van deze recent ontdekte visjes is tot dusverre nog weinig bekend. Er zijn inmiddels wel enkele toevalskweken gemeld.

Hyphessobrycon bentosi bentosi

ORNATUS

FAMILIE
Characidae (karperzalmen)

ONDERFAMILIE
Tetragonopterinae
VINDPLAATS
Brazilië en Guyana

GESLACHTSONDERSCHEID
De mannelijke visjes hebben een sikkelvormige rugvin, terwijl die van de kleinere vrouwtjes meer afgerond is.

LENGTE
Tot ongeveer 4,5 centimeter

HUISVESTING
Zeer geschikt voor beplante gezelschapsaquaria van gemiddelde afmeting. Ondanks dat de vissen geen fervente zwemmers zijn, is enige vrije zwemruimte toch wel wenselijk. Op een lichte ondergrond (lichtgekleurd grind of zand) komen de kleuren van de vissen meestal niet zo goed tot hun recht; een donkere bodemgrond is daarom beter.

Hyphessobrycon bentosi bentosi

SOCIALE EIGENSCHAPPEN
De ornatus is een vreedzame en vrij rustige scholenvis. Het beste houdt u hem in een school van minimaal zeven exemplaren. Plaats deze dieren nooit bij te drukke of agressievere vissoorten, aangezien ze zich dan terugtrekken in het groen en zich daar verscholen houden. Ze houden zich voornamelijk in de middelste waterlagen op.

TEMPERATUUR EN WATERSAMENSTELLING
23-27 °C. Dit visje stelt weinig eisen aan de watersamenstelling.

VOEDSEL
De ornatus is een alleseter; droogvoer en klein levend voer worden goed opgenomen.

KWEEK
In het gezelschapsaquarium zullen deze vrijleggers zelden tot paaien komen en als dat toch gebeurt, zullen de eieren vrijwel zeker door zowel de ouderdieren als de overige aquariumbewoners worden opgegeten.

Voor het kweken kunt u de vissen dan ook beter overbrengen in een aparte kweekbak met veel fijnbladig groen. De watersamenstelling is belangrijk. De vissen hebben tijdens de kweekperiode behoefte aan zacht (5-9°DH) en zwak zuur water (pH 6,5). Vang de ouderdieren na het afzetten uit. De jongen kunnen vervolgens worden grootgebracht met fijn stofvoer.

BIJZONDERHEDEN
De ornatus is erg sterk en dat maakt hem een prima vis voor beginnende aquarianen. De afbeelding toont een nog niet volgroeid visje.

Hyphessobrycon bentosi rosaceus

ROZE TETRA

FAMILIE
Characidae (karperzalmen)

ONDERFAMILIE
Tetragonopterinae

VINDPLAATS
Guyana en Paraquay

GESLACHTSONDERSCHEID
De mannetjes hebben, evenals de mannelijke ornatus, een lange, sikkelvormige rugvin.

LENGTE
Tot ongeveer 4,5 centimeter

HUISVESTING
Deze visjes zijn een uitstekende keuze wanneer u naar wat rustig bewegende scholenvisjes voor uw gezelschapsaquarium op zoek
bent. Voldoende beplanting en rustige medebewoners zijn echter essentieel. In felverlichte aquaria voelt deze vis zich niet zo op zijn
gemak. Ook al te sterke stroming in het water

Hyphessobrycon bentosi rosaceus

is niet gewenst. In aquaria met een lichtere
bodembedekking zullen de vissen vrij flets
van kleur zijn. Een donkere bodembedekking
en wat drijfgroen (dat het licht filtert) zal de
kleuren van de dieren beter doen uitkomen.

SOCIALE EIGENSCHAPPEN
Onder elkaar, maar ook ten opzichte van
andere vissen, zijn deze scholenvisjes erg
tolerant. Houd de dieren in een schooltje van
minimaal vijf exemplaren; eenlingen en kleinere schooltjes verkommeren. Omdat de die-

Hyphessobrycon bentosi rosaceus

ren rustig en erg zachtaardig zijn, horen drukke, grote en agressieve vissen niet in hetzelfde aquarium thuis. Ze zijn vrij rustig en houden zich bij voorkeur in de middelste waterregionen op.

TEMPERATUUR EN WATERSAMENSTELLING
23-27 °C. De visjes stellen erg weinig eisen aan de watersamenstelling.

VOEDSEL
De soort kan op alleen (afwisselend) droog-voer leven, maar waardeert af en toe levend voer.

KWEEK
Vergelijkbaar met die van de ornatus.

BIJZONDERHEDEN
Deze soort lijkt sterk op de ornatus en wordt er vaak mee verward. Ook dit visje, dat wat kleiner is dan de ornatus, is een prima beginnersvis vanwege zijn taaiheid.

Hyphessobrycon callistus
(syn. Hemigrammus melanopterus*)*

RODE MINOR

FAMILIE
Characidae (karperzalmen)

ONDERFAMILIE
Tetragonopterinae

VINDPLAATS
Zuid-Amerika, vooral in Paraguay

GESLACHTSONDERSCHEID
De vrouwtjes hebben een gevuldere buikpar-tij en een rondere buiklijn. Meestal zijn ze ook wat bleker van kleur dan de mannetjes.

LENGTE
Tot ongeveer 4,5 centimeter

HUISVESTING
De rode minor is een bekende en populaire scholenvis die het erg goed doet in kleinere of middelgrote gezelschapsaquaria. Om de visjes in hun behoeften tegemoet te komen, zorgt u vooral dat het aquarium flink beplant is met fijnbladige plantensoorten en dat er daarnaast voldoende ruimte is om te zwem-men. Om de kleuren voordelig uit te laten komen, is een donkere bodembedekking

Hyphessobrycon callistus

nodig, in combinatie met wat drijfgroen. In een schaars beplant, felverlicht aquarium met een lichte bodem zal de rode minor zijn naam nauwelijks eer aandoen.

SOCIALE EIGENSCHAPPEN
Deze visjes voelen zich het beste wanneer ze in een grotere school worden gehouden. Normaal gesproken zijn de dieren erg vrien-delijk, maar oudere en eenzame dieren kun-nen soms een onverdraagzame aard ontwik-kelen richting andere vissoorten. De vissen zijn gemiddeld actief en houden zich voor-namelijk in de middelste waterlagen op.

TEMPERATUUR EN WATERSAMENSTELLING
23-27 °C. De watersamenstelling is niet zo belangrijk.

VOEDSEL
De rode minor is een alleseter; hij eet zowel droogvoer als levend voer.

KWEEK
De visjes voelen zich in vrijwel iedere water-samenstelling op hun gemak, maar wanneer u wilt proberen deze visjes tot voortplanting te brengen, is het beslist noodzakelijk een goed volwassen kweekstel, dat in een uitste-kende conditie verkeert over te brengen in een aparte kweekbak. In de kweekbak is het water redelijk zacht (4-11° DH) en zwak zuur (pH rond 6). Filtering over turf is wen-selijk. De rode minor is een vrijlegger die zijn eigen eieren en ook de uitgekomen jonge vis-jes opeet, dus vang de ouderdieren uit nadat de eitjes zijn afgezet.

Hyphessobrycon erythrostigma
(syn. H. rubrostigma)

BLOEDVLEKTETRA OF BLOEDVLEKZALM

FAMILIE
Characidae (karperzalmen)

ONDERFAMILIE
Tetragonopterinae

VINDPLAATS
Peru

GESLACHTSONDERSCHEID
De volwassen mannetjes hebben een sikkel-vormige en veel grotere rugvin dan de vrouw-tjes.

LENGTE
Tot ongeveer 8 centimeter

HUISVESTING
Vanwege de grootte die deze vis kan berei-ken, hoort de bloedvlektetra thuis in een ruim gezelschapsaquarium. Een lengte van 80 centimeter is minimaal. Zorg voor vol-doende randbeplanting, open zwemruimte, een donkere bodem en wellicht wat drijf-groen.

SOCIALE EIGENSCHAPPEN
Deze soort hoort in een grotere school. Een-lingen of kleinere schooltjes (drie stuks) kwijnen soms weg of worden agressief en voelen zich in ieder geval niet op hun gemak. De soort is beslist goedaardig, niet alleen onder elkaar, maar ook ten opzichte van andere vissen. De vissen hebben een gemid-deld temperament en houden zich vooral op in de middelste waterlaag.

Hyphessobrycon erythrostigma ♂

Hyphessobrycon erythrostigma ♀

TEMPERATUUR EN WATERSAMENSTELLING
23-27 °C, DH 4-10°, pH 6-6,5

VOEDSEL
Deze vis is een alleseter. Naast droogvoer eet hij graag wat klein levend voer.

KWEEK
Deze visjes zijn niet eenvoudig te kweken. Veel hangt af van een optimale watersamen-stelling (zeer zacht water, 1-3° DH) en een geschikt kweekstel. Overige zaken zijn ver-gelijkbaar met andere, verwante soorten.

BIJZONDERHEDEN
De bloedvlekzalm lijkt sterk op zowel de orantus als de *H. bentosi rosaceus*; de visjes zijn dan ook aan elkaar verwant. De andere soorten zijn echter eenvoudiger tevreden te stellen wat betreft de watersamenstelling.

Hyphessobrycon flammeus

RODE RIO

FAMILIE
Characidae (karperzalmen)

ONDERFAMILIE
Tetragonopterinae

VINDPLAATS
Omgeving van Rio de Janeiro

GESLACHTSONDERSCHEID
De vrouwtjes zijn wat groter en wat minder intensief gekleurd (met name op de vinnen) dan de mannetjes.

LENGTE
Tot ongeveer 4,5 centimeter

Hyphessobrycon flammeus

Hyphessobrycon flammeus

HUISVESTING
De rode rio is zeer geschikt voor het gezelschapsaquarium, dat niet groot hoeft te zijn. Wel vragen deze vissen om genoeg open zwemruimte en een dichte randbeplanting. Een donkere bodem en gedempt licht laten de kleuren van de vissen veel beter tot hun recht komen.

SOCIALE EIGENSCHAPPEN
Deze levendige en populaire scholenvisjes behoren tot de meest vreedzame aquariumvissen die we kennen. Voorwaarde is wel dat de vissen in een schooltje van minimaal vijf stuks worden gehouden. Solitair gehouden dieren of visjes in een te klein schooltje kunnen gedragsafwijkingen ontwikkelen zoals agressie naar andere vissen toe. Wetende dat deze vissen in de natuur enorm grote scholen vormen en zich alleen dan veilig en goed voelen, is het niet eerlijk om ze in het aquarium met twee of drie visjes samen te houden. Rode rio's hebben een gemiddeld temperament en zwemmen vooral in de middelste waterlagen.

TEMPERATUUR EN WATERSAMENSTELLING
22-25 °C De watersamenstelling is van ondergeschikt belang.

VOEDSEL
De rode rio eet bijna alles. Hij eet graag uiteenlopende soorten droogvoer, maar hij lust daarnaast ook wel eens wat klein levend voer.

KWEEK
De vis is vrij eenvoudig tot voortplanting te brengen. Een goed passend en volwassen kweekstel kan worden overgebracht in en aparte kweekbak met veel fijnbladig groen. Enigszins zacht water (4-8° DH) en filteren over turf strekt tot de aanbeveling. De vissen zijn vrijleggers en eten hun eigen eitjes op; daarom is het noodzakelijk de ouderdieren na het afzetten uit te vangen.

BIJZONDERHEDEN
Dit visje is zeer geschikt voor beginnende aquarianen, omdat het met weinig tevreden is en in de meest uiteenlopende watersamenstellingen gezond blijft. Let bij de aankoop vooral op de kleur; er zijn nogal wat rode rio's die nog amper rood pigment hebben.

Hyphessobrycon herbertaxelrodi

ZWARTE NEON

FAMILIE
Characidae (karperzalmen)

ONDERFAMILIE
Tetragonopterinae

VINDPLAATS
Brazilië (Rio Taquari)

GESLACHTSONDERSCHEID
De vrouwtjes hebben een vollere buikpartij en zijn bovendien wat groter dan de mannetjes.

LENGTE
Tot ongeveer 4,5 centimeter

HUISVESTING
Dit visje kan prima in een middelgroot of klein gezelschapsaquarium worden ondergebracht. De vissen zwemmen graag en moeten hier de kans toe krijgen. Ook randbeplanting is essentieel. Aangezien ze niet zo dol zijn

op felle verlichting is een diffuse verlichting, gecreëerd door middel van drijfgroen of langbladige planten (vallisneria) wenselijk. Deze verlichting, samen met een donkere bodembedekking, laat de levendige kleurschakering van de visjes veel beter tot haar recht komen.

SOCIALE EIGENSCHAPPEN
De zwarte neon is een zachtaardig visje dat zich de kaas van het brood laat eten door brutalere vissen. Houd deze visjes dan ook alleen samen met vissoorten die even vriendelijk zijn. Daarnaast is het noodzakelijk dat de visjes in een school worden gehouden. Een grotere school, bijvoorbeeld met twaalf of meer exemplaren, is veel mooier om te zien dan een kleiner schooltje. De vissen zijn vrij actief en houden zich voornamelijk in de middelste waterregionen op.

TEMPERATUUR EN WATERSAMENSTELLING
23-26 °C. De visjes doen het redelijk goed in uiteenlopende watersamenstellingen, maar ideaal is zacht (4-8° DH) en zwak zuur (pH 6-6,5) water. Filtering over turf strekt tot aanbeveling.

VOEDSEL
De zwarte neon eet zowel droogvoer als klein levend voer met smaak.

KWEEK
De kweek van deze leuke visjes is erg moeilijk. Zwarte neons planten zich het beste in schoolverband voort. De toekomstige ouderdieren horen in een optimale conditie te zijn en moeten vooral goed en afwisselend gevoerd zijn, ook met klein levend voer. Drie of vier paartjes kunnen in een met fijnbladig groen beplante kweekbak worden overgebracht. Een juiste watersamenstelling is erg belangrijk. De beste resultaten bereikt u met

zeer zacht (0-4°) en zuur (pH 5,5-6) water. De visjes zijn vrijleggers en eten hun eigen eitjes op, dus vang ze na het afzetten uit. De jonge visjes groeien vrij langzaam en hebben gedurende lange tijd microwormpjes en fijn stofvoer nodig.

Hyphessobrycon loretoensis

FAMILIE
Characidae (karperzalmen)

ONDERFAMILIE
Tetragonopterinae

VINDPLAATS
Westelijk deel van het Amazonegebied

GESLACHTSONDERSCHEID
Het mannetje onderscheidt zich van het vrouwtje door een slankere bouw.

LENGTE
Tot ongeveer 4 centimeter

HUISVESTING
Deze vis is geschikt voor kleinere of middelgrote gezelschapsaquaria met voldoende randbeplanting en open zwemruimte.

SOCIALE EIGENSCHAPPEN
In een grotere school komt dit levendige visje beter tot zijn recht. Het stelt zich zowel ten opzichte van soortgenoten als de andere aquariumbewoners vriendelijk op. De vis houdt zich meestal in de middelste waterlagen op.

Hyphessobrycon loretoensis

22-26 °C. De soort stelt weinig eisen aan de watersamenstelling.

VOEDSEL

Dit visje eet graag droogvoer (vlokken), maar geef het zo nu en dan ook levend voer, zoals tubifex en watervlooien.

KWEEK

Over de voortplanting is tot dusverre weinig bekend.

Hyphessobrycon pulchripinnis

CITROENTETRA

FAMILIE
Charachidae (karperzalmen)

ONDERFAMILIE
Tetragonopterinae

VINDPLAATS
Amazonegebied

GESLACHTSONDERSCHEID
Het verschil tussen de geslachten is niet altijd gemakkelijk vast te stellen. De mannetjes zijn doorgaans wat kleiner dan de vrouwtjes en de zwarte zoom langs de aarsvin is intensiever gekleurd.

LENGTE
Tot ongeveer 5 centimeter

HUISVESTING
In gezelschapsaquaria met veel open, vrije zwemruimte en een dichte randbeplanting voelt de citroentetra zich thuis. In een aqua-

Hyphessobrycon pulchripinnis

Hyphessobrycon pulchripinnis

rium met wit of licht grind zijn de vissen erg saai en kleurloos om te zien; daarom kunt u ze beter plaatsen in aquaria met een donkere bodembedekking en wat drijfgroen (watervorkje). Dit draagt, samen met zacht water (4-8° DH), bij aan een mooiere, diepe kleur.

SOCIALE EIGENSCHAPPEN
De citroentetra is een vreedzaam en goedaardig visje dat in een grotere school het beste tot zijn recht komt. Als eenling gehouden citroentetra's kwijnen langzaam weg. Aangezien de soort erg vriendelijk en relatief rustig is, kan hij beter niet worden gehouden met onhebbelijke medebewoners. Citroentetra's zijn vrij actief en bewonen de middelste waterlagen.

TEMPERATUUR EN WATERSAMENSTELLING
22-26 °C. De vissen doen het goed in uiteenlopende watersamenstellingen. Zacht, over turf gefilterd water is echter voor het welzijn en de kleur van deze vissen het beste.

VOEDSEL
De citroentetra is een gemakkelijke kostganger. De vis eet zowel droge vlokken en granules als klein levend voer, zoals watervlooien en tubifex.

KWEEK
In een aparte kweekbak met fijnbladige planten, veel drijfgroen en zacht water (4-8° DH) willen de visjes zich nog wel eens voortplanten. De ouderdieren eten hun eigen legsel op en moeten daarom direct na het afzetten worden verwijderd. De jonge dieren kunnen worden grootgebracht met fijn stofvoer (S. Micron).

Hyphessobrycon werneri

Hyphessobrycon werneri

FAMILIE
Characidae (karperzalmen)

ONDERFAMILIE
Tetragonopterinae

VINDPLAATS
Brazilië

GESLACHTSONDERSCHEID
De mannetjes vallen op door hun grotere, sikkelvormige rugvin. Bovendien zijn ze vaak wat slanker gebouwd en intenser van kleur dan de vrouwtjes.

LENGTE
Tot 4,5 centimeter

HUISVESTING
Zoals andere *Hyphessobrycon*-soorten kan ook deze soort heel goed in een middelgroot gezelschapsaquarium worden gehouden. De vissen waarderen randbeplanting, niet al te veel stroming, een enigszins diffuse verlichting bij een donkere bodemgrond en open zwemruimte.

SOCIALE EIGENSCHAPPEN
Deze vis is goedaardig en laat andere aquariumbewoners met rust. Hij behoort echter altijd in een schooltje te worden gehouden. De vissen houden zich met name in de middelste waterlagen op.

TEMPERATUUR EN WATERSAMENSTELLING
23-26 °C. De watersamenstelling is minder van belang. Zacht tot middelhard water zou ideaal zijn.

VOEDSEL
Dit scholenvisje is een alleseter die zowel verschillende soorten droogvoer als levend voer goed en graag eet.

KWEEK
Vergelijkbaar met andere *Hyphessobrycon*-soorten.

Hyphessobrycon werneri

Inpaichthys kerri

FAMILIE
Characidae (karperzalmen)

ONDERFAMILIE
Tetragonopterinae

VINDPLAATS
Amazonegebied

GESLACHTSONDERSCHEID
Het mannetje onderscheidt zich van het vrouwtje doordat hij kleurrijker en groter is.

LENGTE
Tot ongeveer 4,5 centimeter

HUISVESTING
In een gezelschapsaquarium dat zeker niet groot hoeft te zijn, voelt deze fervente zwemmer zich uitstekend thuis. Zorg voor een donkere bodem en niet te felle verlichting om de kleuren van dit visje beter tot hun recht te laten komen.

SOCIALE EIGENSCHAPPEN
De *I. kerri* is een vriendelijk en probleemloos visje dat andere aquariumbewoners niet lastig zal vallen. Dit echte scholenvisje zal zich pas geheel in zijn element voelen in het gezelschap van meerdere soortgenoten. Een schooltje moet altijd uit minimaal vijf stuks bestaan.

TEMPERATUUR EN WATERSAMENSTELLING
24-28 °C. Filteren over turf verlevendigt de kleuren van de vissen.

VOEDSEL
Dit kleine scholenvisje is een alleseter. Zowel droogvoer als klein levend voer doen het goed bij deze vis.

KWEEK
Niet erg eenvoudig. Een goed kweekstel kan worden overgebracht in een aparte kweekbak waar voldoende fijnbladige planten aanwezig zijn. Zorg ervoor dat het aquarium op een donkere plaats staat en beslist niet fel verlicht is. Om de vissen tot actie te manen, kunt u de temperatuur geleidelijk verhogen met 2 °C. Aangezien deze vissen vrijleggers zijn en hun eigen legsel vrolijk opeten, moeten de ouderdieren snel na het afzetten worden uitgevangen.

De fijnbladige begroeiing dient als 'schuilplaats' voor de eitjes; in een zo goed als leeg aquarium houdt u geen enkel eitje over.

Inpaichthys kerri

Iriatherina werneri

FAMILIE
Atheriniidae

VINDPLAATS
Australië

Iriatherina werneri ♂

Iriatherinà werneri ♀

GESLACHTSONDERSCHEID
Het verschil tussen de geslachten is niet alleen aan de grootte te zien –mannetjes zijn groter–, maar ook te aan de vinstralen, die bij het mannetje veel langer zijn. Bovendien zijn de mannetjes tijdens de paartijd kleurrijker dan de vrouwtjes.

LENGTE
Tot ongeveer 6 centimeter

HUISVESTING
Deze vissen doen het goed in middelgrote gezelschapsaquaria met vreedzame medebewoners (met name oppervlakte- en bodembewoners), mits de waterkwaliteit optimaal is.

SOCIALE EIGENSCHAPPEN
Deze nogal actieve visjes zijn uiterst vreedzaam, zowel ten opzichte van elkaar als in het gezelschap van andere vissen. Vanwege de lange vinstralen bij de mannetjes vormen roofzuchtige vissen of vissen die graag aan vinnen knabbelen, zoals de sumatraan, als gezelschap geen goede keuze.

Deze vissen zwemmen vooral in de middelste waterlagen.

TEMPERATUUR EN WATERSAMENSTELLING
23-27 °C. Deze soort geeft de voorkeur aan hard water (12-20° DH) en een neutrale pH-waarde.

VOEDSEL
De *I. werneri* eet zowel droog voer als levend voer.

KWEEK
De kweek is absoluut voorbehouden aan specialisten.

Julidochromis ornatus

FAMILIE
Cichlidae (cichliden)

VINDPLAATS
Langs de rotsachtige oevers van het Tanganjikameer in Afrika

GESLACHTSONDERSCHEID
Het verschil tussen beide geslachten is erg moeilijk te onderscheiden. Volwassen vrouwtjes zijn echter vaak wat groter en voller dan de mannetjes.

LENGTE
Tot ongeveer 10 centimeter

HUISVESTING
Deze vissoort doet het goed in kleinere aquaria, met rotsen en stenen als decoratie, om de vissen de mogelijkheid te bieden zich te verschuilen. De soort wil wel eens aan planten 'plukken' en daarom is het beter of geen planten, of alleen heel sterke planten te gebruiken.

Het zou ideaal zijn als het aquarium zo nu en dan rechtstreeks door zonlicht wordt beschenen; daardoor vormt zich alg, dat de vissen graag lusten.

SOCIALE EIGENSCHAPPEN
Deze visjes kunnen vrij onverdraagzaam zijn naar andere aquariumbewoners toe. Als u ze als stel houdt, komt het echter zelden tot

Julidochromis ornatus

ongeregeldheden. Uiteraard hoort een territoriumvormend en enigszins agressief visje niet thuis in een aquarium met minder weerbare vissoorten; houd hier rekening mee als u deze vis wilt aanschaffen. Als u een ruim aquarium hebt, kunt u de *J. ornatus* samen houden met enkele andere kleinere cichliden uit het Tanganjikameer.

TEMPERATUUR EN WATERSAMENSTELLING
21-24 °C, 12-20° DH, pH 8-9

VOEDSEL
Deze Afrikaanse cichlidensoort is zeker geen moeilijke kostganger. Cichlidensticks, geperste voedertabletten (S. Premium) en algen zijn een goede basis, maar de vissen willen daarnaast zo nu en dan ook graag wat levend voer, zoals kleine visjes en muggenlarven. Ook houden ze van fijne stukjes runderhart.

KWEEK
Onder de juiste omstandigheden gaan de vissen vrij snel over tot voortplanten. De eieren en jonge visjes worden normaal gesproken niet verzorgd, maar ook niet naar het leven gestaan.

Kryptopterus bicirrhis

INDISCHE GLASMEERVAL

FAMILIE
Siluridae (echte meervallen)

ONDERFAMILIE
Silurinae

VINDPLAATS
Indonesië, Thailand en Maleisië

GESLACHTSONDERSCHEID
Onbekend

LENGTE
De Indische glasmeerval wordt in zeer grote aquaria en in de vrije natuur wel 15 centimeter lang, maar in een doorsnee aquarium wordt de vis doorgaans niet veel groter dan 10 centimeter.

HUISVESTING
In middelgrote tot grote aquaria met voldoende randbeplanting, kienhout ter decoratie en wat rustige stroming voelen deze vissen zich opperbest. Ze 'staan' vaak in

Kryptopterus bicirrhis

schoolverband op een overgroeide plek in het aquarium, met hun kop allemaal dezelfde kant uit. Creëer zo'n beschutting met drijfplanten of grote grofbladige planten.

Kryptopterus bicirrhis

SOCIALE EIGENSCHAPPEN

De Indische glaswels, met zijn grote decoratieve waarde, hoort thuis in een school van minimaal vijf stuks, maar liever nog wat meer.

De vissen zijn overwegend rustig en daarom kunt u ze maar beter niet plaatsen bij al te brutale of zelfs agressieve vissoorten. Indische glaswelzen zijn overwegend rustige vissen die tegen de schemering meestal wat actiever worden. Ze hebben een voorkeur voor de middelste waterlagen.

TEMPERATUUR EN WATERSAMENSTELLING

23-26 °C. Wat betreft de watersamenstelling zijn deze vissen snel tevreden.

VOEDSEL

Deze vissen zijn gemakkelijke kostgangers. Ze eten zowel klein levend voer als vlokkenvoer zonder problemen. Ze lusten erg graag levende watervlooien.

KWEEK

Over de voortplanting van deze vissen is tot dusverre weinig bekend.

Ladigesia roloffi

FAMILIE
Alestidae (Afrikaanse karperzalmen)

ONDERFAMILIE
Alestinae

VINDPLAATS
Liberia en Sierra Leone

GESLACHTSONDERSCHEID
De mannetjes zijn herkenbaar aan de langere vinnen.

LENGTE
Tot ongeveer 4 centimeter

HUISVESTING
Deze vreedzame scholenvisjes kunnen in een klein tot middelgroot aquarium worden gehouden, dat beslist op een rustige plaats moet staan. Omdat de soort wat schuw is, zal een donkere bodemgrond, veel randbeplanting en drijfgroen helpen om hen op hun gemak te stellen. Bovendien komen bij een dergelijke inrichting de kleuren van de visjes beter tot hun recht.

Een dekruit is noodzakelijk, omdat de visjes nogal eens geneigd zijn om boven het water uit te springen.

SOCIALE EIGENSCHAPPEN
Deze visjes laten zich gemakkelijk verdringen en kunnen daarom maar beter niet met al te drukke of agressieve vissoorten in een-

zelfde aquarium worden ondergebracht. Houd ze in een flinke school van minimaal zeven, maar liefst met nog meer exemplaren. De dieren houden zich bij voorkeur in de middelste en bovenste waterlagen op.

TEMPERATUUR EN WATERSAMENSTELLING
23-26 °C. De visjes doen het redelijk goed in verschillende watersamenstellingen, maar zacht en enigszins zuur water heeft de voorkeur.

VOEDSEL
Deze soort eet zowel droogvoer als klein levend voer zonder problemen.

KWEEK
De kweek is niet eenvoudig. Belangrijk is dat de kweekbak op een zeer rustige plaats staat waar de visjes niet opgeschrikt worden. Hiertoe kunt u bijvoorbeeld drie zijden van het kweekaquarium afplakken met zwart papier. Om de dieren in de juiste gemoedstoestand te brengen, kunt u wat turf als bodembedekking gebruiken en het wateroppervlak voor tweederde met drijfplanten bedekken. Het water moet erg zacht zijn (2-3° DH) en beslist glashelder.

Ladigesia roloffi

Lamprologus *spec. 'Daffodil'*

FAMILIE
Cichlidae (cichliden)

VINDPLAATS
Tanganjikameer in Afrika

De mannetjes vallen op door hun langere vinstralen.

LENGTE
Tot ongeveer 8 centimeter

HUISVESTING
In zowel kleinere als grotere aquaria doen deze vreedzame cichliden het goed. Wat schaduwplekken, enige dichte beplanting en schuilmogelijkheden zijn wenselijk, omdat deze rustige dieren zich graag terugtrekken. De vissen houden van wat stroming in het water.

SOCIALE EIGENSCHAPPEN
Deze interessante en mooie cichlide kan vrijwel probleemloos met andere vissoorten in een gezelschapsaquarium samen worden gehouden, mits ze niet te klein zijn. De agressie die andere cichliden vaak eigen is, wordt zelden bij deze vissoort gesignaleerd. De dieren worden meestal als paartje gehouden, maar ook meerdere exemplaren in hetzelfde aquarium geven onderling geen problemen. De vissen hebben een gemiddeld temperament en houden zich in de onderste en middelste waterlagen op.

TEMPERATUUR EN WATERSAMENSTELLING
22-26 °C. De vissen houden van hard water (15-25° DH).

VOEDSEL
Deze vissen zijn geen moeilijke kostgangers. Ze eten erg graag levend voer, maar ook cichlidensticks worden goed opgenomen en kunnen als basis dienen.

KWEEK
De kweek van deze visjes is niet zo moeilijk. Voorwaarde is dat ze niet worden gestoord door andere vissen. Natuurlijk hoort de watersamenstelling optimaal te zijn. Leg een bloempot zo in het aquarium dat iets meer dan de helft ervan schuin boven de bodemgrond uitkomt. Situeer de bloempot zo dat deze op een beschutte, schaduwrijke plaats ligt, het liefste geflankeerd door wat kienhout en bijvoorbeeld onder overhangende waterplanten. De eitjes worden in deze pot afgezet.

KWEEKVORMEN
De 'Daffodil' is naar alle waarschijnlijkheid een natuurlijke kleurvariant van de bekende Prinses van Burundi (*Lamprologus brichardi*), die veel bleker van kleur is.

Lamprologus occelatus

FAMILIE
Cichlidae (cichliden)

VINDPLAATS
Op de bodem van het Tanganjikameer in Afrika

GESLACHTSONDERSCHEID
Eenmaal volwassen zijn de vrouwtjes een paar centimeter kleiner dan de mannetjes.

LENGTE
Tot 6 centimeter (mannetjes)

HUISVESTING
Deze kleine cichlidensoort kan heel goed in

Lamprologus 'Daffodil'

Lamprologus occelatus

een klein aquarium worden gehouden. U kunt het aquarium al dan niet beplanten; de vissen hebben er geen behoefte aan en laten de beplanting met rust.

Ze hebben de typische gewoonte om zich terug te trekken in lege slakkenhuizen. U doet er dan ook goed aan om op zoek te gaan naar slakkenhuizen (geen schelpen) die groot genoeg zijn om als behuizing voor deze visjes te dienen. De bodem kan het beste uit goed schoongewassen zand bestaan, de vissen graven hun slakkenhuis dan zelfs deels in.

SOCIALE EIGENSCHAPPEN
Deze interessante visjes vormen rondom het slakkenhuis een territorium waarin geen andere vissen worden toegelaten. Ze houden zich voornamelijk rond de bodem op en kunnen daarom heel goed worden samengehouden met bewoners van de middelste en bovenste waterlagen. Deze vissen worden altijd paarsgewijs gehouden.

TEMPERATUUR EN WATERSAMENSTELLING
22-25 °C. Middelhard tot hard water verdient de voorkeur.

VOEDSEL
Deze typische cichlidensoort eet voornamelijk schaaldiertjes en slakken, maar ook wel ander levend voer. De *Lamprologus occelatus* is geen liefhebber van droogvoer; hij neemt het amper op.

KWEEK
De eitjes worden in het slakkenhuis afgezet. Het vrouwtje verzorgt zowel haar legsel als de jonge visjes.

Leptobotia mantschurica

FAMILIE
Cobitidae (modderkruipers)

ONDERFAMILIE
Cobitinae

VINDPLAATS
Noordelijk Azië en China

GESLACHTSONDERSCHEID
Onbekend

Leptobotia mantschurica

Leptobotia mantschurica

LENGTE
Tot ongeveer 20 centimeter

HUISVESTING
Deze soort hoort vanwege zijn grootte en actieve leefwijze thuis in een ruim aquarium. De vissen zoeken graag de bodem af naar voedselresten en worden meestal pas tegen de schemering actief. Aan scherpe stenen kunnen ze zich verwonden; kienhout of ronde keien vormen dan ook een betere decoratie.

SOCIALE EIGENSCHAPPEN
De soort is niet alleen goedaardig ten opzichte van soortgenoten. Ook de andere aquariumbewoners worden met rust gelaten. De dieren kunnen het beste in een klein schooltje worden gehouden (drie tot vier stuks). Ze houden zich bij voorkeur in de onderste waterlaag op.

TEMPERATUUR EN WATERSAMENSTELLING
De vissen kunnen in een onverwarmd huiskameraquarium worden gehouden, maar zijn actiever bij temperaturen boven de 19 °C.

Ze stellen aan de watersamenstelling weinig eisen.

VOEDSEL
De vissen ruimen alles op wat de andere aquariumbewoners niet eten, maar stellen daarnaast veel prijs op levend voer, zoals bijvoorbeeld tubifex. Voer ze pas tegen de schemering.

KWEEK
Over de voortplanting van deze vissen is tot dusverre nog niets bekend.

Leuciscus idus

WINDE

FAMILIE
Cyprinidae (karperachtigen)

ONDERFAMILIE
Leuciscinae

VINDPLAATS
Europa

GESLACHTSONDERSCHEID
Vrouwtjes zijn voller dan mannetjes.

LENGTE
Tot ongeveer 70 centimeter. In kleinere vijvers of in een aquarium halen de vissen deze lengte niet.

Leuciscus idus

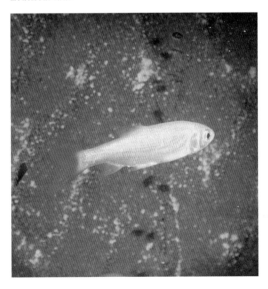

De winde is een levendige scholenvis en heeft veel ruimte nodig om te zwemmen. Grotere, alleen langs de randen beplante aquaria vormen een prima onderkomen, evenals vijvers. De vissen stellen stroming op prijs. Gebruik alleen sterke waterplanten aangezien ze snoepen van zachtbladige planten.

SOCIALE EIGENSCHAPPEN

Windes zijn erg vreedzame scholenvissen en moeten minimaal in een groep van vijf exemplaren, maar liever nog met meer soortgenoten samen worden gehouden. Een eenzame winde gaat niet dood, maar daar is dan ook alles mee gezegd.

Deze actieve vissen houden zich in de middelste en bovenste waterlagen op. Windes gaan goed samen met andere koudwatervissen, maar vanwege hun actieve aard vormen ze geen best gezelschap voor sluierstaarten.

TEMPERATUUR EN WATERSAMENSTELLING

Windes zijn koudwatervissen, dat wil zeggen dat ze beschermd moeten worden tegen al te hoge temperaturen. Als de watertemperatuur langere tijd boven de 20 °C is, is het raadzaam om dagelijks delen van het aquariumwater te vervangen door koud water. De watersamenstelling is niet zo belangrijk, maar kristalhelder water, vrij van afvalstoffen, vormt voor deze vissen een ideale leefomgeving.

VOEDSEL

Windes eten alles: zowel droogvoer als insecten, muggenlarven, watervlooien en algen. Ze nemen niets op van de bodem.

KWEEK

In het aquarium zult u weinig succes boeken, maar in grotere vijvers wil het nog wel

Lucania goodei

eens lukken. Lastig is dat de vissen vrijleggers zijn en hun eigen eitjes even snel weer opeten als ze zijn afgezet.

KWEEKVORMEN

De afgebeelde vis is de goudwinde, maar er is ook een zilvergrijze vorm, de zilverwinde. Beide soorten worden in aquariumspeciaalzaken te koop aangeboden, al is de goudwinde vele malen populairder.

Lucania goodei

FAMILIE
Cyprinodontidae (eierleggende tandkarpers)

ONDERFAMILIE
Fundulinae

VINDPLAATS
Zuidelijk Noord-Amerika

GESLACHTSONDERSCHEID

Het verschil tussen de geslachten is voornamelijk te zien aan de kleuren; de mannetjes zijn, en dan met name op de vinnen, intensiever gekleurd dan de vrouwtjes.

LENGTE
Tot ongeveer 6 centimeter

HUISVESTING

Deze soort kan heel goed worden ondergebracht in een middelgroot of klein aquarium. Wanneer er wat kienhout, fijnbladige beplanting en voldoende vrije zwemruimte aanwezig zijn, voelen deze weinig eisen stellende visjes zich al snel op hun gemak.

SOCIALE EIGENSCHAPPEN

Onderling zijn de visjes zeer tolerant, maar ten opzichte van de andere aquariumbewoners kunnen ze wel eens een stuk minder vriendelijk zijn.

Deze soort kan met andere vissen samen worden gehouden, maar wees er dan van verzekerd dat het gaat om sterke en weerbare vissoorten. De vissen zijn heel geschikt voor speciaalaquaria.

TEMPERATUUR EN WATERSAMENSTELLING

Deze visjes voelen zich buitengewoon goed in onverwarmde aquaria, mits de watertemperatuur tussen de 13 en 21 °C blijft. Ze stellen verder maar heel weinig eisen aan de waterkwaliteit.

De *L. goodei* eet zowel levend voedsel als droogvoer (S. Flora/Premium Tabs).

KWEEK

Na een winterperiode waarin de watertemperatuur vrij laag gehouden wordt, kunnen de visjes, bij het stijgen van de temperatuur en onder invloed van zonlicht, aan het voortplanten gaan.

Er is echter een moeilijkheid: de vrouwtjes leggen iedere dag maar enkele eitjes en blijven dit soms wel een maand lang doen. Het probleem schuilt in de vraatzucht van de ouderdieren, die de eitjes als welkome aanvulling op het menu zien. Om te voorkomen dat er al te veel eitjes worden opgegeten, zult u beslist moeten zorgen voor veel fijnbladige beplanting, zodat de vissen de eitjes niet zo snel kunnen terugvinden.

Geef het kweekstel daarnaast voldoende levend voer, zodat ze niet zo snel geneigd zijn het eigen legsel aan te vreten.

Ook kunt u een plastic schaal met wat aquariumwater op het wateroppervlak laten drijven waarin u iedere dag zo veel mogelijk eitjes overhevelt totdat het afzetten is voltooid.

Natuurlijke biotoop van Lucania goodei

Macropodus opercularis

FAMILIE
Anabantidae (labyrintvissen)

ONDERFAMILIE
Macropodinae

VINDPLAATS
China, Korea, Vietnam, en dan met name in stilstaande, zeer ondiepe wateren (rijstvelden)

GESLACHTSONDERSCHEID
De vinnen van het mannetje zijn langer en spitser, vooral de buitenste vinstralen. Bovendien zijn de mannetjes duidelijk kleurrijker en groter dan de vrouwtjes.

LENGTE
Tot ongeveer 9 centimeter

HUISVESTING
De paradijsvis kan zowel in een kleiner als middelgroot gezelschapsaquarium samen met niet te kleine of tere vissen samen worden gehouden. Een diffuse verlichting (drijfgroen) en een donkere bodem laten de kleuren van de vissen veel beter tot hun recht komen. Deze vis houdt niet van stroming in het water. Wanneer u een klein aquarium speciaal voor een kweekstel inricht, is doorluchting of filteren niet zo nodig. Hevel wel wekelijks de uitwerpselen van de bodem, zodat het water niet vervuilt.

De vissen behoren tot de labyrintvissen, wat inhoudt dat ze niet alleen van kieuwademhaling afhankelijk zijn, maar dat ze ook zuurstof direct uit de atmosfeer (boven het wateroppervlak) kunnen opnemen. Het waterpeil mag dan ook niet te hoog zijn (hooguit 30 centimeter).

SOCIALE EIGENSCHAPPEN
Vanwege de agressieve aard van de mannetjes is het beter om slechts één mannetje in het aquarium te houden. Omdat de mannetjes buiten de paartijd ook wel eens onverdraagzaam zijn ten opzichte van hun vrouwelijke soortgenoten moet u beslist zorgen voor voldoende schuilmogelijkheden voor het vrouwtje.

Vrouwtjes onderling geven geen problemen. Paradijsvissen zijn verder vrij rustige en interessante vissen met een bedachtzame manier van doen.

Macropodus opercularis ♂

TEMPERATUUR EN WATERSAMENSTELLING
De paradijsvis doet het prima in zowel onverwarmde als verwarmde aquaria en is vrijwel ongevoelig voor temperatuurschommelingen. Dit heeft te maken met zijn natuurlijke biotoop: de temperatuur in het ondiepe water (rijstvelden) waarin hij leeft, kan overdag onder invloed van de zon oplopen tot 32 °C of hoger, maar kan 's nachts ook erg snel afkoelen. Zorg er wel voor dat de temperatuur niet al te lange tijd achtereen te laag is. 15 °C is toch echt wel het minimum. De paradijsvis doet het goed in uiteenlopende watersamenstellingen en is daarom een geschikte beginnersvis.

VOEDSEL
De paradijsvis heeft een voorkeur voor levende en ingevroren voedseldiertjes zoals

Macropodus opercularis ♂

rode-muggenlarven en watervlooien, maar hij eet ook droog voer.

KWEEK
Mits de aanstaande ouders in een goede conditie verkeren, is de kweek beslist niet moeilijk. Als u ze in een onverwarmd (kweek)-aquarium zonder andere vissen houdt, zullen ze aan het kweken gaan als de temperatuur stijgt, in de lente en zomer.

Het mannetje bouwt een schuimnest aan het wateroppervlak. De afgezette eitjes zakken naar de bodem en worden door het mannetje verzameld en vervolgens in het schuimnest 'gespuwd'. Verwijder het vrouwtje na het afzetten, omdat ze vrijwel zeker door het mannetje wordt doodgejaagd als haar bijdrage erop zit. Het mannetje verzorgt de eieren uitstekend.

Megalamphodus megalopterus

KWEEKVORMEN
Er zijn verschillende kweekvormen van de paradijsvis bekend, zoals de albino en de donkere, bijna zwarte paradijsvis. Deze laatste moet overigens niet worden verward met de *Macropodus opercularis concolor* (zwarte paradijsvis). Dat is namelijk een andere vissoort.

BIJZONDERHEDEN
De paradijsvis was direct na de goudvis en de kleurkarper de eerste aquariumvis die in Europa werd geïmporteerd en door aquarianen werd gehouden. De vissen zijn heel lang erg populair geweest.

Megalamphodus megalopterus

ZWARTE FANTOOMZALM

FAMILIE
Characidae (karperzalmen)

ONDERFAMILIE
Tetragonopterinae

VINDPLAATS
Brazilië, Bolivia en Argentinië

GESLACHTSONDERSCHEID
De mannetjes hebben een grotere rugvin en veel meer zwart pigment op de vinnen dan de vrouwtjes, die juist meer rood pigment hebben.

LENGTE
Tot ongeveer 4,5 centimeter

HUISVESTING
De zwarte fantoomzalm houdt zich graag tussen en in de buurt van dicht gebladerte op. In kleine tot middelgrote gezelschapsaquaria waar naast voldoende groen ook open zwemruimte is, voelt hij zich opperbest. Een donkere bodembedekking en drijfgroen laten de kleuren beter tot hun recht komen. Matige doorstroming wordt door deze vis op prijs gesteld.

SOCIALE EIGENSCHAPPEN
Dit visje is zowel onderling als ten opzichte van andere vissen vriendelijk. Het beste houdt u deze visjes in een schooltje van minimaal vijf exemplaren. Het zijn gemiddeld actieve visjes en ze houden zich bij voorkeur in de middelste waterlaag op, onder overhangende planten.

23-26 °C. Deze vis stelt aan de watersamenstelling weinig eisen, maar zacht water geniet zijn voorkeur (4-8° DH)

VOEDSEL
De *M. megalopterus* eet zowel droge vlokken als klein levend voer.

KWEEK
De zwarte fantoomzalm is niet een van de gemakkelijkste visjes om te kweken. Het water hoort in ieder geval zeer zacht te zijn en ook wat zuur (pH 6-6,5). De dieren zijn vrijleggers. De jonge visjes kunnen worden grootgebracht met eencellige diertjes zoals pantoffeldiertjes.

Megalamphodus sweglesi

RODE FANTOOMZALM

FAMILIE
Characidae (karperzalmen)

ONDERFAMILIE
Tetragonopteridae

VINDPLAATS
Colombia, aan de oevers van grote rivieren

GESLACHTSONDERSCHEID
De vrouwtjes hebben een vollere buikpartij.

LENGTE
Tot ongeveer 4 centimeter

Megalamphodus sweglesi ♂

HUISVESTING
De rode fantoomzalm kan heel goed in het gezelschapsaquarium worden ondergebracht met vissoorten die dezelfde behoeften hebben wat betreft de watersamenstelling. Dichte fijnbladige randbeplanting is wenselijk.

SOCIALE EIGENSCHAPPEN
Dit is een zeer vriendelijk en probleemloos visje dat thuishoort in een schooltje van minimaal vijf exemplaren. De vissen zijn voornamelijk in de middelste waterlagen te vinden en hebben een gemiddeld temperament.

TEMPERATUUR EN WATERSAMENSTELLING
22-24 °C. De visjes kunnen in verschillende watersamenstellingen worden gehouden, maar in het ideaalste geval is het water zacht (4-8° DH) en zwak zuur.

VOEDSEL
De rode fantoomzalm is een gemakkelijke kostganger. Hij eet probleemloos zowel klein levend voer als droogvoer.

KWEEK
Evenals de zwarte fantoomzalm is de hieraan verwante rode fantoomzalm niet eenvoudig te kweken. In zeer zacht water (1-2° DH), gefilterd over turf en met een afzetsubstraat van Javamos wil het nog wel eens lukken. De jonge visjes worden grootgebracht met minuscuul kleine voedseldiertjes (microwormpjes, eencelligen).

Melanochromis auratus
(syn. **Pseudotropheus auratus***)*

NYASSACICHLIDE

FAMILIE
Cichlidae (cichliden)

VINDPLAATS
Afrika, langs de rotsachtige oevers van het Malawimeer

GESLACHTSONDERSCHEID
Het verschil tussen beide geslachten is heel gemakkelijk te zien aan de gele, zogenaamde 'eivlekken' op de aarsvin van het mannetje en aan de kleur. Vrouwtjes hebben altijd een lichte ondergrond, terwijl de mannetjes een donkerblauwe tot zwarte grondkleur hebben. Bovendien zijn volwassen mannetjes enkele centimeters groter dan de vrouwtjes.

LENGTE
Tot 10 centimeter (mannetjes)

HUISVESTING
Deze Afrikaan doet het prima in middelgrote aquaria. U kunt het aquarium beplanten,
aangezien deze cichlide niet aan de planten
snoept en ook niet in de bodem woelt. De
vissen stellen het op prijs als het water steeds
in beweging is.

SOCIALE EIGENSCHAPPEN
Met name de mannelijke vissen zijn erg
onverdraagzaam, op het agressieve af. Daarom is het verstandig om slechts één mannetje met twee of meerdere vrouwtjes samen in
een aquarium te houden.
De dieren kunnen onderling nog wel eens
vechten, zodat u er beter aan doet jonge dieren aan te schaffen die van jongs af aan aan
elkaars gezelschap wennen.
De soort vormt een territorium waarin
geen andere vissen worden geduld, dus wanneer u meerdere vissoorten bij elkaar wilt
houden, moet het aquarium ruim van afmeting zijn en veel schuilplaatsen aan deze vissen bieden.

TEMPERATUUR EN WATERSAMENSTELLING
22-25 °C. Aan de watersamenstelling worden
buiten de kweekperiode geen hoge eisen
gesteld.

VOEDSEL
Deze cichliden eten zowel cichlidensticks als
levend voer, maar ze lusten ook zo nu en dan
wel wat groenvoer (algen). U kunt ze af en
toe wat voedertabletten geven (S. Viformo).

KWEEK
De voortplanting van deze vissen is erg interessant. Om de dieren zover te krijgen, moet
de watertemperatuur met één of twee graden
worden verhoogd. Uiteraard zijn de dieren
vooraf goed en afwisselend gevoerd, zodat ze
in een optimale conditie verkeren. Ze planten
zich zonder problemen in een aquarium met
andere vissen voort, maar ze worden dan wel
veel agressiever naar medebewoners toe. Het
vrouwtje houdt de eitjes in de bek totdat ze
uitkomen, na ongeveer twee weken.

KWEEKVORMEN
Er zijn geen kweekvormen van deze vis,
maar er is wel veel diversiteit in de kleuren.

Melanotaenia herbertaxelrodi

FAMILIE
Melanotaeniidae (regenboogvissen)

VINDPLAATS
Nieuw-Guinea

GESLACHTSONDERSCHEID
De verschillende geslachten zijn vrij eenvoudig te onderscheiden. De mannetjes zijn veel intensiever gekleurd dan de vrouwtjes en hebben bovendien een hogere rug.

LENGTE
Tot ongeveer 8 centimeter

HUISVESTING
Deze vissen zwemmen graag en veel en hebben hiervoor de ruimte nodig. Daarom is een langgerekt aquarium van minimaal 80 centimeter lengte een noodzaak. Stroming in het water is wenselijk. Randbeplanting en decoratiemateriaal zijn wel mogelijk, maar moeten dusdanig gesitueerd zijn dat ze de vis niet in zijn bewegingsvrijheid belemmeren.

SOCIALE EIGENSCHAPPEN
Deze actieve vissen zijn vriendelijke scholenvissen die geen problemen geven naar andere vissen toe, mits deze niet te klein zijn. Deze regenboogvissen vormen een erg goed gezelschap voor grotere cichlidensoorten. Vanwege hun drukke en snelle manier van zwemmen kunnen ze bovendien wat afwisseling in een cichlidenaquarium brengen waarin vooral rustige, territoriumgebonden vissen zijn gehuisvest.

Houd de vissen wel altijd in een schooltje van minimaal vijf exemplaren. Ze houden

Melanotaenia herbertaxelrodi

zich voornamelijk in de middelste waterlagen op.

TEMPERATUUR EN WATERSAMENSTELLING
20-25 °C, middelhard tot hard water, pH 7 tot 7,5

VOEDSEL
De vissen eten wel droogvoer, maar de voorkeur gaat uit naar klein levend voer.

KWEEK
Deze vissen zijn niet moeilijk te kweken. Het is belangrijk dat het kweekaquarium groot genoeg is (1 meter breedte). Naast veel open zwemruimte moeten er ook veel fijnbladige waterplanten aanwezig zijn. In het ideaalste geval plaatst u een mannetje met meerdere vrouwtjes samen in de kweekbak omdat de mannetjes de vrouwtjes sterk kunnen najagen. De eitjes worden in de planten afgezet. Aangezien de ouderdieren de jonge visjes opeten, kunt u ze het beste na het afzetten meteen uitvangen. Zoals alle regenboogvissen zet ook deze soort de eitjes niet allemaal tegelijk af, maar verspreid over een aantal dagen. Omdat de jongen die net uit de eitjes komen minuscuul klein zijn, moet u hun erg klein (levend) voer geven. Hiervoor komen onder meer pantoffeldiertjes in aanmerking. Het duurt een hele tijd voor de jongen net zulke mooie kleuren laten zien als hun ouders.

Melanotaenia lacustris

FAMILIE
Melanotaeniidae (regenboogvissen)

VINDPLAATS
Nieuw-Guinea

GESLACHTSONDERSCHEID
De mannetjes zijn vaak wat intensiever gekleurd dan de vrouwtjes.

LENGTE
10-12 centimeter

HUISVESTING
In grotere en langgerekte aquaria, van minimaal 1 meter lang en met veel open zwemruimte komen deze actieve vissen het beste tot hun recht. Stroming in het water is wenselijk, maar niet noodzakelijk.

SOCIALE EIGENSCHAPPEN
Deze vissen zijn fervente, vaak zelfs drukke

zwemmers en horen thuis in een schooltje van minimaal vijf exemplaren. Zowel ten opzichte van soortgenoten als andere vissen stellen ze zich vreedzaam op, mits de mede-bewoners niet te klein zijn, want dan worden ze door de vissen aangezien voor voedsel. Ze zijn geschikt als gezelschap voor grotere cichliden, mits deze dezelfde behoeften hebben wat betreft de watersamenstelling.

TEMPERATUUR EN WATERSAMENSTELLING
21-23 °C. De vissen zijn weinig gevoelig voor de watersamenstelling; een gemiddelde waterhardheid en pH-waarde voldoen.

VOEDSEL
De regenboogvissen, de soort waar deze vis onder valt, zijn erg gemakkelijke kostgangers. Ze kunnen een leven lang gezond blijven op een afwisselend menu van droogvoer. Toch stellen ze zo nu en dan wat levend voer op prijs. Droogvoer waarvan een relatief groot gedeelte uit plantaardige kost bestaat, wordt voor deze soort aanbevolen (S. Flora).

KWEEK
In een aparte en beslist ruime kweekbak waarin de omstandigheden optimaal zijn, zal een goed kweekstel vrij snel tot kweken overgaan. Optimale omstandigheden worden gecreëerd door een juiste watersamenstelling en de aanwezigheid van fijnbladige water-planten zoals myriophyllum en Javamos. De ouderdieren eten de jonge visjes op. Ze kunnen dan ook het beste worden uitgevangen als de eitjes zijn afgezet. Vang de dieren ook weer niet te vroeg uit de bak, aangezien ze verspreid over een aantal dagen hun eitjes afstoten.

Jonge regenboogvisjes kunnen vanaf het moment dat ze ongeveer een week oud zijn, worden grootgebracht met fijn stofvoer; in de dagen daarvoor is zelfs het stofvoer nog te groot voor ze. Daarom is het absoluut noodzakelijk om de vissen te kweken in aquaria die al een tijdje zijn ingericht en waar dus normaal gesproken al minuscuul kleine voedseldiertjes in het water aanwezig zijn.

BIJZONDERHEDEN
De mooie kleuren kunnen jammer genoeg een tijdje op zich laten wachten. De dieren kleuren namelijk erg langzaam op en ze zijn pas op hun mooist wanneer ze echt volwas-sen zijn.

Melanotaenia macullochi

FAMILIE
Melanotaeniidae (regenboogvissen)

VINDPLAATS
Australië en Nieuw-Guinea, in snelstromende ondiepe beekjes en rivieren

GESLACHTSONDERSCHEID
De mannetjes zijn wat kleurrijker dan de vrouwtjes en hebben bovendien wat grotere vinnen.

LENGTE
Tot ongeveer 7,5 centimeter

HUISVESTING
Deze regenboogvis kan heel goed in middelgrote aquaria worden gehouden, mits er is gezorgd voor voldoende (fijnbladige) randbeplanting en open zwemruimte. De dieren waarderen een goede doorstroming van het water.

SOCIALE EIGENSCHAPPEN
Deze visjes zijn probleemloze scholenvissen die het niet alleen onderling, maar ook met andere vissoorten prima kunnen vinden, mits deze niet te klein of te schuw zijn. Cichliden zijn prima gezelschap voor deze kleurrijke vissen uit 'Down Under'. De vissen zijn erg actief en houden zich voornamelijk in de middelste waterlagen op.

TEMPERATUUR EN WATERSAMENSTELLING
24-29 °C. De vissen stellen weinig eisen aan de watersamenstelling, al zou enigszins zuur en zacht water ideaal zijn.

VOEDSEL
Deze visjes eten zowel klein levend voer als droogvoer.

KWEEK
De kweek is vergelijkbaar met die van andere regenboogvissen.

Melanotaenia praecox

FAMILIE
Melanotaeniidae (regenboogvissen)

VINDPLAATS
Nieuw-Guinea

GESLACHTSONDERSCHEID
Bij volwassen dieren is het verschil tussen beide geslachten eenvoudig te zien. De mannetjes zijn altijd groter dan de vrouwtjes en zijn daarnaast ook kleurrijker.

LENGTE
Tot ongeveer 6 centimeter

HUISVESTING
Ondanks het feit dat deze vissen graag en veel zwemmen, kunnen ze vanwege hun geringe grootte toch prima in een middelgroot aquarium worden ondergebracht. De dieren stellen stroming in het water zeer op prijs, evenals voldoende zwemruimte en randbeplanting met fijnbladige planten.

SOCIALE EIGENSCHAPPEN
Deze vissen zijn uiterst vreedzaam ten opzichte van de overige aquariumbewoners.

Melanotaenia macullochi

Melanotaenia praecox

Melanotaenia praecox

Ook onderling kunnen de vissen het goed vinden, maar u moet ze wel altijd in een schooltje houden. Als gezelschap voor schuwe vissoorten zijn deze vissen, vanwege hun drukke manier van doen, een stuk minder geschikt.

TEMPERATUUR EN WATERSAMENSTELLING
22-26 °C. Dit kleine regenboogvisje doet het goed in allerlei watersamenstellingen, maar enigszins zuur en zacht water is ideaal.

VOEDSEL
De *M. praecox* is een echte alleseter. Hij eet zowel droogvoer als klein levend voer goed en graag. Zo nu en dan kunt u wat droogvoer geven met plantaardige grondstoffen (S. Flora).

KWEEK
De kweek van deze visjes is vergelijkbaar met die van de voorgaande regenboogvissen.

Metynis maculatus

FAMILIE
Serrasalmidae (schijfzalmen)

ONDERFAMILIE
Myleinae

VINDPLAATS
Zuid-Amerika, in snelstromende rivieren in het grensgebied van Bolivia en Brazilië

GESLACHTSONDERSCHEID
Bij volwassen mannetjes is de aarsvin veel intensiever rood van kleur dan bij de vrouwtjes.

LENGTE
Tot ongeveer 17 centimeter

HUISVESTING
Vanwege hun grootte, levendig gedrag en het feit dat het een scholenvis betreft, heeft deze vissoort beslist behoefte aan een ruimbemeten aquarium. Een aquarium van 1,50 meter breed zal meestal wel toereikend zijn. Omdat deze vissen voornamelijk planteneters zijn, heeft het weinig zin om het aquarium te beplanten, of het moeten zachtbladige, goedkope en snelgroeiende soorten zijn die als voedsel kunnen dienen. Erg sterke, grove planten vinden ze meestal niet zo lekker en dat geldt ook voor Javamos. Deze soorten komen dan ook in aanmerking als u het aquarium graag wilt beplanten.

Deze zalm voelt zich het beste als het water continu flink in beweging is (krachtige motorfilter).

SOCIALE EIGENSCHAPPEN
De soort doet op het eerste gezicht denken aan de piranha en is daar ook familie van (*Serrasalmus*-familie), maar meer dan dat de vissen qua bouw en kleur op elkaar lijken en beide scholenvissen zijn, hebben ze niets met elkaar gemeen. Deze soort eet voornamelijk groenvoer en is verre van agressief. Houd deze dieren altijd in een flinke school. Ze houden zich vooral in de middelste waterregionen op en zijn vrij actief. U kunt ze met wat bodembewoners en wellicht een of twee paren cichliden samen houden.

TEMPERATUUR EN WATERSAMENSTELLING
22-26 °C. Zacht tot middelhard water (4-12° DH) verdient de voorkeur bij een pH rond de 6,5-7.

Metynis maculatus

Microglanis iheringi

VOEDSEL

Geef deze vissen droogvoer voor planteneters (S. Flora, S. Premium) en regelmatig geblancheerde slablaadjes, spinazie en waterkers. Ze eten ook wel klein levend voer, maar slechts als bijvoeding.

KWEEK

De vissen zijn vrij eenvoudig te kweken en de jongen laten zich gemakkelijk grootbrengen. Omdat ze hun eigen eitjes opeten en andere aquariumbewoners deze ook als voedsel zullen zien, is een aparte kweekbak beslist noodzakelijk. Uiteraard dienen de ouders na het afzetten uit de bak verwijderd te worden.

Een paar centimeter van de bodem kunt u een legrooster aanbrengen, waar u flinke hoeveelheden fijnbladig groen en Javamos op vastmaakt. Filteren over turf brengt de dieren in de juiste gemoedstoestand.

Selecteert u uit de school een stel dat steeds dicht bij elkaar zwemt, dan is de kans groter dat de dieren zullen afzetten. De eitjes worden in het groen gelegd. De jongen kunnen worden grootgebracht met zeer fijn levend voer of met stofvoer (S. Micron) of een combinatie van beide.

Microglanis iheringi

FAMILIE
Pimelodidae (antennemeervallen)

ONDERFAMILIE
Pimelodinae

VINDPLAATS
Venezuela en Colombia

Microglanis iheringi

GESLACHTSONDERSCHEID
Onbekend

LENGTE
Tot ongeveer 8 centimeter

HUISVESTING
Deze typische vis kan zowel in kleinere als in middelgrote aquaria worden gehouden. Omdat hij graag in de bodem grondelt, op zoek naar voedsel, is een zachte bodembedekking ideaal.

Desnoods maakt u speciaal voor deze vis een 'grondelplaats' van een (paar centimeter) dikke laag schoongewassen zand. Veel beplanting en schuilplaatsen in de vorm van kienhout zijn meer dan wenselijk.

SOCIALE EIGENSCHAPPEN
De vissen zien er wat nors uit, maar ze zijn dat geenszins. Ze kunnen dan ook prima in een gezelschapsaquarium worden gehouden, mits de overige bewoners even vreedzaam zijn. In tegenstelling tot de meeste antennemeervallen, die erg levendige zwemmers zijn, is deze soort juist rustig en traag. Overdag laten de vissen zich zelden zien. Pas tegen de schemering worden de dieren actiever en gaan ze op zoek naar iets eetbaars.

TEMPERATUUR EN WATERSAMENSTELLING
22-25 °C. Deze vis stelt aan de watersamenstelling weinig eisen.

VOEDSEL
De *M. iheringi* is erg gemakkelijk tevreden te stellen. Speciale voedertabletten voor bodembewoners worden goed opgenomen, evenals vlokvoer en klein levend voer.

KWEEK
De soort is nog niet zo ingeburgerd en ook nog niet nagekweekt.

Moenkhausia pittieri

DIAMANTZALM

FAMILIE
Characidae (karperzalmen)

ONDERFAMILIE
Tetragonopteridae
VINDPLAATS
Venezuela

GESLACHTSONDERSCHEID
Het mannetje heeft een grotere rugvin dan
het vrouwtje. Bovendien heeft hij een grotere aarsvin (zie afbeelding).

LENGTE
Tot 6 centimeter

HUISVESTING
De diamantzalm is bijzonder geschikt voor
het gezelschapsaquarium, dat niet eens zo
groot hoeft te zijn. De vissen zwemmen graag
en veel. Een aquarium met voldoende open
zwemruimte en dichte randbeplanting die de

Moenkhausia pittieri ♂

Koppel Moenkhausia pittieri

vissen de mogelijkheid biedt zich zo nu en
dan tussen het groen te verschuilen, is ideaal.
Op een lichte ondergrond zal deze vis vaak
flets zijn. Is het aquarium aangekleed met
een donkere bodemgrond en drijft er tevens
wat drijfgroen aan het wateroppervlak, dan
zullen de vissen veel mooier zijn om te zien.

SOCIALE EIGENSCHAPPEN
Diamantzalmpjes zijn erg vreedzame visjes.
Houd ze echter altijd in een schooltje van
minimaal vijf, maar liever nog meer exemplaren samen. De visjes houden zich bij voorkeur in de middelste waterlagen op.

TEMPERATUUR EN WATERSAMENSTELLING
23-26 °C. De visjes doen het goed in water
van uiteenlopende waarden, maar in zacht
(4-10° DH) en licht zuur (pH 6,5) water voelen ze zich optimaal.

VOEDSEL
De diamantzalm eet zowel droogvoer als
klein levend voer met smaak en kan een
leven lang gezond blijven op een afwisselend
menu van droogvoer.

KWEEK
De kweek is niet onmogelijk als de omstandigheden goed zijn, dat wil zeggen dat het
water in de kweekbak zeer zacht (0-5° DH)
is en er veel schaduwrijke plaatsen en een
dichte, fijnbladige beplanting aanwezig zijn.
Aangezien de ouderdieren eierrovers zijn,
kunnen ze het beste zo snel mogelijk na het
afzetten van hun eitjes uit het aquarium worden gehaald.

Moenkhausia sanctaefilomenae

FAMILIE
Characidae (karperzalmen)

ONDERFAMILIE
Tetragonopterinae

VINDPLAATS
Zuid-Amerika

GESLACHTSONDERSCHEID
De mannetjes zijn meestal kleiner dan de vrouwtjes, die, eenmaal volwassen, een vollere buikpartij hebben.

LENGTE
Tot ongeveer 7 centimeter

HUISVESTING
Roodoogzalmpjes zijn uitstekend geschikt voor het gezelschapsaquarium. Ze passen zich zowel in een dichtbeplant als in een matig beplant aquarium aan, maar een wat donkere bodemgrond en drijfgroen zijn wenselijk omdat ze de kleuren van de dieren mooier doen uitkomen.

SOCIALE EIGENSCHAPPEN
De soort is vriendelijk en laat andere aquariumbewoners in hun waarde. Houd deze vissen echter altijd in een schooltje, aangezien ze zich als eenling of duo duidelijk niet op hun gemak voelen.

De dieren zijn geen drukke zwemmers. Ze houden zich bij voorkeur in de middelste waterlagen op.

TEMPERATUUR EN WATERSAMENSTELLING
21-25 °C. Deze vis stelt aan de watersamenstelling weinig eisen.

Moenkhausia sanctaefilomenae

VOEDSEL
De roodoogzalm is een gemakkelijk tevreden te stellen kostganger. De vissen kunnen een leven lang gezond blijven op een afwisselend menu van droogvoer, maar daarnaast eten ze zo nu en dan ook graag eens wat levend voer, zoals muggenlarven, watervlooien en tubifex.

KWEEK
De soort plant zich vrij gemakkelijk voort in het aquarium, maar zowel de ouderdieren als de overige aquariumbewoners zullen de eitjes, die door de wijfjes her en der verspreid worden afgestoten, als welkome aanvulling op het menu zien.

Wanneer u de jongen graag ziet opgroeien, plaatst u de hele school in een aparte kweekbak met veel fijnbladig groen op de bodem (Javamos). Filtert u over turf, dan bootst u de omstandigheden na die in de natuur tijdens de paaitijd heersen – dan gaan de vissen sneller over tot afzetten.

Monodactylis argenteus

FAMILIE
Monodactilae (zilverbladvissen)

VINDPLAATS
Deze vissoort kent een enorm verspreidingsgebied. Hij komt zowel voor in Afrika als Azië, langs de kust in zeewater en in brakwater, waar zoetwaterrivieren de zee in stromen.

GESLACHTSONDERSCHEID
Onbekend

LENGTE
Tot ongeveer 25 centimeter

HUISVESTING
Zilverbladvissen zijn eigenlijk geen zoetwater-, maar eerder brakwater- of zeewatervissen. In zoetwater houden ze het niet zo lang uit, maar in een brakwater- of zeewateraquarium kunnen ze erg oud worden. De soort eet geen planten als die harde bladeren hebben. Daarom kan het aquarium langs de randen dicht beplant worden met grove plantensoorten. De planten moeten echter wel zijn aangepast aan het hoge zoutgehalte in het water. De vissen stellen een flinke doorstroming op prijs.

SOCIALE EIGENSCHAPPEN
De soort is vreedzaam, levendig en soms wat schuw, maar wanneer u deze vis in een grote school houdt, valt dat laatste wel mee.

TEMPERATUUR EN WATERSAMENSTELLING
24-27 °C. Brak- of zeewateraquaria

VOEDSEL
Zilverbladvissen zijn echte alleseters. Ze lusten zowel levend voer als vlokkenvoer, en ook met groenvoer weten ze wel raad.

KWEEK
Onbekend

Myleus rubripinnis rubripinnis

FAMILIE
Serrasalmidae (schijfzalmen)

VINDPLAATS
Amazonegebied

GESLACHTSONDERSCHEID
Onbekend

LENGTE
Tot 25 centimeter. In het aquarium blijven ze kleiner, al naar gelang de grootte van het aquarium.

HUISVESTING
Gezien de grootte van de vissen, het feit dat ze scholenvissen zijn en hun levendige aard horen ze in een aquarium van minimaal 1 meter thuis, maar liefst in een nog grotere bak. De vissen zijn niet dol op een sterke belichting, maar houden wel van water dat steeds in beweging is. Een krachtige motorfilter kan dit bewerkstelligen. Omdat het hier gaat om een plantenetende vis kunt u het aquarium beter inrichten met stenen en kienhout.

SOCIALE EIGENSCHAPPEN
De soort is zeer vreedzaam en soms wat schuw. Houd deze vissen altijd in een grote school (vanaf zeven exemplaren, maar liever

Myleus rubripinnis rubripinnis

nog meer), dan zijn ze levendiger en voelen ze zich zekerder. Een donkere bodemgrond laat deze prachtige zilveren vissen met hun felrode aarsvin beter tot hun recht komen. De vissen houden zich bij voorkeur in de middelste waterlagen op.

TEMPERATUUR EN WATERSAMENSTELLING
23-26 °C. Houd de watersamenstelling goed in het oog. De pH-waarde kan het beste zo rond de 6 liggen en de hardheid van het water mag niet hoger zijn dan 14° DH. Filter over turf.

VOEDSEL
Deze vissen zijn echte planteneters, maar daarnaast wordt klein levend voer ook wel op prijs gesteld. U kunt ze zachtbladige waterplanten (waterpest), geblancheerde sla, spinaziebladjes, droogvoer (S. Flora) en watervlooien te eten geven.

KWEEK
Onbekend

Myxocyprinus asiaticus asiaticus

FAMILIE
Cyprinidae (karperachtigen)

VINDPLAATS
China

GESLACHTSONDERSCHEID
Onbekend

LENGTE
In de natuur kunnen deze vissen 60 centi-meter lang worden, maar in het aquarium blijven ze beduidend kleiner.

HUISVESTING
Deze opvallende Chinese onderwaterbewoner kan vanwege zijn grootte alleen in grote aquaria worden ondergebracht. Aquaria met een breedte van minder dan 1 meter zijn al snel te klein. Ze snoepen graag aan de bladeren van zachtbladige planten. Een goede doorluchting en daarnaast ook een krachtige filtering van het water komt de vis beslist ten goede.

SOCIALE EIGENSCHAPPEN
Deze vis kan met meerdere soortgenoten worden gehouden, maar ook wel als solitair. Ten opzichte van andere vissen stelt het dier zich goedaardig op. Hij is voornamelijk in de onderste en middelste waterlagen te vinden.

TEMPERATUUR EN WATERSAMENSTELLING
Zoals de meeste uit China afkomstige vissoorten kunnen ook deze vissen de meest uiteenlopende temperaturen verdragen. In de zomermaanden kunnen ze zelfs in buitenvijvers worden gehouden, maar zodra de watertemperatuur langere tijd onder de 16 °C blijft, wordt het tijd om de dieren een ander, warmer onderkomen te bieden. De watersamenstelling is van ondergeschikt belang.

VOEDSEL
Deze Chinees is een alleseter. De vissen eten vlokkenvoer, cichlidensticks, levend voer en (geblancheerde) sla-, spinazie- en waterkersbladjes.

KWEEK
Tot dusverre nog onbekend

Myxocyprinus asiaticus asiaticus

Nannobrycon eques

POTLOODVISJE

Nannobrycon eques

FAMILIE
Lebiasinidae (spatzalmen)

ONDERFAMILIE
Pyrrhulininae

VINDPLAATS
Amazonegebied

GESLACHTSONDERSCHEID
Zoals bij veel visjes is ook bij deze soort het mannetje intensiever gekleurd. Bovendien zijn de mannetjes duidelijk slanker van bouw.

LENGTE
Tot ongeveer 5 centimeter

HUISVESTING
Deze vissoort kan heel goed in kleinere aquaria worden gehouden. Een rijke, dichte beplanting, decoratie met kienhout, een donkere bodemgrond en licht dat gefilterd wordt door drijfplanten vormen een ideale aquariuminrichting voor deze visjes.

SOCIALE EIGENSCHAPPEN
Deze visjes zijn bijzonder vreedzaam. Ze moeten echter altijd in een schooltje worden gehouden, aangezien ze zich anders tussen het groen verschuilen en zich niet laten zien. Dat is ook het geval wanneer ze worden ver-

Links: natuurlijke vindgebied van de Nothobranchius rachovi

gezeld van al te onstuimige of onverdraagzame vissoorten. De visjes zijn vrij rustig en hebben een typische manier van zwemmen; met de kop hoger dan de staart. Ze houden zich bij voorkeur in de bovenste waterlagen op.

TEMPERATUUR EN WATERSAMENSTELLING
25-28 °C. Zacht water (2-10° DH) en een pH rond de 6,5. Het water hoort absoluut vrij te zijn van afvalstoffen.

VOEDSEL
De vissen stellen dan wel hoge eisen aan de watersamenstelling, wat voeding betreft zijn ze een stuk minder moeilijk. Zowel droogvoer (S. San, S. Vipan) als klein levend voer (fruitvliegjes en muggenlarven) wordt goed gegeten.

Nannobrycon eques

De kweek van deze visjes is erg moeilijk en voorbehouden aan specialisten. Om de visjes zover te krijgen dat ze zich gaan voortplanten, zullen ze vrijwel uitsluitend levend voer moeten krijgen. Bovendien steekt de watersamenstelling en de kwaliteit van het water erg nauw en hoort een goed passend kweekstel (geen schooltje) bij elkaar te worden gezocht.

De visjes eten hun eigen eitjes op en moeten daarom na het afzetten uit de kweekbak worden verwijderd.

Nannostomus harrisoni

FAMILIE
Lebiasinidae (spatzalmen)

ONDERFAMILIE
Pyrrhulininae

VINDPLAATS
Guyana

GESLACHTSONDERSCHEID
Het vrouwtje is wat minder intens van kleur, wat vooral opvalt op de vinnen.

LENGTE
Tot 6 centimeter

Nannostomus harrisoni

HUISVESTING
Een aquarium van gemiddelde afmeting (60-70 centimeter) biedt voldoende ruimte aan deze rustige, wat teruggetrokken levende visjes. Veel beplanting, drijfgroen en een donkere bodembedekking zijn wenselijk.

SOCIALE EIGENSCHAPPEN
De visjes horen thuis in een school. Het zijn geen drukke zwemmers. Ze houden zich voornamelijk op tussen of dicht bij de beplanting, in de bovenste waterlagen.

Al te veel stroming, drukke of onverdraagzame medebewoners en te felle verlichting zijn voor deze visjes zo bedreigend, dat ze zich terugtrekken in het gebladerte en zich waarschijnlijk, ook tijdens het voeren, niet meer laten zien.

TEMPERATUUR EN WATERSAMENSTELLING
25-28 °C. Zacht water (0-8° DH) en pH rond de 6. Het water moet kristalhelder zijn.

VOEDSEL
De visjes eten droogvoer en klein levend voer, zoals fruitvliegjes en larfjes.

KWEEK
De kweek is vergelijkbaar met die van de *Nannobrycon eques*.

Nannostomus trifasciatus

FAMILIE
Lebiasinidae (spatzalmen)

ONDERFAMILIE
Pyrrhulininae

VINDPLAATS
Amazonegebied, vooral in Brazilië en Guyana

GESLACHTSONDERSCHEID
De mannetjes zijn, mits ze voldoende volwassen zijn, herkenbaar aan de wat intensievere kleuring. Bovendien zijn ze vaak wat slanker dan de vrouwtjes.

LENGTE
Tot 6 centimeter

HUISVESTING
Deze soort is prima geschikt voor een kleiner aquarium. Een diffuse verlichting, die u kunt

Nannostomus trifasciatus

bewerkstelligen door het wateroppervlak gedeeltelijk af te dekken met drijfplanten, met veel randbeplanting en een donkere bodembedekking, is beslist ideaal voor dit visje.

SOCIALE EIGENSCHAPPEN
Deze visjes horen thuis in een school en mogen vanwege hun enigszins teruggetrokken en schuwe aard niet worden gehouden bij al te onstuimige of zelfs onverdraagzame vissoorten. Ze houden zich bij voorkeur in de buurt van of tussen de planten op, net onder het wateroppervlak.

TEMPERATUUR EN WATERSAMENSTELLING
25-28 °C. De juiste watersamenstelling is voor deze visjes erg belangrijk. Het water hoort vrij zacht te zijn en enigszins zuur. Verder reageren de visjes, evenals andere potloodvisjes, sterk op vervuiling (nitraten) in het water.

VOEDSEL
De N. trifasciatus eet zowel vlokkenvoer als klein levend voer.

KWEEK
De kweek van deze visjes is voorbehouden aan specialisten.

Nematobrycon lacortei

FAMILIE
Characidae (karperzalmen)

ONDERFAMILIE
Tetragonopterinae

VINDPLAATS
Colombia, in het oerwoud

GESLACHTSONDERSCHEID
De vrouwtjes hebben wat minder lange vinnen dan de mannetjes.

LENGTE
Tot 5,5 centimeter

HUISVESTING
Dit zalmpje doet het heel goed in een middelgroot aquarium waarin voldoende vrije zwemruimte en een dichte randbeplanting aanwezig zijn.

SOCIALE EIGENSCHAPPEN
Dit is een vreedzaam scholenvisje dat pas tot zijn recht komt in een grotere school vanaf zeven exemplaren. Houd de visjes niet bij al te onstuimige vissoorten, want daar houden deze zalmpjes met hun vriendelijke en rustige aard niet van.

TEMPERATUUR EN WATERSAMENSTELLING
24-28 °C, liefst wat zachter en enigszins zuur water (pH minder dan 7).

VOEDSEL
Deze zalmpjes, die erg sterk lijken op de keizerzalm en er ook familie van zijn, eten zowel droog voer als levend voer met smaak.

KWEEK
De kweek is niet echt eenvoudig, omdat de weinige eitjes die de vissen afzetten even vrolijk weer door beide ouders worden opgegeten. Belangrijk is dat het water zacht en enigszins zuur is en dat voldoende fijnbladige beplanting zorgt voor enige diffuse verlichting. De jonge visjes worden grootgebracht met fijn stofvoer en minuscuul klein levend voer.

Nematobrycon lacortei

Nematobrycon palmeri

KEIZERTETRA

FAMILIE
Characidae (karperzalmen)

ONDERFAMILIE
Tetragonopterinae

VINDPLAATS
Colombia, in het oerwoud

GESLACHTSONDERSCHEID
De mannetjes zijn wat groter en vallen daarnaast op doordat de middelste en buitenste vinstralen aan de staartvin langer zijn. Ten slotte is ook de rug- en aarsvin bij de mannetjes langer en is de rand rond de ogen intensiever gekleurd.

LENGTE
Tot ongeveer 6 centimeter

HUISVESTING
De keizertetra doet het prima in gezelschapsaquaria, mits er voldoende beplanting is en de overige aquariumbewoners niet te druk zijn. Keizertetra's voelen zich uitstekend in aquaria van gemiddelde grootte.

SOCIALE EIGENSCHAPPEN
Deze visjes horen thuis in een school van ongeveer zeven of meer exemplaren. Kies als gezelschap voor de keizertetra niet al te drukke vissen, bijvoorbeeld bijlzalmpjes aan het wateroppervlak en *Corydoras*-soorten als bodembewoners.

Nematobrycon palmeri

TEMPERATUUR EN WATERSAMENSTELLING
24-27 °C. Deze soort stelt aan de watersamenstelling weinig eisen, maar in hard water voelen de vissen zich minder goed thuis.

VOEDSEL
De keizertetra eet zowel afwisselend droogvoer als klein levend voer.

KWEEK
De kweek is niet eenvoudig. De watersamenstelling steekt vrij nauw. In zacht, over turf gefilterd water zullen de van tevoren afwisselend gevoerde dieren overgaan tot afzetten. De eitjes worden tussen fijnbladige planten afgezet.
Aangezien de ouderdieren de eitjes opeten, is het verstandig ze direct uit te vangen als het karwei erop zit.

Neolamprologus leleupi

FAMILIE
Cichlidae (cichliden)

VINDPLAATS
Afrika, Tanganjikameer

GESLACHTSONDERSCHEID
De geslachten zijn erg moeilijk te onderscheiden.

LENGTE
Tot ongeveer 10 centimeter

HUISVESTING
Deze Tanganjika-cichlide voelt zich het beste thuis in een middelgroot tot groot aquarium met weinig planten, maar veel stenen, kienhout en kunstmatige holen. Een fijne grind- of zelfs zandbodem is wenselijk, evenals een goede doorstroming.

SOCIALE EIGENSCHAPPEN
Deze overwegend rustige vissen zijn helaas niet altijd even vriendelijk tegen elkaar. Daarom is het beter slechts één paartje te houden. Omdat de soort nogal roofzuchtig is aangelegd, worden ze normaal gesproken alleen vergezeld door andere cichlidensoorten of wellicht een grotere (pantser)meerval. Ze houden zich voornamelijk in de buurt van de bodem op.

TEMPERATUUR EN WATERSAMENSTELLING
23-26 °C, middelhard water, pH 8. Het water

Neolamprologus leleupi

Neolamprologus leleupi

moet kristalhelder en schoon zijn. Enige doorluchting is gewenst.

VOEDSEL
Deze vis is helaas geen gemakkelijke kostganger. De vissen eten vooral levend voer; sommige weigeren zelfs droogvoer. Sommige vissen nemen cichlidensticks op en dat geldt ook voor diepvriesvoedsel.

KWEEK
Onder goede omstandigheden zullen de vissen vanzelf zorgen voor nageslacht. U hoeft ze hiervoor dus niet in een apart aquarium onder te brengen, aangezien de beide ouderdieren niet alleen de eitjes, maar ook de jongen verzorgen en beschermen tegen nieuwsgierige (of hongerige) pottenkijkers. De eitjes worden afgezet in een hol.

Neolamprologus signatus

FAMILIE
Cichlidae (cichliden)

VINDPLAATS
Afrika, Tanganjikameer

GESLACHTSONDERSCHEID
Het mannetje is heel eenvoudig herkenbaar aan de strepen op de flanken. Het vrouwtje is bovendien kleiner.

LENGTE
Tot ongeveer 6 centimeter (♂)

HUISVESTING
Deze kleine cichlide kan heel goed in kleinere tot middelgrote aquaria worden gehouden. De vissen hebben behoefte aan een

165

Neolamprologus signatus

groot slakkenhuis waar ze steeds in de buurt blijven en bij gevaar in schuilen. Ook de eitjes worden hierin afgezet. Een bodembedekking van goed schoongewassen zand is meer dan wenselijk.

SOCIALE EIGENSCHAPPEN
Deze territoriumvormende soort is doorgaans erg onverdraagzaam en kan uitvallen naar zowel soortgenoten als andere aquariumbewoners. Het beste houdt u de vissen als paartje samen met een paar andere, weerbare cichlidensoorten. Zorg er in dat geval voor dat er voldoende schuilmogelijkheden zijn voor alle vissen, zodat het niet steeds tot schermutselingen komt.

TEMPERATUUR EN WATERSAMENSTELLING
23-26 °C. Hard water (10-14° DH) bij een pH van 7-8

VOEDSEL
De vissen nemen voornamelijk levend voer op, zoals muggenlarven en tubifex, maar ook cichlidensticks doen het goed.

KWEEK
Een goed bij elkaar passend kweekstel hoeft niet overgebracht te worden naar een ander aquarium, maar zal zich ook heel goed in het cichlidenaquarium voortplanten. De eitjes en jonge visjes worden door het vrouwtje verzorgd.

Nomorhamphus liemi liemi

FAMILIE
Hemirhamphidae (halfsnavelbekjes)

VINDPLAATS
Celebes

GESLACHTSONDERSCHEID
De mannetjes zijn kleurrijker, vooral op de vinnen, en hebben een veel grotere, voor deze vissen zo typische 'uitstulping' aan de onderlip dan de vrouwtjes. Bovendien zijn de mannetjes opvallend veel kleiner dan de vrouwtjes.

LENGTE
Tot ongeveer 9 centimeter

HUISVESTING
Deze bijzondere vissen horen thuis is een groter aquarium met veel vrije zwemruimte onder het wateroppervlak. De soort zwemt namelijk graag en veel in de bovenste waterlagen. Omdat de vissen graag springen, is een dekruit noodzakelijk om ze in het aquarium te houden.

SOCIALE EIGENSCHAPPEN
Anders dan het roofvisachtige voorkomen van deze vis doet vermoeden, is de soort vreedzaam en kan probleemloos met andere vissen samen leven. Het beste houdt u deze vissen in een kleine groep.

TEMPERATUUR EN WATERSAMENSTELLING
23-26 °C. De vissen zijn niet erg gevoelig voor de watersamenstelling, maar in zacht en licht zuur water zullen de vissen zich beslist beter voelen.

VOEDSEL
De soort vangt in de natuur insecten die op het wateroppervlak zijn terechtgekomen en hun larven. Geef de vissen dit soort voedseldiertjes te eten om ze tegemoet te komen in hun voedselbehoefte. Ook droogvoer is mogelijk.

Nomorhamphus liemi liemi

Dit halfsnavelbekje is levendbarend, maar helaas niet erg productief. Het beste zet u een worp jonge visjes over in een aparte kweekbak (met dezelfde watersamenstelling) zodat ze niet door de ouderdieren worden opgegeten. Bij hun geboorte zijn ze namelijk al vrij groot en kunnen ze zich moeilijk verschuilen.

Nothobranchius patrizii

FAMILIE
Cyprinodontidae (eierleggende tandkarpers)

ONDERFAMILIE
Rivulinae

VINDPLAATS
Oost-Afrika

GESLACHTSONDERSCHEID
Het verschil tussen beide geslachten is erg eenvoudig te zien: de mannetjes zijn veel kleurrijker dan de vrouwtjes, die praktisch kleurloos zijn.

LENGTE
De mannetjes worden 3,5 tot 4 centimeter. De vrouwtjes blijven wat kleiner.

HUISVESTING
Deze visjes worden meestal in een klein soortaquarium gehouden dat speciaal aan hun specifieke behoeften is aangepast. Een belangrijk deel van de bodembedekking moet uit turfmolm bestaan. De vis heeft beslist behoefte aan verschillende schuilmo-

Nothobranchius patrizii

gelijkheden, bijvoorbeeld in de vorm van een bijzonder dichte beplanting en grillig gevormd kienhout.

Rechtstreeks invallend licht van buiten is niet bevorderlijk voor deze soort, dus probeer dit te vermijden. Ook te felle aquariumverlichting wordt door de dieren niet gewaardeerd. Een dicht dek van drijfplanten filtert het licht op een natuurlijke manier. Stroming is niet gewenst.

SOCIALE EIGENSCHAPPEN
Deze visjes kunnen meestal met een aantal andere, gelijkgestemde en sterkere killivissen samen worden gehouden.

Normaal gesproken kunnen de vissen het onderling vrij goed vinden, maar probeer altijd meer vrouwtjes dan mannetjes te houden.

TEMPERATUUR EN WATERSAMENSTELLING
20-28 °C. Goede filtering is noodzakelijk om het water zuiver te houden, maar zorg ervoor dat het water niet te veel in beweging is. Ververs eens per week eenvierde van het aquariumwater, aangezien het water anders erg snel vervuilt. Een pH van rond de 6,5 voldoet prima.

VOEDSEL
De soort eet eigenlijk alleen maar klein levend voer zoals tubifex, kleine fruitvliegjes, muggenlarven en artemia. De visjes zijn veelvraten en hebben meerdere keren per dag voedsel nodig.

KWEEK
De kweek is vergelijkbaar met andere seizoenskillivissen.

Nothobranchius rachovi

FAMILIE
Cyprinodontidae (eierleggende tandkarpers)

ONDERFAMILIE
Rivulinae

VINDPLAATS
Afrika (met name Mozambique), in poeltjes die tijdens droogteperioden uitdrogen

GESLACHTSONDERSCHEID
Het verschil tussen de geslachten is door iedereen in een oogopslag te zien: de mannetjes zijn spectaculair gekleurd, terwijl de

Nothobranchius rachovi

vrouwtjes vrijwel onopvallend door het leven gaan.

LENGTE
Tot 5 centimeter

HUISVESTING
De *N. rachovi* wordt doorgaans in een soort-aquarium gehouden. In kleinere tot middelgrote aquaria doen deze visjes het erg goed, mits gedacht is aan voldoende schuilmogelijkheden (kienhout, dichte beplanting) en een zachte en donkergekleurde bodembedekking. Zoals alle andere killivissen is ook deze soort niet zo gesteld op felle verlichting en leeft hij het liefst in enigszins stilstaand water.

SOCIALE EIGENSCHAPPEN
U kunt de dieren onderbrengen in een flinke groep met meerdere mannetjes en twee maal zoveel vrouwtjes, of een enkel mannetje en twee of drie vrouwtjes samen. Zijn er maar twee of drie mannetjes in de bak aanwezig, dan zullen zij elkaar steeds bevechten. De soort is vanwege de hoge eisen die worden gesteld aan de watersamenstelling en hun leefwijze niet geschikt voor een gezelschapsaquarium.

TEMPERATUUR EN WATERSAMENSTELLING
20-23 °C, 4-12° DH, pH 6,5-7

VOEDSEL
De vissen eten wel droogvoer (S. San) maar hebben daarnaast behoefte aan levend voer zoals muggenlarven, fruitvliegjes en artemia (pekelkreeftjes).

KWEEK
De kweek is vergelijkbaar met die van andere seizoenskillivissen, met het verschil dat de vissen hun eitjes niet in een afzetsubstraat of Javamos afzetten, maar gewoon op de bodemgrond, die voor de kweek het beste uit turfmolm kan bestaan. De eitjes moeten een kunstmatige droogteperiode van ongeveer een half jaar ondergaan, willen ze uitkomen. Hiervoor worden de eitjes in een plastic zak met vochtige turfmolm op een temperatuur van 20-21 C° weggelegd en wordt na drie tot zes maanden zeer zacht water van ongeveer 18 C° op de eitjes gegoten. Verwarm het water daarna tot circa 24 C°. Hiermee bootst u de natuurlijke gang van zaken na, namelijk de regentijd die de uitgedroogde poeltjes in het oerwoud weer vult met een laagje water.

Osteoglossum bicirrhosum

FAMILIE
Osteoglossidae

VINDPLAATS
Amazonegebied, in ondiep en stilstaand water

GESLACHTSONDERSCHEID
Het verschil tussen beide geslachten is pas goed te zien als de dieren volwassen zijn. De mannetjes hebben dan langere vinnen en zijn wat slanker dan de vrouwtjes.

LENGTE
In de natuur worden de dieren langer dan een meter, maar in het aquarium blijven ze kleiner.

HUISVESTING
Vanwege de grootte van de dieren zal een aquarium van ongeveer 2 meter lang toch al snel nodig zijn. Omdat de vissen zich voor-

Osteoglossum bicirrhosum

namelijk in de bovenste waterlagen en direct onder het wateroppervlak ophouden, moet daar voldoende zwemruimte zijn. Het maakt de dieren niet zo veel uit of het water steeds in beweging is of juist stilstaat.

Wel is een dekruit noodzakelijk omdat de vissen de neiging hebben boven het wateroppervlak uit te springen, zeker als ze insectjes zien.

SOCIALE EIGENSCHAPPEN
Deze bijzondere vis is verre van vriendelijk. Zowel ten opzichte van soortgenoten als tegenover andere aquariumbewoners kan hij agressief zijn. Houd hem daarom alleen of samen met een paar robuuste cichliden die zich in de onderste waterlagen ophouden.

TEMPERATUUR EN WATERSAMENSTELLING
25-29 °C. De vissen houden van enigszins zuur (pH 6-6,5) en niet al te hard water.

VOEDSEL
Deze soort eet in de natuur vooral andere vissen en insecten. Ook in het aquarium hebben de dieren behoefte aan dergelijk voedsel, maar ze nemen daarnaast ook cichlidensticks en gevriesdroogd voer op.

KWEEK
Deze vis broedt de eieren in de bek uit (muilbroeder), waar ze het veiligst zijn voor eventuele eierrovers. Waargenomen is dat het twee maanden kan duren voordat de jonge visjes de bek verlaten. Ze zijn dan al erg groot. Uiteraard is het in het aquarium niet mogelijk om de dieren te kweken, vanwege ruimtegebrek.

Otocinclus affinis

FAMILIE
Loricariidae (harnasmeervallen)

ONDERFAMILIE
Hypoptopomatinae

VINDPLAATS
Zuidoost-Brazilië

GESLACHTSONDERSCHEID
De volwassen vrouwtjes zijn wat voller en groter dan de volwassen mannetjes.

LENGTE
Tot ongeveer 5 centimeter

HUISVESTING
Deze soort kan heel goed in een klein aquarium worden ondergebracht, maar dan moet er wel voor voldoende schuilmogelijkheden in de vorm van dichte beplanting, kienhout en stenen zijn gezorgd. De vissen houden van stroming in het water; daar zijn ze in hun vindgebied aan gewend. Een rijke bealging in het aquarium (deels zonnige stand) heeft de voorkeur.

SOCIALE EIGENSCHAPPEN
Deze visjes zijn zowel onderling als ten opzichte van andere vissen vreedzaam. Ze houden zich vooral in de onderste waterlagen op en worden pas tegen de schemering actief. Ze zijn dan druk in de weer met het afgrazen van planten, stenen en kienhout (algen). Ze hebben graag gezelschap van een aantal soortgenoten.

TEMPERATUUR EN WATERSAMENSTELLING
21-25 °C. Aan de watersamenstelling worden door deze vissen geen hoge eisen gesteld, maar het water moet wel kristalhelder en zo zuiver mogelijk zijn.

VOEDSEL
De vissen eten uitsluitend plantaardig voedsel. Wanneer alle algen afgegraasd zijn, kunt u de vissen voeren met plantaardige voedertabletten (S. Viformo), maar het is beter om dit altijd te doen, zodat er steeds voldoende algen voor de dieren aanwezig blijven.

KWEEK
Onder goede omstandigheden zetten de dieren soms hun eitjes aan de planten af. De ouderdieren laten hun eitjes met rust, maar andere aquariumbewoners zullen deze als lekkere hapje zien. Daarom is het beter de dieren over te zetten in een aparte kweekbak als u graag nageslacht wilt.

Otocinclus affinis

Pachypanchax playfairy

PANCHAX

FAMILIE
Cyprinodontidae (eierleggende tandkarpers)

ONDERFAMILIE
Rivulinae

VINDPLAATS
Madagaskar, Zanzibar en de Seycellen

GESLACHTSONDERSCHEID
De mannetjes zijn wat intensiever van kleur
dan de vrouwtjes, die bovendien een donkere vlek op de rugvin vertonen.

LENGTE
Tot 9 centimeter, afhankelijk van de hoeveelheid beschikbare ruimte

HUISVESTING
Dit is een van de weinige killivissen die het
ook in gezelschapsaquaria goed doet. Echter, de dieren willen graag een donkere
bodembedekking en veel schuilmogelijkheden in de vorm van dichte beplanting en
kienhout. Een dekruit is noodzakelijk; de
vissen springen namelijk nogal eens boven
het wateroppervlak uit, zeker als ze een
insectje in het vizier hebben. Ze houden zich
bij voorkeur in de bovenste waterlaag op,
meestal direct onder het wateroppervlak.

SOCIALE EIGENSCHAPPEN
De panchax doet het goed als paartje. De
dieren kunnen probleemloos met andere vissen samen worden gehouden.

TEMPERATUUR EN WATERSAMENSTELLING
23-25 °C. De vissen stellen geen hoge eisen
aan de watersamenstelling, maar middelhard
en neutraal water heeft de voorkeur.

VOEDSEL
Het menu van deze vis bestaat uit levend
voer zoals insectjes (vliegende mieren, fruitvliegjes) en insectenlarven (muggenlarven).
Daarnaast eet hij ook graag droogvoer en
gedroogde en ingevroren voedseldiertjes.

KWEEK
De visjes planten zich paarsgewijs voort. De
eitjes worden in fijnbladige planten afgezet.
Lastig is dat de dieren niet ineens alle eitjes

Links: Pterophyllum scalare *(gevlekte kweekvorm)*

Pachypanchax playfairy

afzetten, maar er een aantal dagen over doen
en hun eitjes weer opeten. Het steeds uitscheppen van de geproduceerde eitjes en
deze overzetten in een apart aquarium of
ondiepe schaal (drijvend op het wateroppervlak van de kweekbak) met dezelfde watertemperatuur is dan ook noodzakelijk. De
jonge dieren eten minuscuul levend voer.

Panaque nigrolineatus

FAMILIE
Loricariidae (harnasmeervallen)

ONDERFAMILIE
Ancistrinae

VINDPLAATS
Colombia

Panaque nigrolineatus

Panaque nigrolineatus

SOCIALE EIGENSCHAPPEN

Zowel ten opzichte van elkaar als tegenover andere vissen is deze soort uiterst vriendelijk. Ondanks zijn grootte kan de *P. nigrolineatus* prima met vissoorten worden gehouden die kleiner zijn. Overdag houdt deze vis zich schuil. Pas tegen de schemering en tijdens de nacht wordt hij actief en gaat hij op zoek naar voedsel. Deze vissen houden zich bij voorkeur in de onderste waterlagen op en schrapen de algen van ruiten, planten, stenen en kienhout.

TEMPERATUUR EN WATERSAMENSTELLING

22-26 °C. De watersamenstelling is niet van belang, wel is het erg belangrijk dat het water helder en steeds in beweging is.

VOEDSEL

Deze meerval eet alleen plantaardig voedsel. Zijn er in het aquarium niet (meer) voldoende algen aanwezig, dan zal de vis moeten worden bijgevoerd met plantaardig vlokkenvoer, voedertabletten (S. Flora/S. Viformo) en geblancheerd groenvoer.

KWEEK

Onbekend

BIJZONDERHEDEN

Deze vis is, gezien zijn voedselvoorkeur, een perfecte keuze als uw aquarium sterk bealgd is.

Panaque suttoni

FAMILIE

Loricariidae (harnasmeervallen)

ONDERFAMILIE

Ancistrinae

VINDPLAATS

Zuid-Amerika (Amazone)

GESLACHTSONDERSCHEID

Onbekend

LENGTE

Tot 20 centimeter, maar meestal blijven ze in het aquarium wat kleiner.

GESLACHTSONDERSCHEID

Tot dusverre is het verschil tussen de geslachten nog onbekend.

LENGTE

In grote aquaria met voldoende stroming kunnen de vissen ruim 20 centimeter lang worden, maar in hun vindgebied worden ze veel groter.

HUISVESTING

Deze vrolijke en actieve meerval hoort thuis in een ruim aquarium waarin een krachtige motorfilter het water steeds flink in beweging houdt.

Net zoals andere meervallen heeft ook deze behoefte aan wat schuilplaatsen in de vorm van rotspartijen en kienhout. Een bealgd aquarium heeft de voorkeur boven een pas ingerichte bak.

HUISVESTING

De *P. suttoni* kan vanwege zijn grootte en actieve leefwijze het beste in een wat ruimer bemeten aquarium worden ondergebracht.

Panaque suttoni

Panaque suttoni

Zorg beslist voor voldoende schuilmogelijkheden (bijvoorbeeld rotspartijen, kienhout, dichte, grofbladige beplanting). Belangrijk is dat het water flink wordt gefilterd, zodat er veel stroming is.

SOCIALE EIGENSCHAPPEN
Zowel ten opzichte van elkaar als ten opzichte van andere aquariumbewoners stellen de vissen zich vreedzaam op. Ze gaan een beetje hun eigen gangetje. Overdag houden ze zich schuil; ze worden meestal pas actief bij het invallen van de avond.

TEMPERATUUR EN WATERSAMENSTELLING
21-25 °C. Deze vissen stellen aan de watersamenstelling geen eisen. Wel moet het water erg zuiver en helder zijn; een flinke doorstroming is noodzakelijk.

VOEDSEL
Deze soort eet in eerste instantie algen en plantaardig droogvoer (S. Flora/S. Premium), maar ook met het voer dat de andere aquariumbewoners niet opeten, en wat dus op de bodem terechtkomt, weet deze vis meestal wel raad.

KWEEK
Tot dusverre is de nakweek van deze dieren nog niet gelukt.

Pangasius pangasius

FAMILIE
Pangasiidae

VINDPLAATS
Het verspreidingsgebied van deze vissoort is groot en omvat bijna geheel Azië.

GESLACHTSONDERSCHEID
Onbekend

LENGTE
Deze typische dieren worden in hun vindgebieden langer dan een meter, maar in het aquarium halen ze deze lengte niet, vanwege het gebrek aan ruimte.

HUISVESTING
Vanwege zijn grootte en zijn bijzonder actieve leefwijze hoort deze vis alleen in grote aquaria thuis, dat wil zeggen aquaria van *minimaal* 2 meter lang. Er hoort veel vrije zwemruimte te zijn.

SOCIALE EIGENSCHAPPEN
Deze vissen zijn erg levendig; de hele dag door zwemmen ze met forse slagen door het hele aquarium, waarbij ze alles eten wat ze tegenkomen. Ze houden zich vooral in de middelste en onderste waterlagen op.

TEMPERATUUR EN WATERSAMENSTELLING
22-27 °C. De watersamenstelling is niet zo van belang, een zeer sterke filtering echter wel. Het water moet altijd in beweging zijn, net als de vissen zelf.

Pangasius pangasius

Pangasius pangasius

Tot ongeveer 14 centimeter

HUISVESTING
De vlindervis hoort thuis in een middelgroot tot groot aquarium, maar ook in paludaria worden deze vissen veel gehouden. Vlindervissen houden zich voornamelijk in de bovenste waterlaag, vlak onder het wateroppervlak op,en hebben daar de ruimte nodig. Doorstroming is niet nodig en wordt door de vis ook niet op prijs gesteld. Een dichte beplanting, vooral voldoende overhangende bladeren en wat drijfgroen, laat deze vis zich snel op zijn gemak voelen.

Zoals de meeste vissen die hun voedsel van het wateroppervlak afhalen, is ook de vlindervis nogal eens geneigd boven het wateroppervlak uit te springen, zeker als er een smakelijk insectje te bespeuren valt. Hun sprongkracht is enorm; in de natuur zijn er sprongen van meer dan twee meter waargenomen. Een dekruit is daarom absoluut noodzakelijk.

VOEDSEL
Deze vis wil vooral véél eten. Droogvoer, (geblancheerd) groenvoer en levend voer worden goed en graag gegeten.

KWEEK
Tot dusverre is nog niets over de voortplanting van deze soort bekend.

BIJZONDERHEDEN
Vanwege de grootte van deze vis (hij groeit bovendien snel) en zijn zwemlustige aard is de soort eigenlijk niet geschikt voor een doorsnee aquariumliefhebber. Het wordt al snel een probleem en een dure aangelegenheid om de *P. pangasius* (en misschien wat soortgenoten) in een passende ruimte onder te brengen die ook nog eens verwarmd en gefilterd moet worden.

Pantodon buchholzi ♂

Pantodon buchholzi

VLINDERVIS

FAMILIE
Pantodontidae (vlindervissen)

Pantodon buchholzi ♂

VINDPLAATS
West-Afrika, in langzaam stromende en stilstaande, rustige wateren tussen dichte vegetatie

GESLACHTSONDERSCHEID
Het verschil tussen de geslachten is te zien aan de verschillende soorten staartvinnen; bij het mannetje zijn de voorste stralen van de aarsvinnen sterk verlengd, terwijl die van het vrouwtje afgerond zijn. Op de afbeeldingen ziet u mannelijke exemplaren.

Deze opvallende vissoort is helaas niet een van de sociaalste. Kleinere visjes en vissen die zich niet snel uit de voeten kunnen maken (bijv. langvinnige soorten) worden nagejaagd en aangevreten. De vissen kunnen wel met andere vissoorten worden gehouden, maar dan wel met sterkere en weerbaardere soorten die de onderste en middelste waterlagen bewonen. Onderling kunnen ze het ook niet altijd goed met elkaar vinden, maar als solitair doen ze het prima.

TEMPERATUUR EN WATERSAMENSTELLING
24-28 °C. Deze vis stelt aan de watersamenstelling weinig eisen, al stelt hij niet te hard en neutraal of licht zuur water (pH 6,5-7) wel op prijs.

VOEDSEL
De vlindervis eet vooral levend voer, met name insecten en hun larven. U kunt ze speciaal gekweekte fruitvliegjes te eten geven, of muggen en vliegen, mits die niet te groot zijn. Droogvoer wordt wel gegeten, maar mag voor deze vissoort niet als basis dienen.

Papiliochromis altispinosus

KWEEK
Deze vissen zijn niet eenvoudig te kweken. Onder optimale omstandigheden (dat wil zeggen een goed passend kweekstel in een aparte kweekbak, de juiste watersamenstelling en een wat hogere watertemperatuur dan de vissen gewend zijn) wil het nog wel eens lukken.

De eitjes drijven op het wateroppervlak en worden door de vissen nauwelijks bekeken, maar voor de zekerheid kunt u de ouderdieren beter verwijderen of de eitjes uitscheppen en in een aparte bak overzetten. Gebruik in het laatste geval dan wel altijd water uit de kweekbak, zodat de watersamenstelling en temperatuur hetzelfde blijven.

Papiliochromus altispinosus

FAMILIE
Cichlidae (cichliden)

VINDPLAATS
Noordelijke deel van Zuid-Amerika

Beide geslachten lijken sprekend op elkaar en zijn dan ook alleen door een geoefend oog te onderscheiden, mits de dieren goed uitgegroeid zijn. De vrouwtjes hebben dan een wat gevuldere buikpartij.

LENGTE

Tot ongeveer 8 centimeter

HUISVESTING

Deze kleine cichliden kunnen heel goed in een middelgroot tot groot aquarium worden gehouden. De soort is een van de weinige cichlidensoorten die niet in de bodemgrond woelen. De vissen hebben graag de beschikking over wat schuilgelegenheden. Een dichte beplanting, kienhout en steenpartijen voldoen prima, maar een flinke bloempot (op de kant gelegd) die half ingegraven is, zullen de vissen nog liever als schuilplaats in beslag nemen.

SOCIALE EIGENSCHAPPEN

De vissen zijn relatief goedaardig, maar kleine visjes worden als maaltje gezien. Met andere weerbaarder cichlidensoorten doen ze het echter goed. Het beste houdt u deze vissen paarsgewijs. Omdat het zo moeilijk te zien is of u met een paartje te doen hebt, zult u de vissen in de winkel enige tijd moeten observeren. Meestal vormt er zich in een grotere groep vanzelf een stel dat opvalt omdat ze steeds vlak bij elkaar zwemmen.

TEMPERATUUR EN WATERSAMENSTELLING

23-26 °C. De vissen hebben de voorkeur voor middelhard water met een pH van rond de 6,5-7.

VOEDSEL

Deze cichliden houden van zowel droogvoer (cichlidensticks) als levende en ingevroren voedseldiertjes.

KWEEK

Onder de juiste omstandigheden zal een kweekpaartje, mits het niet steeds door de overig aquariumbewoners wordt gestoord, zich voortplanten in een gezelschapsaquarium. Zowel de eitjes als de jonge visjes worden verzorgd en beschermd.

Paracheirodon axelrodi

KARDINAALTETRA

FAMILIE

Characidae (karperzalmen)

ONDERFAMILIE

Tetragonopterinae

VINDPLAATS

Aan de rand van het Amazonegebied, vooral in de rivieren Rio Negro en Orinoco

GESLACHTSONDERSCHEID

De mannetjes zijn slanker dan de vrouwtjes, die een gevulder buikpartij hebben en vaak wat 'bleker' op de buik zijn.

LENGTE

Tot ongeveer 5 centimeter

HUISVESTING

De kardinaaltetra kan in een wat kleiner aquarium worden gehouden, maar omdat de vissen zo graag en veel zwemmen is een middelgroot aquarium een betere keus. Ze gaan samen met de meest uiteenlopende vissoorten en zijn vanwege hun vriendelijke aard erg geschikt voor het gezelschapsaquarium.

Paracheirodon axelrodi

Paracheirodon axelrodi

Erg sterk verlichte aquaria zijn voor deze vissoort minder geschikt.

Een donkere bodembedekking, voldoende randbeplanting en drijfgroen laten de vissen zich beter op hun gemak voelen, en tot hun recht komen. De dieren stellen doorstroming in het water op prijs, maar die is niet noodzakelijk.

SOCIALE EIGENSCHAPPEN

Deze vissen zijn bijzonder vreedzaam, zowel onderling als ten opzichte van de andere aquariumbewoners. In de vrije natuur vormen kardinaaltetra's scholen van duizenden exemplaren. Dit kunnen we natuurlijk niet bieden in het aquarium, maar bedenk dat een flinke school, vanaf twintig stuks, niet alleen beter is voor de visjes zelf, maar ook spectaculair is om te zien. De kardinaaltetra is een actief visje dat bij voorkeur de middelste waterlagen bevolkt.

TEMPERATUUR EN WATERSAMENSTELLING

24-28 °C. Ideale waterwaarden zijn zeer zacht tot zacht (2-8° DH) en enigszins zuur (pH 6) water. De visjes doen het echter soms ook lange tijd goed in water dat hiervan afwijkt. Wanneer u wat langer van uw school kardinaaltetra's wilt genieten, zult u deze vissen wat de waterkwaliteit betreft toch wat tegemoet moeten komen.

VOEDSEL

De kardinaaltetra is geen moeilijke kostganger. Hij houdt erg van droogvoer en klein levend voer zoals tubifex en watervlooien.

KWEEK

Kardinaaltetra's zijn erg moeilijk tot voortplanten te brengen. Bovendien zijn de jongen erg gevoelig en bevattelijk voor ziekten. Gebruik altijd een aparte kweekbak die vooraf goed ontsmet is. Ontsmet ook alle andere materialen die u gebruikt. Doorluchting is in eerste instantie niet nodig. Het kweekbakje mag nooit op een verlichte plaats staan; zowel de ouderdieren als de jonge visjes doen het beter als de belichting zwak is.

Kardinaaltetra's zijn eiervreters, dus een legrooster dat een paar centimeter boven de bodem is vastgemaakt, is beslist noodzakelijk. De dieren zijn vrijleggers en hebben een voorkeur om de eitjes boven Javamos af te stoten. De jonge visjes kunnen de eerste week met minuscuul kleine voederdiertjes worden gevoerd, daarna kunt u ze voeren met fijn stofvoer.

Paracheirodon innesi

NEONTETRA

FAMILIE
Characidae (karperzalmen)

ONDERFAMILIE
Tetragonopterinae

VINDPLAATS
Bovenloop van het Amazonegebied, in kleine stroompjes in het oerwoud

GESLACHTSONDERSCHEID
De mannetjes zijn slanker dan de vrouwtjes, die herkenbaar zijn aan de dikkere buikpartij.

LENGTE
Tot 4 centimeter

HUISVESTING
De neontetra is uitstekend geschikt voor het gezelschapsaquarium, dat niet eens zo groot

Neontetra's zijn scholenvisjes

Paracheirodon innesi

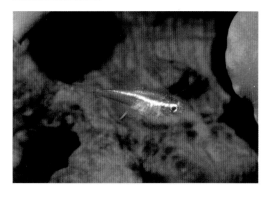

hoeft te zijn. Randbeplanting en wat drijf-groen zijn wenselijk, evenals een donkere bodembedekking. Donkergekleurd grind voldoet prima. Deze levendige en populaire visjes stellen wat stroming in het aquarium op prijs.

SOCIALE EIGENSCHAPPEN
Neontetra's zijn scholenvisjes en horen thuis in een grotere school. Dan pas komen de dieren tot hun recht en voelen ze zich veiliger. Bovendien is zo'n grote school ook veel mooier om te zien. Andere visjes laten ze met rust, maar andersom is dat nog wel eens anders; de visjes mogen nooit bij roofzuchtige vissen worden gehouden. Neontetra's houden zich vooral in de middelste waterlagen op en zijn vrij actief.

TEMPERATUUR EN WATERSAMENSTELLING
21-24 °C. De visjes doen het goed in uiteenlopende watersamenstellingen, maar hebben beslist de voorkeur voor zacht tot middelhard water en een pH-waarde van rond de 6-6,5.

VOEDSEL
Deze visjes zijn probleemloze kostgangers. Ze eten zowel droogvoer als klein levend voer.

KWEEK
De kweek van de neontetra is vergelijkbaar met die van de kardinaaltetra (*Paracheirodon axelrodi*), al is het kweken van neons wat eenvoudiger.

Paracheirodon innesi *(kweekvorm)*

KWEEKVORMEN
Er is inmiddels ook een langvinnige neontetra gekweekt, zij het op zeer kleine schaal. Ook is er een wat minder kleurrijke variëteit waarbij het blauwe pigment voornamelijk op de kop geconcentreerd is. Beide kweekvarianten zijn overigens niet bijzonder gewild.

BIJZONDERHEDEN
Samen met de kardinaaltetra is de neontetra een van de populairste visjes. Beginnende aquarianen halen ze vaak door elkaar. De neontetra blijft echter niet alleen kleiner dan de kardinaal, maar heeft ook altijd een witte buik, terwijl de kardinaal een rode buik heeft. Mocht u als beginnend aquariaan geen keuze kunnen maken tussen beide soorten, kies dan bij voorkeur voor een schooltje neontetra's. Deze soort is eenvoudiger tevreden te stellen en wat taaier.

Paracyprichromis brieni

FAMILIE
Cichlidae (cichliden)

VINDPLAATS
Afrika, Tanganjikameer

GESLACHTSONDERSCHEID
De mannetjes zijn wat groter en kleurrijker dan de vrouwtjes.

LENGTE
Tot ongeveer 10 centimeter

HUISVESTING
Deze levendige cichliden hebben de ruimte nodig en daarom is een aquarium van minimaal 1 meter breed noodzakelijk. Decoreer het aquarium met kienhout, stenen en voldoende randbeplanting.

SOCIALE EIGENSCHAPPEN
Deze vissen kunnen paarsgewijs worden gehouden, maar aangezien ze in de natuur graag grotere groepen vormen, kunt u ze ook in het aquarium met meerdere soortgenoten samen houden. Zowel ten opzichte van elkaar als tegenover andere aquariumbewoners stellen deze vissen zich redelijk goedaardig op, maar kleine visjes worden als voedsel gezien.

TEMPERATUUR EN WATERSAMENSTELLING
23-27 °C. De watersamenstelling is niet zo

Paracyprichromis brieni

belangrijk, al hebben een neutrale pH-waarde en middelhard tot matig hard water de
voorkeur.

VOEDSEL
Deze soort eet zowel droogvoer als levend
voer.

Peckoltia vittata

KWEEK
De *P. brieni* is een muilbroeder. De soort is
niet erg productief.

Peckoltia vittata

FAMILIE
Loricariidae (harnasmeervallen)

ONDERFAMILIE
Ancistrinae

VINDPLAATS
Amazonegebied

GESLACHTSONDERSCHEID
Onbekend

LENGTE
Tot ongeveer 15 centimeter

HUISVESTING
Deze pantsermeerval is het beste op zijn

plaats in een middelgroot aquarium waarin voldoende algen aanwezig zijn. De dieren hebben absoluut genoeg schuilmogelijkheden nodig, bijvoorbeeld in de vorm van grillig kienhout en een geschikte beplanting. Bovendien hebben ze erg veel behoefte aan stroming in het water.

SOCIALE EIGENSCHAPPEN

De soort is over het algemeen uiterst vreedzaam, zowel ten opzichte van andere vissen als tegenover de eigen soort. Ze gaan hun eigen gangetje.

Overdag 'slapen' ze meestal op een beschutte plek en zult u ze maar heel weinig zien zwemmen, maar wanneer de schemering invalt, worden ze actiever en gaan ze op zoek naar voedsel.

TEMPERATUUR EN WATERSAMENSTELLING

23-25 °C. De vis doet het in allerlei verschillende watersamenstellingen goed, maar heeft beslist behoefte aan kristalhelder en zuiver water. Een krachtige motorfilter kan hier goed dienst doen.

VOEDSEL

De soort eet alleen plantaardige voeding, met de nadruk op algen. Zijn er niet (meer) voldoende algen in het aquarium aanwezig, dan is het beslist noodzakelijk de vissen bij te voeren met plantaardige voedertabletten, en/of geblancheerde slablaadjes. Geef deze pas wanneer de schemering invalt, anders hebben de andere aquariumbewoners alles al opgegeten voordat de vis op zoek gaat naar voedsel.

KWEEK

Tot dusverre is het nog niet bekend hoe het met de voortplanting van deze vissen gesteld is.

Pelvicachromis humilis

Pelvicachromis humilis

FAMILIE
Cichlidae (cichliden)

VINDPLAATS
West-Afrika

GESLACHTSONDERSCHEID
De vinuiteinden van de mannetjes zijn spits, terwijl die van de vrouwtjes meer afgerond zijn. Bovendien zijn de mannetjes groter.

LENGTE
Tot 12 centimeter (♂)

HUISVESTING
De vissen houden zich graag in de buurt van en in een schuilplaats op. Dit kan een grillig gevormd stuk kienhout zijn of een stenenformatie die de vissen beschutting van bovenaf biedt. De bodembedekking mag nooit te grof of te scherp zijn, aangezien de vissen, die zo nu en dan graag in de bodem woelen, zich dan kunnen bezeren.

De *P. humilis* stelt een schaduwrijk aquarium bijzonder op prijs; met overhangende planten en drijfgroen kunt u schaduwplaatsen creëren. Het aquariumwater moet steeds in beweging zijn.

SOCIALE EIGENSCHAPPEN
Deze vissen vormen onafscheidelijke paartjes die zich in een territorium terugtrekken. Uiteraard houdt u ze niet bij kleine of trage vissoorten. Het gezelschap van grotere en snelzwemmende vissoorten, andere cichliden of grotere meervallen is echter heel goed mogelijk.

TEMPERATUUR EN WATERSAMENSTELLING
23-26 °C, 4-10° DH, pH 6-7

Pelvicachromis humilis ♀

De *P. humulis* is geen moeilijke kostganger.
Cichlidensticks en gedroogde en ingevroren
voedseldiertjes worden goed gegeten. Geef
de vissen ook levend voer.

Wanneer u graag nageslacht van uw paartje
P. humilis wenst, zult u het water wat zachter moeten maken (tot ongeveer 2° DH). De
zuurgraad moet rond de pH 6 liggen. Hiermee benadert u de waterwaarden die in hun
natuurlijke biotoop heersen ten tijde van de
kweekperiode. De vissen reageren hierop
door eitjes af te zetten in het hol.

Beide ouderdieren bewaken en verzorgen
niet alleen het broedsel, maar ook de jonge
visjes.

Pelvicachromis pulcher

KERSENBUIKCHICLIDE

Cichlidae (cichliden)

West-Afrika (Kameroen en Nigeria)

Het verschil tussen de geslachten is eenvoudig te zien, zeker als de vissen volwassen
zijn. De vrouwtjes zijn kleiner en wat dikker
dan de mannetjes. Bovendien hebben de
vrouwtjes een roodgekleurde buik en afgeronde vinnen, terwijl die van de mannetjes
spits toelopen.

Tot ongeveer 10 centimeter (♂)

Pelvicachromis pulcher ♀

Pelvicachromis pulcher ♂

De van oudsher bekende en geliefde kersenbuikcichlide kan in zowel wat kleinere als
middelgrote aquaria worden ondergebracht.
Erg belangrijk voor deze soort is dat er grot-
achtige schuilmogelijkheden zijn. Dat kan in
de vorm van een stenenpartij of kienhout,
maar u zult zien dat wanneer u een omgekeerde bloempot (waarvan het gat groter
gemaakt is en de scherpe uitsteeksels glad-
gevijld zijn) een paar centimeter in het grind
graaft, de vissen deze binnen een mum van
tijd in beslag nemen. Dit doen ze zeker als u
deze pot op een beschutte plek tussen de
beplanting of daaronder situeert.

Omdat de vissen graag in de bodem graven, is een dikke laag van klein en afgerond
grind wenselijk. Stroming mag, maar de vissen zelf zoeken liever plaatsen op waar het
wat rustiger is.

Kersenbuikcichliden passen heel goed in een
gezelschapsaquarium, mits er geen sprake is
van overbevolking, omdat de dieren een ter-

Pelvicachromis pulcher

Pelvicachromis pulcher *met jonge visjes*

ritorium in beslag nemen. Andere vissen worden steeds uit het territorium verjaagd, maar als de vissen de kersenbuikchicliden met rust laten, zullen ze deze zelden aanvallen.

Ze worden altijd als paartje gehouden en de twee blijven steeds heel dicht bij elkaar. Tussen de planten en op andere beschutte plekken dicht bij de bodem zoeken ze naar voedsel.

TEMPERATUUR EN WATERSAMENSTELLING
22-25 °C. Aan de watersamenstelling worden maar weinig eisen gesteld. In de vrije natuur leven de vissen zelfs in kustgebieden in brak water.

VOEDSEL
De kersenbuikcichlide eet alles, behalve planten en algen. Op afwisselend droogvoer kunnen ze heel goed in leven blijven, maar zo nu en dan worden levend voer en ingevroren voedseldiertjes erg gewaardeerd.

KWEEK
Veel aquarianen kunnen beamen dat kersenbuikcichliden gemakkelijk te kweken zijn. Vaak hoeft u niets te veranderen aan de watersamenstelling en u hoeft meestal geen andere omstandigheden te creëren om de vissen in de juiste stemming te brengen. Mocht u het proces toch willen versnellen, dan helpt het om het water lichtjes aan te zuren tot ongeveer 6-6,5 pH. De eitjes worden afgezet in de bloempot en door beide ouderdieren bewaakt en verzorgd. Ook de talrijke jonge visjes worden begeleid en beschermd.

Tijdens deze periode zijn de kersenbuikcichliden uiteraard stukken minder verdraagzaam ten opzichte van de overige aqua-

riumbewoners dan anders, wat natuurlijk niet zo vreemd is. De jongen laten zich goed voeren met fijn stofvoer (S. Micron) en uiterst klein levend voer, zoals net uitgekomen pekelkreeftjes (artemia), die u zelf heel eenvoudig kunt kweken. De eitjes van deze voedseldiertjes worden in alle aquariumspeciaalzaken verkocht. De jonge visjes kunt u vrij lang bij de ouderdieren laten. Aan de gedragingen van de ouderdieren merkt u vanzelf wel wanneer zij het welletjes vinden.

BIJZONDERHEDEN
De kersenbuikcichlide is vanwege zijn interessante gedrag en taaiheid een erg geschikte beginnersvis.

Pelvicachromis roloffi

FAMILIE
Cichlidae (cichliden)

VINDPLAATS
West-Afrika

GESLACHTSONDERSCHEID
Het verschil tussen de geslachten is eenvoudig te zien. De vrouwtjes zijn kleiner en dikker dan de mannetjes en hebben een rozepaars gekleurde buikpartij. De mannetjes hebben spitsere en langere vinnen.

LENGTE
Tot ongeveer 8 centimeter (♂)

HUISVESTING
Deze cichlide, familie van de kersenbuikcichlide, heeft behoefte aan veel schuilplaat-

Pelvicachromis roloffi ♀

182

Pelvicachromis roloffi ♂

sen. Dit kunnen grillige stukken kienhout zijn of wat stenen of een half-ingegraven bloempot. De vissen zijn niet zo dol op een felle belichting; door het aquarium flink te beplanten en wat drijfgroen op het wateroppervlak te laten drijven, worden schaduwrijke plaatsen gecreëerd.

De soort graaft zo nu en dan in de bodem. Om te voorkomen dat de vis zich hierbij verwondt, kan de bodembedekking het beste bestaan uit goed schoongewassen grof zand of fijn grind.

SOCIALE EIGENSCHAPPEN
De soort is territoriumvormend. Een paartje blijft dicht bij elkaar en is steeds in de buurt van hun schuilplaats te vinden. De dieren zijn overwegend rustig en bedachtzaam en kunnen heel goed in een gezelschapsaquarium worden ondergebracht, mits er voor alle bewoners voldoende ruimte aanwezig is. Deze soort houdt zich vooral in de onderste waterlaag op.

TEMPERATUUR EN WATERSAMENSTELLING
24-26 °C. In het natuurlijke vindgebied leven de dieren in ondiepe wateren in het oerwoud. Onder meer als gevolg van de vele bladeren en wortels in het water is het water daar zuur en heel zacht (pH 6, 2-3° DH). Ook in het aquarium zullen de dieren wat zachter en enigszins zuur water prefereren, maar ze hebben een groot aanpassingsvermogen en kunnen ook in harder en minder zuur water worden gehouden.

VOEDSEL
Deze kleine cichliden zijn niet zulke moeilijke kostgangers. Droogvoer wordt goed opgenomen en zo nu en dan eten ze ook plantaardige voeding. Desondanks hebben ze graag regelmatig wat klein levend voer zoals muggenlarven, tubifex en watervlooien.

KWEEK
De voortplanting van deze dieren is redelijk goed vergelijkbaar met die van de kersenbuikcichlide, maar het grote verschil zit hem in de watersamenstelling. De *P. roloffi* zal eerder geneigd zijn zich voort te planten in zeer zacht water.

Pelviciachromis suboccelatus

FAMILIE
Cichlidae (cichliden)

VINDPLAATS
West-Afrika, in kustgebieden

GESLACHTSONDERSCHEID
Beide geslachten zijn heel eenvoudig te herkennen. De mannelijke vissen zijn veel groter dan de vrouwtjes en ze hebben spits toe-

Pelvicachromis suboccelatus ♀

Pelvicachromis suboccelatus ♂

183

lopende vinnen. De vrouwtjes vallen bovendien op doordat ze veel intensiever gekleurd zijn.

LENGTE
Tot 10 centimeter (♂)

HUISVESTING
In een middelgroot aquarium is deze cichlide het beste op zijn plaats. De vissen houden zich bij voorkeur in de onderste waterlaag op en gaan zelden ver weg uit hun territorium. Het is beslist noodzakelijk om te zorgen voor voldoende schuilmogelijkheden, zoals groter en grillig gevormd kienhout, rotspartijen of eventueel een omgekeerde bloempot (uiteraard met een groter gemaakte opening, ontdaan van scherpe kantjes).

De vissen woelen graag in de bodem. Om ze hier de kans voor te geven is een fijne grindbodem, die beslist niet scherp mag zijn, heel geschikt.

SOCIALE EIGENSCHAPPEN
Deze cichliden worden in paartjes gehouden. Ze vormen een territorium waar geen andere vissen in worden geduld, maar echt agressief zijn ze ook niet en dat is de reden dat de vissen ook in een gezelschapsaquarium passen.

Al te kleine visjes zijn in een aquarium met deze vissen echter hun leven niet zeker, dus het beste houdt u ze met wat sterkere soorten. Zorg dat er voldoende ruimte is voor territoriumvorming, omdat overbevolking de vissen noopt tot het steeds weer aanvallen van andere vissen.

TEMPERATUUR EN WATERSAMENSTELLING
22-25 °C. Aan de watersamenstelling worden weinig eisen gesteld, maar mochten de vissen zich duidelijk niet zo op hun gemak voelen,

terwijl er toch voldoende gevoerd wordt en er genoeg schuilmogelijkheden zijn, voeg dan een aantal eetlepels (jodiumvrij) zout aan het water toe.

VOEDSEL
Deze vissen eten zowel droogvoer als levend voer en ingevroren voedseldiertjes.

KWEEK
De kweek van deze cichliden is vergelijkbaar met die van de kersenbuikcichlide.

Pelvicachromis taeniatius

FAMILIE
Cichlidae (cichliden)

VINDPLAATS
West-Afrika, in kustgebieden

GESLACHTSONDERSCHEID
De vrouwtjes en mannetjes zijn eenvoudig van elkaar te onderscheiden; de mannetjes zijn groter, hebben grotere en spitsere vinnen, terwijl de vrouwtjes kleiner en dikker zijn en een paarsroze gekleurde buikpartij hebben.

LENGTE
Tot ongeveer 10 centimeter (♂)

HUISVESTING
Deze cichliden zijn niet zo gesteld op fel licht en daarom kunt u wat drijfplanten op het wateroppervlak aanbrengen en het aquarium rijk beplanten met wat grofbladige en grote plantensoorten. Hierdoor creëert u schaduwrijke plaatsen. Zoals alle leden van deze cichlidensoort heeft ook de *P. taenia-*

Pelvicachromis taeniatus ♂

Pelvicachromis taeniatus ♀

tus veel behoefte aan schuilmogelijkheden in de vorm van een omgekeerde of half-ingegraven bloempot, stenen of grillig kienhout. De soort graaft graag. Een zachte bodemgrond die bestaat uit zand, kleine ronde kiezels of een combinatie hiervan is heel geschikt, want die zorgt ervoor dat de dieren zich niet kunnen verwonden.

SOCIALE EIGENSCHAPPEN
Deze vissen leven paarsgewijs en houden zich vooral op in en rond het territorium dat in de buurt van een schuilplaats (dicht bij de bodem) gesitueerd is. Andere vissen worden gewoonlijk met rust gelaten zolang ze niet in het territorium komen. Daarom moet het aquarium voldoende ruimte bieden voor alle bewoners. U kunt deze soort heel goed in een ruimbemeten gezelschapsaquarium houden.

TEMPERATUUR EN WATERSAMENSTELLING
23-25 °C. De *P. taeniatus* heeft een groot aanpassingsvermogen, maar zal het in licht zuur en zacht tot middelhard water duidelijk beter doen en zich dan ook eerder gaan voortplanten.

VOEDSEL
Zowel levend voer (muggenlarven, tubifex, pekelkreeftjes en watervlooien) als ingevroren voedseldiertjes worden goed en graag gegeten, maar ook op droogvoer doen de vissen het prima. Zo nu en dan kunt u ze een voedertablet geven die veel plantaardige kost bevat. Ook daar heeft de *P. taeniatus* op zijn tijd behoefte aan.

KWEEK
De voortplanting is vergelijkbaar met die van de *Pelvicachromis pulcher* (kersenbuikcichlide), maar is doorgaans wat minder succesvol.

Periopthalmus barbarus

SLIJKSPRINGER

FAMILIE
Gobiidae (grondels)

VINDPLAATS
De slijkspringer wordt in verschillende werelddelen aangetroffen. In zowel kustgebieden in Afrika en Australië als Zuidoost-Azië leven ze in de buurt van zanderige oevers in brak water.

Periopthalmus barbarus

GESLACHTSONDERSCHEID
Onbekend

LENGTE
Van 10 tot 14 centimeter

HUISVESTING
De slijkspringer leeft gedeeltelijk in het water en gedeeltelijk daarbuiten. Het aquarium moet dan ook speciaal voor deze dieren ingericht zijn. De bodem bestaat uit zand. De bak kan worden aangekleed met kienhout en stenen, en moerasplanten zoals spathiphyllum en *Acorus gramineus*. Het watergedeelte moet vloeiend in het oevergedeelte overlopen.
Slijkspringers zijn erg gevoelig voor kou en uitdroging; een goed sluitende dekruit is noodzakelijk om geen warmte te laten ontsnappen.

SOCIALE EIGENSCHAPPEN
Deze typische dieren vormen een territorium waarin geen soortgenoten worden geduld. Het grootste gedeelte van de dag wordt 'zonnend' doorgebracht, waarbij de dieren in een ondiep waterlaagje liggen. Als u graag meerdere dieren samen wilt houden, hebt u een ruim aquarium nodig (vanaf 80 centimeter breed).

TEMPERATUUR EN WATERSAMENSTELLING
26-30 °C. Slijkspringers zijn brakwaterdieren, wat inhoudt dat het water het midden moet houden tussen zee- en zoetwater.

VOEDSEL
Slijkspringers eten zowel droogvoer als tubifex.

Tot dusverre is er nog geen melding van een geslaagde kweek gemaakt.

Petitella georgiae

ROODKOPZALM

FAMILIE
Characidae (karperzalmen)

ONDERFAMILIE
Tetragonopterinae

VINDPLAATS
Brazilië en Peru

GESLACHTSONDERSCHEID
Het verschil tussen beiden geslachten is erg moeilijk vast te stellen.

LENGTE
Tot ongeveer 6 centimeter

HUISVESTING
Deze vis is een zeer geschikte bewoner voor het gezelschapsaquarium. De vis houdt van een donkere bodemgrond. Schaduwrijke plekken, gecreëerd met drijfplanten, zijn wenselijk. Voldoende zwemruimte en een dichte randbeplanting mogen zeker niet ontbreken.

SOCIALE EIGENSCHAPPEN
De roodneuszalm is een probleemloze aquariumbewoner wat betreft zijn gedrag naar soortgenoten en andere vissen toe. Houd de dieren wel altijd in een school van minimaal zeven soortgenoten. De vissen zijn vrij actief en zwemmen vooral in de middelste waterlagen.

TEMPERATUUR EN WATERSAMENSTELLING
24-26 °C, 6-10° DH, pH 6-7. Filteren over turf.

VOEDSEL
Deze vis neemt zowel droogvoer als klein levend goed op.

KWEEK
In een langgerekt en niet te klein kweekaquarium is het heel goed mogelijk deze vissen te kweken. Belangrijk is dat de waterhardheid goed in de gaten wordt gehouden, deze mag namelijk niet hoger zijn dan 4° DH (rond de 1-2 ° DH is ideaal). Wanneer u dan ook nog over turf filtert, creëert u de omstandigheden die in de natuur in de paartijd heersen. Na het afzetten kunt u de vissen beter uitvangen.
Zorg ervoor dat de watersamenstelling steeds gelijk blijft en overvoer de dieren niet; daarmee bereikt u alleen maar dat het water vervuilt en de jonge visjes kunnen hier erg slecht tegen.

BIJZONDERHEDEN
Er zijn verschillende soorten roodkop- en roodneuszalmen die op het eerste gezicht sprekend op elkaar lijken en die ongeveer dezelfde eisen stellen aan hun milieu.

Phenacogrammus interruptus

KONGOZALM

FAMILIE
Alestidae (Afrikaanse karperzalmen)

ONDERFAMILIE
Alestinae

Petitella georgiae

Phenacogrammus interruptus ♂

Kongorivier en omgeving (Afrika)

GESLACHTSONDERSCHEID
Het verschil tussen de geslachten is duidelijk te zien. De mannetjes zijn groter en ze hebben langere vinnen dan de vrouwtjes.

LENGTE
Tot ongeveer 11 centimeter

HUISVESTING
Deze snelzwemmende, flinke scholenvis kan het beste in een wat groter en langgerekt aquarium worden ondergebracht. In kleine aquaria heeft de vis niet voldoende ruimte om uit te zwemmen. Hij stelt randbeplanting op prijs. Een donkere bodembedekking en drijfplanten laten de kleuren van de dieren beter tot hun recht komen.

SOCIALE EIGENSCHAPPEN
De kongozalm is een zeer goedaardige scholenvis die andere aquariumbewoners met rust laat.
Houd deze vissen altijd in een school van minimaal zeven stuks en plaats ze niet bij agressieve vissoorten. Ze houden zich vooral in de middelste, maar ook wel in de bovenste waterlagen op.

TEMPERATUUR EN WATERSAMENSTELLING
24-26 °C, pH 6-6,5. In zacht water voelen de dieren zich beter op hun gemak dan in hard of middelhard water. Filter over turf.

VOEDSEL
De kongozalm eet bijna alles wat hij tegenkomt: verschillende soorten droogvoer, muggenlarven, kleine insectjes, watervlooien en ook groenvoer (geblancheerde slablaadjes) worden goed en graag gegeten.

Phenacogrammus interruptus ♀

KWEEK
De kweek van deze dieren is zeker niet eenvoudig. Alles staat of valt bij een juiste watersamenstelling (3-5 ° DH, pH 6), veel rust, een diffuse verlichting en een goed bij elkaar passend en in een optimale conditie verkerend kweekstel. De vissen zijn vrijleggers en eten hun eigen eitjes op.

BIJZONDERHEDEN
Het nadeel van deze bekende en wat moeilijker gezond te houden Afrikanen is dat ze soms de neiging hebben om van zachtbladige planten te snoepen. Om dit te voorkomen, beplant u het aquarium met wat hardere plantensoorten en geeft u ze geregeld plantaardig voedsel.

Pimelodus pictus

FAMILIE
Pimelodidae (antennemeervallen)

ONDERFAMILIE
Pimelodinae

VINDPLAATS
Zuid-Amerika

GESLACHTSONDERSCHEID
Tot dusverre nog niet bekend

LENGTE
Tot 15 centimeter

HUISVESTING
In een wat ruimer bemeten aquarium (minstens 80 centimeter) komt deze antennemeerval het beste tot zijn recht. De vis stelt veel schuilmogelijkheden, wat schaduwrijke plaatsen, een donkere bodemgrond en wat stroming in het water zeer op prijs.
In een te sterk verlicht aquarium zult u hem zelden te zien krijgen. Deze soort houdt van schemering.

SOCIALE EIGENSCHAPPEN
Deze antennemeerval is een goedaardige aquariumbewoner die het heel goed doet in gezelschapsaquaria. De vissen houden zich bij voorkeur op in de onderste waterlagen, in de buurt van schuilplaatsen. Ze worden zowel als solitair als in een klein groepje gehouden, maar een echte school vormen ze niet. Overdag houden ze zich meestal schuil en krijgt u ze niet te zien. Pas tegen de sche-

mering komen ze uit hun schuilplaats en gaan ze op zoek naar voedsel.

Ook 's nachts zijn ze actief, ook al is het donker; middels hun voelsprieten vinden ze hun weg.

TEMPERATUUR EN WATERSAMENSTELLING
22-26 °C. De watersamenstelling is niet zo van belang, wel hoort het water zuiver en helder te zijn en sterk gefilterd. Een regelmatige verversing van delen van het aquariumwater is wenselijk.

VOEDSEL
Eigenlijk eet deze vis alles. Allereerst zal hij het voedsel dat door de andere aquariumbewoners niet wordt gegeten, opsporen en opruimen. Daarnaast heeft hij behoefte aan voedertabletten voor bodembewoners (S. Viformo). Klein levend voer of ingevroren voedseldiertjes worden door deze opvallende vis ook graag gegeten (tubifex). Uiteraard geeft u de vissen pas tegen de schemering of later te eten.

KWEEK
Tot dusverre is er nog niets over de kweek van deze visjes bekend.

Poecilia melanogaster
(syn. Limia melanogaster*)*

FAMILIE
Poeciliidae (levendbarende tandkarpers)

ONDERFAMILIE
Poeciliinae

VINDPLAATS
(Zoetwater)stroompjes en meertjes op Haïti en Jamaica

GESLACHTSONDERSCHEID
De mannetjes zijn herkenbaar aan het gonopodium, een tot geslachtsorgaan getransformeerde aarsvin. Verder hebben ze meer geel pigment in de staartvin dan de vrouwtjes.

LENGTE
Tot ongeveer 6 centimeter

HUISVESTING
Deze soort doet het uitstekend in kleinere gezelschapsaquaria waarin naast voldoende zwemruimte (vooral in de bovenste waterlaag) ook dichte, fijnbladige beplanting aanwezig is. De vissen grazen graag wat algen,

Poecilia melanogaster ♂

dus heeft een wat ouder aquarium, waarin al algenvorming is opgetreden, de voorkeur.

SOCIALE EIGENSCHAPPEN
Omdat de mannetjes erg actief de vrouwtjes najagen en steeds pogingen doen met ze te paren, kunt u beter meer vrouwtjes dan mannetjes houden.

Mannetjes onderling zijn zonder meer verdraagzaam en ook andere vissen worden met rust gelaten.

TEMPERATUUR EN WATERSAMENSTELLING
22-26 °C. De visjes zijn wat de watersamenstelling betreft al snel tevreden, maar hard water verdient beslist de voorkeur boven zacht water.

VOEDSEL
Zowel kleine insectjes en hun larven als algen worden goed gegeten. Droogvoer kan heel goed als basis dienen, mits het plantaardige voedingsstoffen bevat (S. Flora/S. Premium).

KWEEK
De vrouwtjes worden regelmatig bevrucht en werpen levende jongen die al direct na de geboorte voor zichzelf kunnen zorgen. In een dichtbeplant aquarium met veel drijfgroen en Javamos zullen de sterkste jongen overleven, maar wilt u graag meer jongen overhouden, dan kunt u een hoogdrachtig vrouwtje, herkenbaar aan de zwarte drachtigheidsvlek voor de aarsvin en de dikke buik, beter apart zetten in een dichtbeplant bakje. De jongen eten voornamelijk algjes; in een enigszins zonnig staand aquarium hebben ze dus meer voedsel tot hun beschikking.

Poecilia perugiae

FAMILIE
Poeciliidae (levendbarende tandkarpers)

ONDERFAMILIE
Poecilinae

VINDPLAATS
Haïti

GESLACHTSONDERSCHEID
De mannetjes zijn herkenbaar aan de tot geslachtsorgaan getransformeerde aarsvin, het gonopodium.

LENGTE
Tot ongeveer 6,5 centimeter

HUISVESTING
Dit levendbarende visje kan heel goed in een wat kleiner aquarium worden gehouden. Zwemruimte, vooral in de bovenste waterlagen, en een dichte, fijnbladige randbeplanting zijn wenselijk.

SOCIALE EIGENSCHAPPEN
Deze visjes zijn probleemloos in de omgang met soortgenoten en andere aquariumbewoners. Ze zijn echter wel heel levendig en daar kunnen schuwere vissoorten niet altijd goed tegen. Omdat de mannetjes erg fanatiek de vrouwtjes najagen, is het beter om meer vrouwtjes dan mannetjes te houden.

TEMPERATUUR EN WATERSAMENSTELLING
22-26 °C. Deze vis stelt aan de watersamenstelling erg weinig eisen. Mochten de vissen het desondanks niet zo goed doen, dan kunt

Poecilia perugiae ♂

Poecilia perugiae ♀

u een paar eetlepels (jodiumvrij) keukenzout aan het aquariumwater toevoegen.

VOEDSEL

De dieren eten algen, levend voer en vlokkenvoer (S. Flora).

KWEEK

De soort is levendbarend en onder goede omstandigheden zal het vrouwtje regelmatig jonge visjes uitstoten die al direct voor zichzelf kunnen zorgen. De jonge visjes kunnen worden opgekweekt met fijn stofvoer (S. Micron). Ook eten ze graag algjes.

Poecilia reticulata
(syn. Lebistes reticulatus)

GUPPY, MILJOENENVISJE, MUSKIETENVISJE

FAMILIE

Poeciliidae (levendbarende tandkarpers)

VINDPLAATS

De oorspronkelijke vindplaatsen van dit bij-

zonder bekende visje zijn Midden- en Zuid-Amerika (Brazilië, Barbados). Aangezien deze vissoort jarenlang ter bestrijding van malariamuggen is uitgezet, komen we deze visjes nu in talrijke wateren over de hele wereld tegen.

Ze blijken zich in het wild in de meest uiteenlopende watersamenstellingen te kunnen handhaven en voort te planten. Dat het aanpassingsvermogen wel bijzonder groot is, blijkt uit het feit dat guppy's niet alleen in zoet- en brakwater, maar ook in puur zeewater zijn aangetroffen.

GESLACHTSONDERSCHEID

De mannetjes onderscheiden zich door de tot voortplantingsorgaan getransformeerde aarsvin, bij eierlevendbarenden 'gonopodium' genoemd. Verder zijn de mannetjes beduidend kleiner en slanker dan de vrouwtjes. Bovendien zijn ze vaak veel kleurrijker, vooral op het lichaam.

LENGTE

Tot ongeveer 6 cm (♂)

HUISVESTING

Guppy's stellen erg weinig eisen en kunnen prima in kleinere aquaria worden gehouden. Veel fijnbladige beplanting is wenselijk. Tegen een witte of andere lichgekleurde bodembedekking kunnen de visjes wat bleek tonen. Een donkere grindbodem is daarom geschikter.

SOCIALE EIGENSCHAPPEN

Deze levendige visjes zijn niet alleen ten opzichte van elkaar, maar ook ten opzichte van andere vissen uitgesproken verdraagzaam, wat ze uitermate geschikt maakt voor het gezelschapsaquarium. Omdat guppymannetjes vrijwel onafgebroken pogingen

Poecilia reticulata ♀

Poecilia reticulata ♂

Poecilia reticulata ♀

Poecilia reticulata ♂

ondernemen met de wijfjes te paren, is het beter om meer vrouwtjes dan mannetjes te houden.

De mannelijke kweekvormen hebben vaak erg lange vinnen waardoor ze een gemakkelijk doelwit vormen voor minder vriendelijke vissoorten. Houd ze dan ook niet samen met onverdraagzame of roofzuchtige vissen. Guppy's zijn drukke zwemmers die alle waterlagen bezoeken, maar een voorkeur hebben voor de bovenste waterlaag.

TEMPERATUUR EN WATERSAMENSTELLING

17-27 °C. De visjes doen het goed in de meest uiteenlopende watersamenstellingen, maar een enigszins neutrale pH en niet al te hard water (onder 25° DH) zijn optimaal. Een kleine toevoeging van zeezout wordt op prijs gesteld. U kunt ook keukenzout gebruiken, mits het jodiumvrij is.

VOEDSEL

Guppy's zijn alleseters die het prima doen op droogvoer waaraan extra groenvoer is toegevoegd (S. Flora/S. Premium). Ze hebben de bijnaam muskietenvisje gekregen omdat ze in korte tijd veel (rode-) muggenlarven kunnen verorberen. Op het menu mogen deze dan ook zeker niet ontbreken. Ook watervlooien en artemia (pekelkreeftjes) worden graag gegeten.

KWEEK

Guppy's zijn zeer vruchtbare visjes, wat ze de bijnaam miljoenenvisje heeft bezorgd. Uit een enkele paring kan het guppywijfje met tussenpozen meerdere worpen van 10-70 jongen voortbrengen. De jonge visjes kunnen direct na de geboorte al voor zichzelf zorgen, maar worden vaak door hun ouders en andere aquariumbewoners als lekker hapje gezien. In gezelschapsaquaria met vol-

doende schuilmogelijkheden in de vorm van Javamos, fijnbladige beplanting en drijfgroen zullen de sterkste jongen zonder extra zorg overleven. Zij groeien voorspoedig op een menu van fijn stofvoer en pas uitgekomen artemia.

Wilt u wat meer jonge visjes overhouden, dan kunt u het drachtige vrouwtje, dat herkenbaar is aan haar dikke buik en de zwarte drachtigheidsvlek, overzetten in een apart bakje met flink wat groen.

KWEEKVORMEN

Er zijn ontelbaar veel verschillende soorten guppen gekweekt, die zich niet alleen onderscheiden in kleur, maar ook in de vorm van de staart. De bekendste zal de vlagstaart of triangelstaart zijn, maar daarnaast zijn er ook onderzwaard-, bovenzwaard-, dubbelzwaard-, spadestaart-, rondstaart- en speerstaartguppen.

De bekendste guppy's zijn de rode, zwarte en bonte, maar ook de 'snakeskin', een geel

Poecilia reticulata, *wildvang*

Poecilia reticulata *(dubbelzwaard)* ♂

Poecilia reticulata *(snakeskin)* ♂

met zwarte variëteit, is erg in trek. In de natuur vinden we vooral de taaie, kortstaartige wildvorm, maar zelfs deze visjes zijn geen van alle uniform van kleur. De vrouwtjes delven meestal het onderspit als het gaat om kleurenpracht, maar in de loop van de tijd zijn er ook langvinniger vrouwtjes gekweekt en vrouwtjes met meer kleur.

BIJZONDERHEDEN
Vanwege zijn grote aanpassingsvermogen wordt de guppy vaak tekort gedaan. De wild-

vangguppies, die zo nu en dan eens worden geïmporteerd, zijn veel sterker dan de kweekvormen.

Poecilia sphenops

BLACK MOLLY

FAMILIE
Poeciliidae (levendbarende tandkarpers)

VINDPLAATS
De black molly komt in de natuur niet voor. De stamvorm vindt zijn oorsprong in Mexico.

GESLACHTSONDERSCHEID
Mannetjes onderscheiden zich onder andere van vrouwtjes door de tot voortplantingsorgaan getransformeerde aarsvin (gonopodium).

LENGTE
Tot ongeveer 6 centimeter

HUISVESTING
Deze levendige visjes kunnen probleemloos

in kleinere aquaria worden gehouden, maar dan wel met een dichte randbeplanting en voldoende zwemruimte. Bealging is meer dan gewenst.

SOCIALE EIGENSCHAPPEN
Black molly's zijn erg verdraagzaam ten opzichte van elkaar en andere vissen, wat ze zeer geschikt maakt voor het gezelschapsaquarium. Het zijn opvallende, actieve en zeer geliefde aquariumbewoners.

Helaas zijn ze nogal bevattelijk voor ziekten als witte stip en schimmels. Deze vervelende aandoeningen steken onder meer de kop op bij stress (overbevolking, transport) en te lage watertemperaturen. Desondanks zijn ze sterk en reageren ze meestal goed op medicinatie.

TEMPERATUUR EN WATERSAMENSTELLING
26-28 °C. Deze vissen stellen aan de watersamenstelling weinig eisen, al is een regelmatige toediening van enkele flinke eetlepels zeezout (of keukenzout zonder jodium) noodzakelijk om ze gezond te houden.

VOEDSEL
De black molly is vooral een algeneter. De soort kan een leven lang gezond blijven op droogvoer met een flinke hoeveelheid plantaardige kost (S. Premium/S. Flora). Algen worden van de planten en stenen gegraasd. Een geschikte leefomgeving voor een black molly is een aquarium dat al wat langer in gebruik is en waar zo nu en dan direct zonlicht in schijnt. In zo'n aquarium hebben zich namelijk al algen gevormd. Klein levend voer wordt ook goed gegeten.

KWEEK
Black molly's zijn eierlevendbarende visjes, wat inhoudt dat zij levende jongen werpen

Poecilia sphenops *(lierstaartkweekvorm)* ♀

die al direct voor zichzelf kunnen zorgen. In niet al te druk bezette aquaria met voldoende schuilmogelijkheden en algengroei zullen de sterkste visjes zonder extra zorg overleven. De jongen kunnen worden gevoerd met fijn stofvoer.

KWEEKVORMEN
De black molly zoals we die kennen, is op zich al een kweekvorm die in de vrije natuur niet voorkomt. De wildvang *Poecilia sphenops* is bijna doorzichtig van kleur, hooguit met wat zwarte vlekjes en een blauwe, metaalachtige glans op het lichaam. De black molly is dus een kweekproduct, naar alle waarschijnlijkheid ontstaan door kruisingen van gevlekte *P. Sphenops* met hoogvinkarpers. Deze soorten bastaarderen nogal vlot als ze in hetzelfde aquarium worden gehouden. Het is dan ook beter om dit niet te doen.

Er zijn ook lierstaartkweekvormen, hoogvinnige kweekvormen en gevlekte molly's bekend.

Poecilia sphenops *(gevlekte kweekvorm)* ♂

Poecilia sphenops, *boven* ♂, *beneden* ♀

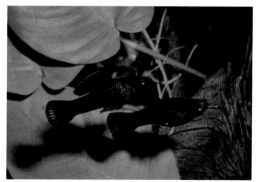

Poecilia velifera

HOOGVINKARPER

FAMILIE
Poeciliidae (levendbarende tandkarpers)

VINDPLAATS
Mexico, met name in brak water op het schiereiland Yucatan

GESLACHTSONDERSCHEID
Buiten het voortplantingsorgaan (gonopodium) onderscheidt het volwassen mannetje zich van het vrouwtje door de enorme rugvin.

LENGTE
Tot ongeveer 18 centimeter, al blijven de vissen meestal kleiner bij gebrek aan ruimte.

HUISVESTING
Hoogvinkarpers zijn drukke zwemmers en horen daarom thuis in grotere aquaria met voldoende zwemruimte. Een breedte van 80 centimeter is minimaal. De vissen hebben graag wat stroming in het water. Omdat ze graag algen eten, is een pas ingericht aquarium (nog) geen geschikt onderkomen. Beter

Poecilia velifera *(gouden kweekvorm)* ♂

geschikt is een al wat langer in gebruik zijnd, bealgd aquarium.

SOCIALE EIGENSCHAPPEN
Hoogvinkarpers zijn drukke en onstuimige zwemmers. Zij horen daarom niet in een aquarium met schuwe, tere visjes ondergebracht te worden. Ze zijn uiterst vreedzaam ten opzichte van andere aquariumbewoners en doen het dan ook prima in een gezelschapsaquarium met andere vriendelijke vissoorten.

Poecilia velifera *(stamvorm)* ♂

Hoogvinkarpers kunnen zowel als paartje, als in een groep worden gehouden. Sommige dominante mannetjes willen de zwakkere soortgenoten wel eens het leven zuur maken. Grijp tijdig in als u dit bemerkt.

TEMPERATUUR EN WATERSAMENSTELLING
25-28 °C. Vrij hard water heeft de voorkeur. Voeg per 10 liter water een eetlepel zeezout of jodiumvrij keukenzout toe.

VOEDSEL
Hoogvinkarpers zijn alleseters en veelvraten. De voorkeur gaat echter uit naar algen en andere plantaardige voeding. Droogvoer eten de vissen gulzig, maar geef altijd een droogvoer waarvan een groot deel uit plantaardige kost bestaat (S. Flora/S. Premium). De vissen eten ook graag levend voer.

KWEEK
Deze eierlevendbarende vissen kunnen grote worpen (tot 70 visjes) voortbrengen. De jongen kunnen al direct na de geboorte voor zichzelf zorgen, maar de opkweek van deze kleine visjes tot volwassen en grote exemplaren is ontzettend moeilijk. Het beste kweekt men de jongen op in een zeer ruimbemeten bak met een flinke doorluchting en voldoende stroming in het water. Zorg ervoor dat er zo nu en dan zonlicht in het aquarium valt, zodat er voldoende algengroei kan ontstaan, en voeg regelmatig wat zout aan het water toe.

Het duurt bij de mannetjes soms wel twee jaar tot de kenmerkende hoge zeilvin ten volle is ontwikkeld. In kleinere aquaria, of wanneer de vissen niet onder optimale omstandigheden worden opgekweekt, ontwikkelt de zeilvin zich helemaal niet.

KWEEKVORMEN
Hoogvinkarpers zijn in verschillende kleuren te verkrijgen. De 'wildkleur' is verreweg de bekendste en meest voorkomende kleur. De goudkleurige hoogvinkarper, al dan niet met rode ogen en de zilverwitte en gevlekte vormen zijn ook steeds meer in trek. De *Poecilia latipinna* is een aparte soort die vaak wordt verward met de hoogvinkarper en er ook mee bestaardeert (evenals met de black molly). Houd deze soorten dan ook altijd gescheiden van elkaar.

BIJZONDERHEDEN
Ondanks de grote populariteit van deze vissen valt het niet mee ze in goede conditie te houden. Een te lage watertemperatuur waar-

door de vissen magerder worden en gaan 'schommelen', is de meest voorkomende kwaal, maar ook te weinig zouttoevoeging of een dieet met te weinig algen zorgt ervoor dat de vissen ziek worden.

Potamotrygon motoro

PAUWOOGSTEKELROG, ZUID-AMERIKAANSE ZOETWATERROG

FAMILIE
Potamotrygonidae (stekelroggen)

VINDPLAATS
Zuid-Amerika

GESLACHTSONDERSCHEID
Onbekend

LENGTE
Tot ongeveer 60 centimeter

HUISVESTING
Deze wel heel bijzondere vissoort heeft de ruimte nodig en hoort daarom thuis in een zeer groot en ruimbemeten aquarium. Planten beperken de dieren in hun bewegingsvrijheid; het is beter ze daarom maar weg te laten. Drijfplanten kunnen natuurlijk wel. De dieren hebben goed schoongewassen zand als bodembedekking nodig; ze graven zich namelijk graag in.

SOCIALE EIGENSCHAPPEN
De vissen worden eigenlijk niet zo vaak vergezeld door andere vissen omdat ze deze als welkome aanvulling op hun menu zien. Jonge vissen gaan nog wel samen met grote oppervlaktebewoners of enkele soortgenoten, maar oudere vissen leven vrijwel soli-

Potamotrygon motoro

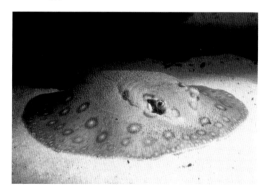

tair. In het aquarium kunt u dan ook maar beter een enkel exemplaar houden. Deze roggen zijn vrij actief en levendig en bewegen zich op een merkwaardige manier door het aquarium.

TEMPERATUUR EN WATERSAMENSTELLING
23-26 °C. Deze vissen stellen aan de watersamenstelling geen hoge eisen, al zou wat zachter en licht zuur water ideaal zijn. Zorg ervoor dat het water vrij is van afvalstoffen. De dieren stellen wat beweging in het water (sterke filtering) op prijs.

VOEDSEL
Jonge dieren eten klein levend voer zoals artemia, muggenlarven en kleine slakken. Grotere roggen hebben groter en krachtiger voer nodig; ze houden van visjes, grotere slakken, regenwormen, garnaaltjes, stukjes vlees en vis, vlees van mosselen en krab. Droogvoer wordt zowel door de volwassen als de jonge dieren zo nu en dan geaccepteerd.

KWEEK
In het aquarium is deze typische vis tot dusverre nog niet nagekweekt, maar in de natuur is waargenomen dat de dieren levende jongen op de wereld zetten.

BIJZONDERHEDEN
Ga voorzichtig om met deze zoetwaterrog. Hij kan namelijk steken als hij het idee heeft dat hij bedreigd wordt.

Pristella maxillarus
(syn. Pristella riddlei*)*

PRISTELLA

FAMILIE
Characidae (karperzalmen)

ONDERFAMILIE
Tetragonopteridae

VINDPLAATS
Brazilië, Suriname, Trinidad, Venezuela en Guyana, zowel in stromende als stilstaande wateren

GESLACHTSONDERSCHEID
De vrouwtjes zijn wat groter en hebben een gevuldere buikpartij.

LENGTE
Tot ongeveer 5,5 centimeter

HUISVESTING
De pristella is met recht een vis voor beginnende aquarianen, want hij stelt bijzonder weinig eisen. In allerlei soorten gezelschaps-aquaria voelt de soort zich thuis, mits er maar genoeg beplanting langs de randen is. Een donkere ondergrond en enigszins getemperd licht dragen optisch bij aan een mooiere kleur.

SOCIALE EIGENSCHAPPEN
Deze soort moet in een school van minimaal zeven, maar liefst nog meer exemplaren worden gehouden. Eenzame pristella's of die in kleine groepjes blijven bleek en laten nooit de rode staartvin en geel met zwart en wit gevlekte rugvin zien.

De visjes zijn uiterst goedaardig en ze kunnen dan ook niet met roofzuchtige vissen in hetzelfde aquarium. Ze zijn vrij actief en zwemmen voornamelijk in de middelste waterlagen.

TEMPERATUUR EN WATERSAMENSTELLING
22-26 °C. De watersamenstelling is vrijwel onbelangrijk, maar wilt u deze visjes optimaal verzorgen, dan is zacht en licht zuur water (over turf filteren) ideaal.

VOEDSEL
Pristella's houden van diverse soorten droogvoer. Ook klein levend voer stellen ze op prijs.

KWEEK
Wanneer u deze visjes wilt kweken, zult u een goed passend kweekstel uit moeten vangen en dan in een aparte kweekbak moeten onderbrengen. Uiteraard hebt u er al voor gezorgd dat de dieren vooraf goed en afwisselend gevoerd zijn, zodat er op hun conditie niets aan te merken is. Voer de temperatuur in het bakje geleidelijk op met hooguit 2 °C en zorg voor een optimale watersamenstelling.

Wanneer er in een paar dagen tijd niets gebeurt, past het kweekstel naar alle waarschijnlijkheid niet bij elkaar en kunt u het later nog eens proberen met een ander stel. De dieren zijn vrijleggers en eten hun eigen eitjes op.

Procatopus similis

FAMILIE
Cyprinodontidae (eierleggende tandkarpers)

VINDPLAATS
West-Afrika in kustgebieden

GESLACHTSONDERSCHEID
De mannetjes zijn veel feller gekleurd en groter dan de vrouwtjes.

LENGTE
Tot ongeveer 4 centimeter

HUISVESTING
De soort kan in een klein speciaalaquarium, samen met een aantal andere vreedzame killivissen worden gehouden. Een donkere bodemgrond, wellicht gedeeltelijk bestaand uit turfmolm, een dik dek van drijfplanten en een weelderige randbeplanting komen de vissen ten goede. Wat stroming wordt op prijs gesteld. De vissen zijn dan wel geen echte scholenvissen; ze hebben wel graag het gezelschap van meerdere soortgenoten.

Pristella maxillarus

Procatopus similis

SOCIALE EIGENSCHAPPEN

Deze visjes zijn normaal gesproken erg vredelievend en zelfs de mannetjes kunnen het
onderling goed vinden. Dit zijn dus vissen
die u heel goed in het gezelschapsaquarium
kunt houden met vissen die dezelfde eisen
aan de omgeving stellen.

TEMPERATUUR EN WATERSAMENSTELLING

25-27 °C, 8-12° DH, pH 6,5-7. Voeg zo nu en
dan wat zeezout toe aan het water.

VOEDSEL

Deze killivisjes eten voornamelijk levend
voer, zoals artemia, muggenlarven en tubifex.
Droogvoer wordt daarnaast ook goed gegeten.

KWEEK

De kweek van deze visjes is niet eenvoudig
en voorbehouden aan specialisten.

Pseudancistrus leopardus

FAMILIE

Loricariidae (harnasmeervallen)

Pseudancistrus leopardus

ONDERFAMILIE

Ancistrinae

VINDPLAATS

Brazilië, in beekjes met snelstromend water

GESLACHTSONDERSCHEID

Buiten de paartijd is het vrijwel onmogelijk
om de geslachten van elkaar te onderscheiden. Tijdens de paartijd heeft het mannetje
op de borstvinnen uitstulpingen.

LENGTE

20 tot 35 centimeter, afhankelijk van de
grootte van het aquarium

Omdat deze meervallen vrij groot kunnen worden, kunt u ze het beste in een flink aquarium houden. 1 meter breedte is toch wel het minimum. Deze meervallen woelen bijzonder graag en zijn daarom ideale bewoners van een cichlidenaquarium, waarin wat betreft stenengroepen en kienhout al rekening is gehouden met 'ondernemende' vissoorten. De vissen stellen stroming erg op prijs. Met een krachtige motorfilter kunt u dit bieden. Denk ook aan schuilplaatsen en zorg ervoor dat de verlichting niet te fel is.

SOCIALE EIGENSCHAPPEN
U kunt probleemloos meerdere exemplaren samen houden. De vissen gaan een beetje hun eigen weg en laten andere aquariumbewoners ongemoeid. Ze houden zich bij voorkeur in de onderste waterlagen op. Overdag zult u ze vrijwel niet zien. Tegen de avond worden ze pas actief en gaan ze op zoek naar voedsel.

TEMPERATUUR EN WATERSAMENSTELLING
25-27 °C. De watersamenstelling is niet zo belangrijk, maar het water hoort wel kristalhelder te zijn. Omdat de dieren erg slecht tegen vervuiling van het water bestand zijn, zult u minimaal eens per twee weken eenvierde van het aquariumwater moeten verversen.

VOEDSEL
De *P. leopardus* ruimt alles wat de andere aquariumbewoners niet opeten op, maar ze hebben voornamelijk behoefte aan algen en ander plantaardig voedsel. U kunt ze geblancheerde slablaadjes en spinazie geven. Ook voedertabletten met een hoog plantaardig gehalte (S. Viformo, S. Premium) worden goed opgenomen.

Geef het voedsel pas tegen de schemering; eerder zullen ze waarschijnlijk toch geen interesse hebben.

KWEEK
Onbekend

Pseudocrenilabrus nicholsi

FAMILIE
Cichlidae (cichliden)

VINDPLAATS
Afrika

GESLACHTSONDERSCHEID
De mannetjes zijn veel kleurrijker dan de vrouwtjes.

LENGTE
Tot ongeveer 8 centimeter

HUISVESTING
Deze kleine cichlide kan in een aquarium van gemiddelde afmetingen worden gehouden. De vissen woelen graag in de bodem, dus zorg ervoor dat het grind fijn is en beslist niet scherp. Kleine stenenpartijen moeten stevig op de aquariumbodem staan, zodat de vissen ze niet kunnen ondermijnen tijdens hun 'graafwerkzaamheden'. Om dezelfde reden is het verstandig alleen erg sterke planten te gebruiken en de wortels te beschermen.

De vissen houden ervan om zich in een 'hol' terug te kunnen trekken; u kunt dit soort plaatsen creëren met behulp van stenenformaties of grillig gevormd kienhout. Een omgekeerde (waarvan het gat groter is gemaakt) of op zijn kant liggende aardewer-

Pseudocrenilabrus nicholsi *met jongen in de bek*

Pseudocrenilabrus nicholsi

Pseudocrenilabrus nicholsi *met jongen*

ken bloempot, half-ingegraven in het grind, wordt vaak goed benut.

SOCIALE EIGENSCHAPPEN
De *P. nicholsi* is helaas niet een van de meest vriendelijke cichliden. De vissen vormen een paartje dat een territorium in beslag neemt en de grenzen ervan zwaar verdedigt. In een klein of middelgroot aquarium kunt u daarom maar beter een enkel stelletje houden. Hebt u een ruimere bak met veel schuilmogelijkheden, dan is het gezelschap van andere cichliden en wellicht een meerval goed mogelijk.

TEMPERATUUR EN WATERSAMENSTELLING
23-25 °C. Deze vissen stellen aan de watersamenstelling geen hoge eisen. Wel is een krachtig werkende filter onontbeerlijk om het aquariumwater zuiver en steeds in beweging te houden.

VOEDSEL
De soort eet bijna uitsluitend allerlei soorten levend voer, zoals bijvoorbeeld watervlooien, muggenlarven en artemia.

KWEEK
Het is niet zo moeilijk om deze vissen te kweken. Ze hoeven niet in een apart kweekaquarium te worden ondergebracht. Het vrouwtje neemt de bevruchte eitjes in haar bek, en ze blijven daar totdat ze uitkomen. Omdat ze gedurende die gehele periode niet eet, moet ze van tevoren goed gevoerd zijn met afwisselend levend voer. De jonge visjes zwemmen op een gegeven moment uit, maar bij gevaar en 's nachts zoeken ze de bek van moeder weer op ter bescherming.

Pseudomugil furcatus
(syn. Popondetta furcata)

FAMILIE
Pseudomugilidae

ONDERFAMILIE
Pseudomugilinae

VINDPLAATS
Nieuw-Guinea

GESLACHTSONDERSCHEID
De mannetjes vallen op door hun sprekender kleuren en de opvallender vinvorm.

LENGTE
Tot ongeveer 5 centimeter

HUISVESTING
Deze scholenvissen kunnen heel goed in een aquarium van gemiddelde grootte worden gehouden. Veel fijnbladige beplanting heeft de voorkeur. Drijfplanten en een donkere bodembedekking doen de kleuren van de vissen niet alleen beter uitkomen, de vissen voelen zich hierdoor ook duidelijk beter op hun gemak.

SOCIALE EIGENSCHAPPEN
Dit is een zeer elegant en vreedzaam visje dat in een school van minimaal vijf, maar liever nog meer exemplaren gehouden moet worden. Het dier laat andere aquariumbewoners met rust. De vissen bewonen de middelste waterlagen en zijn steeds in beweging.

TEMPERATUUR EN WATERSAMENSTELLING
24-26 °C, middelhard water, pH 7/8

Pseudomugil furcatus

VOEDSEL
De vissen eten zowel klein levend voer als kwalitatief goed droogvoer.

KWEEK
Deze visjes paren meestal in schoolverband en ze zetten hun eitjes af tussen fijnbladig groen.

Pseudomugil gertrudae

FAMILIE
Pseudomugilidae

ONDERFAMILIE
Pseudomugilinae

VINDPLAATS
Australië en Nieuw-Guinea

GESLACHTSONDERSCHEID
De mannetjes zijn veel kleurrijker en ze hebben grotere vinnen dan de vrouwtjes.

LENGTE
Tot ongeveer 4 centimeter

HUISVESTING
Deze vriendelijke scholenvis doet het prima in een klein aquarium waarvan de bodembedekking bestaat uit goed schoongewassen zand of fijn grind. Hij houdt van een dichte beplanting, maar let er wel op dat de vissen voldoende ruimte hebben om uit te zwemmen. Drijfgroen is gewenst.

SOCIALE EIGENSCHAPPEN
De visjes zijn uiterst vreedzaam en soms wat schuw. Combineer ze daarom alleen met

Pseudomugil gertrudae

Pseudomugil gertrudae

andere kleine, rustige en even goedaardige vissoorten. Houd deze vissoort alleen in een school van minimaal zeven exemplaren. Deze actieve visjes houden zich bij voorkeur in de middelste waterlagen op.

TEMPERATUUR EN WATERSAMENSTELLING
De *P. gertrudae* is een warmtebehoeftige vis; houd de watertemperatuur boven 26 C°. Zacht en licht zuur water is noodzakelijk om de vissen gezond te houden.

VOEDSEL
De visjes eten zowel klein levend voedsel als droogvoer.

KWEEK
De kweek van deze visjes is niet eenvoudig en voorbehouden aan specialisten.

Pseudosphromenus dayi

FAMILIE
Anabantidae (labyrintvissen)

ONDERFAMILIE
Macropodinae

VINDPLAATS
Azië

GESLACHTSONDERSCHEID
De mannetjes zijn eenvoudig te herkennen aan hun grote, spits toelopende vinnen.

LENGTE
Tot 7 centimeter

In een klein of middelgroot aquarium met
een lage waterstand (niet hoger dan 25 centimeter), een dichte, fijnbladige beplanting,
drijfplanten en een donkere bodembedekking voelt deze vis zich prima thuis. Hij
houdt niet zo van stroming in het water.

SOCIALE EIGENSCHAPPEN
De *P. dayi* is zoals bijna alle andere labyrintvissen op zijn rust gesteld en heeft een bedachtzame manier van doen. Ook is hij snel uit zijn
evenwicht in het gezelschap van drukke of
onverdraagzame vissen. De vissen zijn uiterst
vreedzaam en vallen de andere aquariumbewoners niet lastig. Het beste kunt u ze houden
in een paartje. Ze houden zich voornamelijk
op in de bovenste waterlagen, tussen het drijfgroen.

TEMPERATUUR EN WATERSAMENSTELLING
26-28 °C. Aan de watersamenstelling worden
weinig eisen gesteld.

VOEDSEL
De visjes eten zowel droogvoer (S. Vipan, O-
nip) als klein levend voer.

KWEEK
Wanneer u deze visjes wilt kweken, zet ze
dan over in een apart kweekbakje dat niet
zo groot hoeft te zijn, met een waterstand
van hooguit 15 centimeter. Een bodembedekking is niet nodig, kleine drijfplantjes en
wat grotere waterplanten zijn dat wel. Zorg
ervoor dat de beide ouderdieren in optimale
conditie zijn. Wanneer de temperatuur geleidelijk (verspreid over een aantal dagen)
wordt opgevoerd naar 29 °C zullen de ouders
een schuimnest bouwen aan het wateropp-
pervlak.

In tegenstelling tot de meeste andere labyrintvissen, waarbij de broedzorg door het
mannetje wordt gedaan en het vrouwtje na
het afzetten snel uit de bak verwijderd moet
worden, heeft men bij deze soort waargenomen dat beide ouderdieren het broedsel verzorgen.

BIJZONDERHEDEN
De soort behoort tot de labyrintvissen. Vissen die onder deze familie vallen, hebben
naast hun kieuwen de beschikking over een
extra ademhalingsorgaan, het zogenaamde
labyrint. Dit orgaan, dat achterin de kop
van de vissen zit, stelt ze in staat om zuur-

Pseudosphromenus dayi

stof direct uit de atmosfeer op te nemen. De vissen moeten zo nu en dan naar het wateroppervlak om daar wat lucht te happen. Een dekruit is dan ook noodzakelijk, want het verschil tussen de watertemperatuur en de temperatuur daarbuiten wil nog wel eens vele graden verschillen. De vissen kunnen hierdoor ernstig ziek worden.

Pseudotropheus lambardoi

FAMILIE
Cichlidae (cichliden)

VINDPLAATS
Rotsachtige oevers van het Malawimeer in Afrika

GESLACHTSONDERSCHEID
Er zijn maar weinig vissen waarbij het verschil tussen beide geslachten zo eenvoudig te zien is. De mannetjes lijken met hun gele lichaamskleur wel tot een hele andere soort te behoren dan de felblauw gekleurde vrouwtjes.

LENGTE
Tot ongeveer 12 centimeter

HUISVESTING
De vissen doen het goed in grote (minimaal 1 meter), zogenaamde rotsaquaria. Omdat de planten niet met rust worden gelaten, kunt u de inrichting het beste alleen maar laten bestaan uit rotspartijen. De vissen voelen zich optimaal als het water steeds in beweging is. Een sterke doorstroming is dan ook meer dan wenselijk.

SOCIALE EIGENSCHAPPEN
Deze malawicichliden zijn uiterst agressief en onverdraagzaam. Vooral onder soortgenoten komt het nogal eens tot schermutselingen.

De beste combinatie vormen twee vrouwtjes met een mannetje. Houd ze niet bij kleinere of minder weerbare vissen. De soort vormt een territorium en dit wordt zwaar verdedigd.

TEMPERATUUR EN WATERSAMENSTELLING
23-27 °C, 12-25° DH, pH 8-8,3. Regelmatige waterverversingen en sterke filtering zijn

Pseudotropheus lambardoi

noodzakelijk, aangezien de vissen gevoelig zijn voor afvalstoffen in het water.

VOEDSEL

Deze malawicichliden zijn eenvoudig tevreden te stellen, maar hebben graag meerdere keren per dag wat voedsel. Cichlidensticks worden heel goed opgenomen en de vissen kunnen er een leven lang gezond op blijven. Daarnaast lusten ze graag zo nu en dan levend voer en algen.

KWEEK

De kweek van deze vissen is erg eenvoudig. U hoeft geen speciale voorzorgsmaatregelen te nemen; de vissen zullen vanzelf regelmatig voor nageslacht zorgen. De vrouwtjes nemen de bevruchte eitjes in de bek (muilbroeders). De jongen zwemmen na een week of drie uit, maar bij derigend gevaar schuilen ze, zolang dat nog mogelijk is, in de bek van de moeder.

BIJZONDERHEDEN

Alle jonge vissen van deze soort zijn blauw. Pas later kleuren de mannetjes geel terwijl de vrouwtjes blauw blijven.

Pseudotropheus zebra

ZEBRACICHLIDE

FAMILIE
Cichlidae (cichliden)

VINDPLAATS
Rotsachtige oevers van het Malawimeer in Afrika

GESLACHTSONDERSCHEID
Mannetjes hebben witte ronde stipjes op de aarsvin (eivlekken), die of volledig ontbreken bij de vrouwtjes, of erg onduidelijk zijn afgetekend.

LENGTE
Bij voldoende ruimte kunnen de vissen ruim 20 centimeter lang worden, maar in de meeste gevallen halen ze net de helft.

HUISVESTING
De zebracichlide kan het beste in een ruimbemeten aquarium worden gehouden zonder planten, aangezien de vissen deze steeds weer aanvreten. Zorg voor schuilplaatsen in de vorm van rotspartijen. De vissen houden van water dat steeds in beweging is.

Pseudotropheus zebra *(kweekvorm)*

SOCIALE EIGENSCHAPPEN
Zebracichliden staan bekend om hun agressief gedrag. Vooral ten opzichte van vissen van dezelfde soort kunnen ze erg onverdraagzaam zijn. Een mannetje met twee vrouwtjes samen geeft de beste resultaten. De soort is territoriumvormend en houdt zich vooral in de onderste waterlagen op. De vissen zijn vrijwel altijd in beweging.

TEMPERATUUR EN WATERSAMENSTELLING
22-25 °C, hard water, pH 8. Regelmatige waterverversingen en sterke filtering zijn wenselijk.

VOEDSEL
Zebracichliden eten graag en veel. Zowel droogvoer (cichlidensticks, Sera San) als levend voer en algen worden goed opgenomen.

KWEEK
Zebracichliden zijn erg gemakkelijk te kweken. U hoeft er vrijwel niets voor te doen;

Pseudotropheus zebra

goedverzorgde vissen zullen vanzelf voor nageslacht zorgen. De bevruchte eitjes worden door de moedervis in de bek genomen (muilbroeder).

KWEEKVORMEN
Er zijn diverse kweekvormen bekend die van elkaar afwijken in kleur.

Pterophyllum altum

FAMILIE
Cichlidae (cichliden)

VINDPLAATS
Met name in de buurt van de rivier Orinoco in Venezuela, in langzaam stromend water op rustige plekken tussen de planten

GESLACHTSONDERSCHEID
Buiten de paartijd is er geen uiterlijk verschil merkbaar tussen de geslachten. Alleen tijdens de paartijd zijn de geslachtsrijpe vrouwtjes meestal wat dikker en herkenbaar aan de geslachtspapil, die groter is dan die van de mannelijke soortgenoten.

Pterophyllum altum

LENGTE
De *P. altum* kan meer dan 35 centimeter hoog worden, maar blijft in het aquarium veel kleiner.

HUISVESTING
Vanwege de hoogte die de vissen kunnen bereiken vormt alleen een hoog aquarium (minimaal 50 centimeter) een geschikt onderkomen. Planten waartussen de altums zich thuis zullen voelen, zijn bijvoorbeeld reuzenvallisneria's. Een beetje stroming zal de vissen niet deren, maar een al te sterke beweging van het water stellen de vissen zeker niet op prijs.

SOCIALE EIGENSCHAPPEN
Deze statige aquariumbewoners kunnen als koppel, maar ook heel goed in een kleine groep worden gehouden. Normaal gesproken zullen er zich naar verloop van tijd vanzelf koppels vormen uit een schooltje, die in harmonie samen leven. Met andere grote en rustige vissoorten geven ze zelden problemen. Houd ze echter niet bij kleine visjes zoals de neontetra, aangezien ze deze zeker als levend voer zullen zien. De vissen bewegen zich erg rustig en 'staan' graag tussen de waterplanten.

205

VOEDSEL

De *P. altum* eet alles. Droogvoer (S. Diskus, GVG-mix) kan als basis dienen, maar daarnaast eet de vis ook graag regelmatig wat levend voer. Eens per week kunt u de dieren geblancheerde slablaadjes te eten geven.

KWEEK

De kweek is ongeveer vergelijkbaar met de *P. scalare*, maar de moeilijkheidsgraad ligt veel hoger.

BIJZONDERHEDEN

De *P. altum* lijkt in eerste instantie gelijk aan de *P. scalare*, de maanvis. Het uiterlijk verschil tussen beide soorten zit hem in de kop: de kop van de *P. altum* heeft van opzij gezien een duidelijke inkeping. Deze vis wordt weinig in de vakhandel aangeboden omdat hij vrij gevoelig is en wat moeilijker houdbaar dan de populairdere maanvis.

Pterophyllum scalare

MAANVIS

FAMILIE
Cichlidae (cichliden)

VINDPLAATS
Amazonegebied, vooral in rustig gelegen, langzaam stromende wateren tussen de beplanting

GESLACHTSONDERSCHEID
Buiten de paartijd is het verschil tussen beide geslachten niet vast te stellen en dat geldt ook voor nog niet volgroeide vissen. Pas als de dieren aanstalten maken om eitjes af te zetten, is de vrouwelijke vis herkenbaar aan de grotere geslachtspapil.

LENGTE
De maanvis kan ongeveer 25 centimeter hoog worden.

HUISVESTING
Wanneer u uw maanvissen aanschaft, zijn ze meestal niet veel groter dan een stuiver, maar binnen een jaar zijn ze al flink gegroeid en zult u al moeten uitkijken naar een ander onderkomen, tenminste, als de vissen in een middelgroot aquarium worden gehouden. Een aquarium met een minimale hoogte van 50 centimeter is noodzakelijk. Als randbeplanting doen *Vallisneria*-soorten het erg goed, maar ook de amazonezwaardplant komt in aanmerking. De vissen 'staan' hier graag tussen. Al te veel stroming in het water brengt de dieren uit hun evenwicht; ze zijn op hun rust gesteld.

SOCIALE EIGENSCHAPPEN
Maanvissen kunnen als koppel, maar ook in een school worden gehouden. Koopt u een schooltje jonge maanvisjes, dan vormen zich daar vanzelf koppels uit. De vissen zijn vriendelijk tegen elkaar, maar er zijn ook uitzonderingen. Maanvissen doen het goed in een gezelschapsaquarium, maar niet bij al te drukke vissoorten en zeker niet bij sumatranen, omdat die nogal eens de neiging hebben om de vinnen van de maanvis af te knabbelen. Ook kleine visjes zoals neontetra's en kleine langvinnige manguppen zijn geen ideale medebewoners omdat de maanvissen ze wel eens opeten. Maanvissen zijn statige aquariumbewoners. Ze bewegen zich gracieus en zijn, eenmaal volwassen, overwegend rustig en bedachtzaam.

Pterophyllum scalare *(gevlekte kweekvorm)*

Pterophyllum scalare *(sluierstaartkweekvorm)*

Pterophyllum scalare *(stamvorm met jongen)*

Pterophyllum scalare *(zwartgevlekte kweekvorm)*

TEMPERATUUR EN WATERSAMENSTELLING
24-27 °C. Deze vis stelt aan de watersamenstelling weinig eisen.

VOEDSEL
De maanvis is een alleseter. Hij kan volkomen gezond worden gehouden op een menu van afwisselend droogvoer (cichlidensticks, S. San, S. Premium). Daarnaast hebben de vissen zo nu en dan graag levend voer zoals pekelkreeftjes en watervlooien. Die mogen ook gedroogd of ingevroren zijn.

KWEEK
Het is niet zo moeilijk om maanvissen te kweken, mits u de partners elkaar zelf laat uitzoeken. Wanneer een schooltje maanvissen van jongs af aan bij elkaar wordt gehouden, zonderen zich vanzelf een of enkele paartjes af. Een van deze paartjes kunt u in een apart aquarium overbrengen, maar als uw aquarium groot genoeg is en niet overbevolkt, is dit vaak niet eens nodig. Voer de watertemperatuur zeer geleidelijk op tot 28 °C. De waterhardheid hoort zo rond de 6 tot 9° DH te liggen en de pH is 6 tot 6,5. Een passend kweekstel kiest dan een stevig plantenblad of een ander vrij stevig oppervlak uit dat goed wordt schoongepoetst alvorens de honderden eitjes erop worden afgezet. De ouderdieren verzorgen de eitjes uitstekend; 'dode' eitjes worden verwijderd. Ook als de jongen uitkomen –de eerste tijd 'hangen' de jonge visjes nog aan het blad–, blijft het ouderpaar ze verzorgen en beschermen. De jongen kunnen gewoon bij de ouderdieren blijven omdat die ze niet naar het leven staan. Breng de jongen groot met pas uitgekomen pekelkreeftjes (artemia), die u zelf kunt kweken uit eitjes, die u in speciaalzaken kunt aanschaffen.

KWEEKVORMEN
Er zijn in de loop van de tijd erg veel verschillende kleuren maanvissen gekweekt, zoals de gouden variëteit en de (vrijwel) zwarte of witte maanvis. Ook gevlekte en gemarmerde maanvissen komen veel voor. De originele kleur van de maanvis is vergelijkbaar met de kleur van de *Pterophyllum altum*, vaak met felrode randen rond de ogen. Er is ook een langvinnige variëteit. De kleuren van de vissen kunnen razendsnel 'wegtrekken' onder invloed van stress of plotselinge gebeurtenissen.

BIJZONDERHEDEN
Maanvissen maken deel uit van het selecte groepje vissoorten dat bij aquarianen al decennia lang onverminderd populair is.

Pterygoplichthys gibbiceps

GIBBICEPS

FAMILIE
Loricariidae (harnasmeervallen)

ONDERFAMILIE
Hypostominae

VINDPLAATS
Peru, in stromend water

GESLACHTSONDERSCHEID
Verschillen zijn nog niet gevonden.

LENGTE
In het aquarium worden deze vissen meestal niet langer dan 20 centimeter.

HUISVESTING
De gibbiceps, met zijn spectaculaire tekening, kan als jonge vis nog wel in een klein aquarium worden gehouden, maar de vissen groeien onder de juiste omstandigheden snel en hebben dan wat meer ruimte nodig. Zorg voor schuilmogelijkheden zoals kienhout, stenenpartijen en een dichte randbeplanting, zodat de vis zich overdag schuil kan houden. Met een krachtige filter houdt u het water in beweging en dat stellen de dieren op prijs.

SOCIALE EIGENSCHAPPEN
De gibbiceps is zonder meer een vriendelijke vis, die een beetje zijn eigen gangetje gaat en andere aquariumbewoners met rust laat. Zelfs wanneer ze groot zijn geworden, zullen ze veel kleinere visjes niet najagen. Wanneer er voldoende schuilmogelijkheden zijn, zult u de vis overdag niet veel zien. Hij rust dan op een schaduwrijke plaats ergens onder het kienhout in de dichte beplanting om pas tegen de schemering actief te worden. Dat is ook het moment waarop u de dieren het beste kunt voeren. Deze meervallen worden vaak als solitair gehouden, maar omdat ze in de natuur ook in grote scholen bij elkaar blijven zwemmen, zal de vis gezelschap van soortgenoten ook in het aquarium waarderen.

TEMPERATUUR EN WATERSAMENSTELLING
24-27 °C. Deze vis stelt aan de watersamenstelling weinig eisen, al hoort het water wel helder en schoon te zijn.

VOEDSEL
Deze vis houdt zich voornamelijk op de bodem op en ruimt op wat andere aquariumbewoners niet opeten. Het menu bestaat daarnaast voornamelijk uit plantaardige kost zoals algen, die de vissen met hun buitengewoon sterke zuignapachtige bek van planten, stenen, kienhout en de aquariumruiten afschrapen. Is het aquarium niet bealgd, dan is het noodzakelijk om de dieren iedere dag groenvoer te verstrekken. Voedertabletten die een groot percentage groenvoer bevatten, zijn erg geschikt (S. Viformo, S. Premium), maar de vis eet ook geblancheerde slablaadjes.

KWEEK
Tot dusverre is er nog niets bekend over de voortplanting.

Boven: Rachoviscus crassiceps   *Onder:* Rhinogobius wui

Rachoviscus crassiceps

FAMILIE
Characidae (karperzalmen)

ONDERFAMILIE
Paragoniatinae

VINDPLAATS
Omgeving van Rio de Janeiro

GESLACHTSONDERSCHEID
Het belangrijkste uiterlijke verschil is heel goed zichtbaar aan de vinnen; bij de mannetjes zijn duidelijke witte zomen langs de vinnen te zien.

LENGTE
Tot ongeveer 5 centimeter

HUISVESTING
Deze scholenvisjes doen het prima in een wat kleiner tot middelgroot aquarium met voldoende vrije zwemruimte en dichte randbeplanting.
Een donkere bodembedekking en wat drijfgroen (voor de nodige schaduw) laten de kleuren van de vissen veel beter tot hun recht komen.

SOCIALE EIGENSCHAPPEN
Deze nog vrij onbekende vis behoort tot de scholenvissen en kan daarom alleen met meerdere soortgenoten samen worden gehouden (minimaal zeven stuks). Vissen die als solitair worden gehouden, of in een te klein schooltje, ondervinden veel stress en kunnen hierdoor ziek worden en doodgaan. Ten opzichte van de andere aquariumbewoners stellen deze vriendelijke en actieve visjes zich goedaardig op. Ze houden zich vooral in de middelste waterlagen op.

TEMPERATUUR EN WATERSAMENSTELLING
20-24 °C. De vissen stellen aan de watersamenstelling weinig eisen, al voelen de visjes zich in al te hard of basisch water minder op hun gemak.

VOEDSEL
De *R. crassiceps* is een alleseter. De visjes eten zowel droogvoer als klein levend voer zonder problemen.

KWEEK
Tot dusverre zijn de visjes nog niet in het aquarium nagekweekt.

Rasbora heteromorpha

KEGELVLEKBARBEEL

Rasbora heteromorpha

FAMILIE
Cyprinidae (karperachtigen)

ONDERFAMILIE
Rasborinae

VINDPLAATS
Zuidoost-Azië, in dichtbegroeide overstroomgebieden in het oerwoud

GESLACHTSONDERSCHEID
De mannetjes zijn wat slanker gebouwd en de zwarte vlek is groter dan de vlek van de vrouwtjes.

Tot ongeveer 5 centimeter

HUISVESTING

Kegelvlekbarbeeltjes kunnen in kleinere tot middelgrote aquaria worden ondergebracht. Zorg ervoor dat er naast dichte(!) randbeplanting ook voldoende zwemruimte is. Een donkere bodemgrond en wat drijfgroen laten de kleuren van de vissen beter tot hun recht komen.

SOCIALE EIGENSCHAPPEN

Deze vreedzame scholenvisjes zijn vrij actief en houden zich bij voorkeur in de middelste tot bovenste waterlagen op. Houd ze wel met minimaal zeven exemplaren samen. Ze zijn uitermate geschikte visjes voor het gezelschapsaquarium.

TEMPERATUUR EN WATERSAMENSTELLING

24-26 °C. Kegelvlekbarbeeltjes zijn vrij sterke visjes en kunnen in alle watersamenstellingen worden gehouden, al voelen de vissen zich beter thuis in niet te hard en licht zuur water. Filteren over turf of een gedeeltelijke turfmolmbodembedekking is wenselijk.

VOEDSEL

Deze populaire visjes doen het prima wanneer ze alleen afwisselende soorten droogvoer krijgen, maar daarnaast hebben ze graag zo nu en dan wat kleiner levend voer zoals fruitvliegjes en watervlooien.

KWEEK

Kegelvlekbarbeeltjes planten zich niet zo gemakkelijk voort in het aquarium. Belangrijk is dat het water vrij zuur (pH 5,5) en zeer zacht is (minder dan 4° DH). Het is noodzakelijk om over turf te filteren en de watertemperatuur moet wat hoger zijn dan de vissen gewend zijn. De waterstand mag niet al te hoog zijn en in het kweekbakje moeten veel grof- en grootbladige planten aanwezig zijn, zoals bijvoorbeeld cryptocorynen. De visjes zetten hier namelijk hun eitjes op af.

Kies een goed, volwassen kweekstel uit. De visjes zetten hun eitjes vaak 's morgens bij de eerste zonnestralen af; daarom kan het kweekbakje beter op een wat zonnige plaats staan. Het ouderpaar eet de eieren op. Haal de vissen na het afzetten uit het kweekaquarium.

BIJZONDERHEDEN

De kegelvlekbarbeel werd al aan het begin van deze eeuw door aquarianen gehouden en is sindsdien een van de bekendste en populairste tropische scholenvisjes.

Rasbora maculata

DWERGRASBORA

FAMILIE

Cyprinidae (karperachtigen)

ONDERFAMILIE

Rasborinae

VINDPLAATS

Sumatra, Malakka en delen van Maleisië; meestal in kleine, stilstaande meertjes en langzaam stromende wateren

GESLACHTSONDERSCHEID

Het vrouwtje heeft een gevuldere buik dan het mannetje. Het mannetje blijft bovendien wat kleiner.

LENGTE

Dwegrasbora's behoren tot de allerkleinste aquariumvissen die we kennen. Volwassen visjes worden amper 2,5 centimeter lang.

HUISVESTING

Dit dwergvisje doet het uitstekend in kleine aquaria. Ook in bakjes van maar 30 centi-

Rasbora maculata

meter breed kunt u een klein schooltje houden. De kleuren van de visjes komen het beste tot hun recht wanneer de bodembedekking donker is. Ze voelen zich zekerder in een wat schemerige en schaduwrijke omgeving. Drijfgroen en een dichte, fijnbladige beplanting zijn wenselijk.

Houd ze niet samen met al te drukke of grote vissen, en zeker niet met vissen die onverdraagzaam van aard zijn. Deze kleine rasbora vormt beslist geen partij voor robuustere vissoorten en kan het beste samen met andere kleinere en vooral rustige visjes samenleven.

SOCIALE EIGENSCHAPPEN
Dwergrasbora's zijn erg levendige en goedaardige visjes. Houd ze altijd in een schooltje van minimaal vijf exemplaren; een eenzame dwergrasbora zal zich verschuilen tussen het gebladerte en onder invloed van stress ziek worden. De visjes houden zich vooral in de middelste waterlagen op.

TEMPERATUUR EN WATERSAMENSTELLING
23-26 °C. De visjes voelen zich het beste thuis in licht zuur (pH 6-6,5) en niet te hard water.

VOEDSEL
Dwergrasbora's zijn alleseters, maar het voedsel moet wel erg klein zijn, willen de visjes het aan kunnen. Droogvoer wordt goed en graag gegeten. Als levend voer komen kleine watervlooien en fijngemaakte tubifex in aanmerking; rode-, witte- en zwarte-muggenlarven zijn al snel te groot.

KWEEK
De kweek van de dwergrasbora is niet eenvoudig, niet alleen omdat de ouderdieren weinig eitjes afzetten en eierrovers zijn, maar ook omdat het niet altijd even eenvoudig is om passend klein voedsel voor de minuscuul kleine jonge visjes te vinden.

Wanneer u deze visjes voor nageslacht wilt laten zorgen, zult u een apart kweekbakje nodig hebben, dat uiteraard niet groot hoeft te zijn. Het water moet erg zacht zijn (beslist niet hoger dan 4 ° DH) en de pH hoort zo rond de 6 te liggen. Omdat dwergrasbora's hun eigen eitjes, nadat ze deze hebben afgezet, graag opeten, kunt u het bakje het beste zeer dicht beplanten met fijnbladig groen, bijvoorbeeld myriophyllum en Javamos. Een legrooster, dat ongeveer 2 centimeter van de bodem wordt vastgemaakt, is natuurlijk ook handig.

Rasbora pauciperforata

Rasbora pauciperforata

FAMILIE
Cyprinidae (karperachtigen)

ONDERFAMILIE
Rasborinae

VINDPLAATS
Zuidoost-Azië

GESLACHTSONDERSCHEID
Bij volwassen dieren is de buik van de vrouwtjes voller en ronder dan die van de slanke mannetjes.

LENGTE
Tot ongeveer 6,5 centimeter

HUISVESTING
Deze zwemlustige vissen horen thuis in een middelgroot tot groot aquarium. Veel open zwemruimte is noodzakelijk en de vissen stellen een dichte (fijnbladige) randbeplanting en drijfgroen op prijs. Op een lichte ondergrond blijven de dieren vaak flets van kleur, terwijl een donkere bodembedekking de rode streep mooier doet uitkomen.

SOCIALE EIGENSCHAPPEN
Deze opvallende rasbora's zijn scholenvisjes; ze komen het beste tot hun recht wanneer u ze met minimaal zeven, maar liefst nog meer exemplaren samen houdt. Ze laten andere aquariumbewoners met rust en willen zelf ook graag met rust gelaten worden, dus plaats ze niet bij onverdraagzame vissoorten. Ze houden zich vooral in de onderste en middelste waterlagen op, zodat u ze heel goed kunt combineren met scholenvisjes die zich in de middelste en bovenste waterlagen begeven.

23-26 °C, 3-12° DH, pH 6. Filteren over turf.

VOEDSEL

Deze rasbora is een echte alleseter. Zowel levend voer als droogvoer wordt goed gegeten. Daarnaast eten de dieren ook algen en ander plantaardige voedsel.

KWEEK

Het valt niet mee om deze dieren te kweken, omdat ze zulke hoge eisen stellen aan de watersamenstelling. Het water mag zeker niet harder zijn dan 3° DH en de pH moet zo rond de 6 liggen. Een goed kweekpaar is ook van belang. Wanneer u een flinke school hebt, kiest u de twee exemplaren die steeds dicht bij elkaar blijven zwemmen. De kweekbak moet dicht beplant zijn met fijnbladig groen. De vissen eten hun eigen eitjes op, dus verwijder ze direct na het afzetten.

Rhinogobius wui

FAMILIE
Gobiidae (grondels)

ONDERFAMILIE
Gobiinae

VINDPLAATS
Zuid-China

GESLACHTSONDERSCHEID

Het verschil tussen beide geslachten is het eenvoudigst te zien aan de kop: de mannetjes hebben namelijk onderaan de kop rode aftekeningen.

LENGTE
Tot ongeveer 5 centimeter

HUISVESTING

Dit typische visje heeft een eigenaardige levensstijl. Het houdt zich in een eigen territorium op de bodemgrond op, het liefste onder of in de buurt van een 'afdakje'. Wanneer u een klein bloempotje op zijn kant gedeeltelijk in het grind graaft, zal het dier hier graag gebruik van maken, maar bij gebrek hieraan zal hij zelf een holletje graven onder een stuk steen of kienhout. Daarom mag de bodembedekking nooit scherp zijn. Fijn, afgerond grind of goed schoongewassen zand is een prima bodembedekking voor dit visje.

Het visje duldt buiten de paartijd geen soortgenoten in het territorium, en ook andere vissen moeten een flink eind uit de buurt blijven.

Rhinogobius wui

Rineloriearia fallax

SOCIALE EIGENSCHAPPEN

De R. *wui* kan, wanneer het aquarium groot genoeg is en er genoeg schuilplaatsen zijn, met meerdere soortgenoten samen worden gehouden. In andere gevallen doet u er beter aan slechts één exemplaar te houden. De visjes zijn overwegend rustig en hebben een bedachtzame manier van doen. Ze horen niet thuis in een aquarium waarin de overige bewoners ze steeds lastigvallen.

TEMPERATUUR EN WATERSAMENSTELLING

18-26 °C. De visjes kunnen in een onverwarmd aquarium worden gehouden, mits dit in een kamer staat die wel verwarmd is. De watersamenstelling is niet zo belangrijk. De vissen stellen een flinke doorstroming wel op prijs.

VOEDSEL

De visjes eten voornamelijk levend voer zoals tubifex en artemia (pekelkreefjes). Ook lusten ze ingevroren voederdiertjes. Ze accepteren zelden droogvoer.

KWEEK

Deze bijzondere aquariumbewoner hierbij is eigenlijk vrij eenvoudig te kweken. Het enige probleem is dat de aanstaande partners elkaar soms niet liggen. De eitjes worden in de lente, wanneer de temperaturen stijgen, in de schuilplaats gelegd en door de ouderdieren goed bewaakt.

De jongen moeten worden grootgebracht met klein levend voer.

Rineloriearia fallax

FAMILIE
Loricariidae (harnasmeervallen)

ONDERFAMILIE
Loricariinae

VINDPLAATS
Zuid-Amerika, in snelstromende beekjes

GESLACHTSONDERSCHEID
De mannelijke dieren zijn herkenbaar aan de rij borstelhaartjes aan de zijkant van de kop.

LENGTE
Tot ongeveer 16 centimeter

HUISVESTING
Deze meerval kan in middelgrote tot grote aquaria worden gehouden. De vissen houden van stromend en zuurstofrijk water; met een flinke motorfilter en wat uitstroomsteentjes kunt u het water steeds in beweging houden.

Daarnaast hebben de dieren behoefte aan schuilplaatsen in de vorm van kienhout of stenen. Een licht bealgd aquarium heeft de voorkeur.

SOCIALE EIGENSCHAPPEN
De vissen kunnen het onderling goed met elkaar vinden en ze laten de overige aquariumbewoners met rust. De dieren gaan een beetje hun eigen gangetje.

Overdag houden ze zich schuil onder een steen of kienhout, maar tegen de avond worden ze actief en gaan ze op zoek naar voedsel.

TEMPERATUUR EN WATERSAMENSTELLING
18-25 °C. In warmere klimaten en in de zomer kan deze vis in onverwarmde aquaria worden gehouden. De watersamenstelling is niet zo belangrijk, al hebben de vissen een lichte voorkeur voor enigszins zuur en zacht tot middelhard water. In ieder geval hoort het aquarium vrij te zijn van afvalstoffen; een regelmatige waterverversing en een krachtige filtering is wenselijk.

VOEDSEL
De R. *fallax* eet bijna alleen maar voedsel van plantaardige samenstelling. Algen worden keurig van stenen, aquariumruiten en kienhout geschraapt.

Daarnaast kunt u de dieren bijvoeren met voedertabletten (S. Premium), maar doe dit pas tegen de avond, anders is alles al door de andere aquariumbewoners opgegeten voordat de vis actief op zoek naar voedsel gaat.

KWEEK
De kweek is wel mogelijk, maar zeker niet eenvoudig.

Rineloriearia *sp. 'Rood'*

FAMILIE
Loricariidae (harnasmeervallen)

ONDERFAMILIE
Loricariinae

VINDPLAATS
Onbekend

GESLACHTSONDERSCHEID
De mannelijke dieren zijn herkenbaar aan de rij 'haartjes' langs de kop.

LENGTE
Tot ongeveer 18 centimeter

HUISVESTING
De soort kan in middelgrote tot grote aquaria worden ondergebracht. Deze vissen stellen schuilmogelijkheden op prijs, evenals schaduwrijke plaatsen, die u kunt creëren door drijfgroen. Ook houden de dieren van stroming in het water.

SOCIALE EIGENSCHAPPEN
Zoals de meeste pantsermeervallen zijn ook deze vissen erg vreedzaam en gaan ze hun eigen gangetje. Andere aquariumbewoners laten ze met rust. U kunt ze als solitair, als paartje en in een groepje houden. Overdag houden ze zich schuil om pas tegen de schemering actiever te worden.

Rineloriearia 'Rood'

Rineloriearia 'Rood'

TEMPERATUUR EN WATERSAMENSTELLING
23-26 °C. Deze vis stelt aan de watersamenstelling geen hoge eisen. Matig hard water en een neutrale pH hebben de voorkeur.

VOEDSEL
Deze pantsermeerval eet voornamelijk algen, geblancheerde slablaadjes en voedertabletten voor bodembewoners.

KWEEK
Wanneer u deze vissen voor nageslacht wilt laten zorgen, zet u een goed bij elkaar passend stel over in een aparte kweekbak. Uiteraard hoort de watersamenstelling hierin optimaal te zijn. Na het afzetten bekommert het mannetje zich om de eitjes en kan het vrouwtje beter worden verwijderd. Een goed bealgd aquarium biedt de uitgekomen jonge visjes de eerste tijd voldoende voedsel, maar na een week zult u ze moeten bijvoeren met heel klein levend voer.

BIJZONDERHEDEN
Deze vis behoort tot de grote groep meervallen die nog geen officiële wetenschappelijke naam heeft. Ook is nog niet bekend of het hier gaat om een aparte soort of een mutant/kweekvorm van een al beschreven de meerval. Toch is de vis in veel landen onder aquarianen al behoorlijk populair.

Rivulus xiphidius

FAMILIE
Cyprinodontidae (eierleggende tandkarpers)

VINDPLAATS
Frans-Guyana en Suriname

GESLACHTSONDERSCHEID
De mannetjes vallen op omdat ze veel mooier gekleurd zijn dan de vrouwtjes. Ze zijn bovendien groter.

LENGTE
Tot 4,5 centimeter

HUISVESTING
Zoals de meeste killivissen houdt ook deze soort van schaduwrijke plaatsen in het aquarium en dienen direct zonlicht en een sterke verlichting beslist vermeden te worden. Zorg voor voldoende schuilgelegenheden zoals kienhout en veel fijnbladige planten. De bodembedekking moet donker van kleur zijn en gedeeltelijk bestaan uit turfmolm.

SOCIALE EIGENSCHAPPEN
De visjes zijn erg verdraagzaam ten opzichte van elkaar. Ook andere aquariumbewoners worden met rust gelaten. Vanwege de kwetsbaarheid van de soort kunnen de dieren niet in een gezelschapsaquarium worden ondergebracht. U kunt ze het beste in een speciaal killi-aquarium houden met wat andere goedaardige killivisjes. De visjes schrikken snel en zijn op hun rust gesteld. Een dekruit is noodzakelijk, aangezien de visjes erg goed kunnen springen.

TEMPERATUUR EN WATERSAMENSTELLING
22-25 °C, 6-10° DH, pH 6,5

VOEDSEL
Dit killivisje is niet eenvoudig tevreden te stellen omdat het niet of nauwelijks droogvoer accepteert. Klein levend voer, met name artemia en cyclops, stelt dit kieskeurige visje wel op prijs.

KWEEK
Het kweken van deze visjes is specialistenwerk.

Rivulus xiphidius

Roloffia occidentalis

GOUDEN VAANDRAGER

FAMILIE
Cyprinodontidae (eierleggende tandkarpers)

ONDERFAMILIE
Rivulinae

VINDPLAATS
West-Afrika, met name in Sierra Leone

GESLACHTSONDERSCHEID
De mannetjes zijn veel kleurrijker dan de vrouwtjes. De bruinbeige gekleurde vrouwtjes hebben doorschijnende vinnen.

LENGTE
Tot 9 cm

HUISVESTING
Vissen als deze worden normaal gesproken in een speciaalaquarium gehouden, waarin de bodemgrond bestaat uit (uitgekookte) turf. Het aquarium dient ongeveer 60-70 centimeter lang te zijn en moet voldoende zwemruimte bieden. Als beplanting komen fijnbladige planten en drijfgroen in aanmer-

king. De gouden vaandrager houdt zich het liefst op in een schemerige omgeving en hoort daarom beslist niet thuis felverlichte bak. Zorg er ook voor dat er nooit direct zonlicht in het aquarium schijnt.

SOCIALE EIGENSCHAPPEN
De gouden vaandrager is een vrij agressief visje dat erg onverdraagzaam is ten opzichte van kleinere vissen. Deze vis wordt daarom meestal zonder andere vissoorten in speciaalaquaria gehouden. De mannetjes zijn onder elkaar uiterst agressief, de vrouwtjes laten elkaar meestal wel met rust.

TEMPERATUUR EN WATERSAMENSTELLING
24 °C, 6-8° DH, pH 6,5

VOEDSEL
De dieren eten alle soorten levend voer, waaronder muggenlarven, tubifex en watervlooien. Droogvoer wordt slechts mondjesmaat of helemaal niet geaccepteerd. De vissen zijn veelvraten en moeten verschillende keren per dag worden gevoerd.

KWEEK
De kweek van deze kleurrijke en interessante visjes is voorbehouden aan specialisten.

Roloffia occidentalis

Scatophagus argus astromaculatus

ARGUS

FAMILIE
Scatophagidae (dreketers)

VINDPLAATS
Nieuw-Guinea en Australië, voornamelijk in
kustgebieden in zowel brak- als zeewater

GESLACHTSONDERSCHEID
Onbekend

LENGTE
In hun natuurlijke vindgebieden kunnen de
vissen 40 centimeter lang worden, maar in
het aquarium blijven ze doorgaans veel kleiner.

HUISVESTING
De argus hoort vanwege zijn grootte thuis in
ruimbemeten aquaria van minimaal 1,20
meter breed. De vissen zwemmen graag en
veel en daarom moet er veel open zwemruimte zijn waarin de vissen niet worden
gehinderd door decoratiematerialen.
U kunt het aquarium beplanten, maar dan
alleen met erg sterke soorten (die bestand
zijn tegen een hoog zoutgehalte in het
water), omdat de vissen nogal eens aan planten snoepen. Het water moet bijzonder goed
worden gefilterd. De vissen houden bovendien van stroming.

SOCIALE EIGENSCHAPPEN
Deze argusvis (er zijn meerdere soorten)
behoort tot de scholenvissen en hoort dan
ook thuis in een groepje van vijf tot zeven
exemplaren.
Normaal gesproken worden deze vissen in
een speciaal ingericht aquarium gehouden,
aangezien ze brakwatervissen zijn. De vissen
houden zich bij voorkeur in de middelste
waterlagen op.

TEMPERATUUR EN WATERSAMENSTELLING
20-28 °C. Gemiddeld hard brakwater.

VOEDSEL
Wat betreft hun voeding stellen deze vissen
niet zulke hoge eisen. Ze eten namelijk bijna
alles, van algen tot planten, levend voer en
droogvoer.

KWEEK
Over de voortplanting is tot dusverre niets
bekend.

Scatophagus argus astromaculatus

BIJZONDERHEDEN
Het is niet eenvoudig om deze vissen te houden. Jonge dieren passen zich doorgaans nog
wel aan wanneer het zoutgehalte niet helemaal optimaal is, maar oudere dieren zijn
wat minder flexibel. Deze argusvis is niet zo
bekend als de populairste argus, de *Scatophagus argus argus*, maar wel bijzonder
fraai van kleur.

Sphaerichthys osphromenoides

CHOCOLADEGOERAMI

FAMILIE
Anabantiidae (labyrintvissen)

Sphaerichthys osphromenoides ♂

Sphaerichthys osphromenoides

ONDERFAMILIE
Trichogasterinae

VINDPLAATS
Sumatra, Maleisië en Malakka, in ondiepe plassen en beken

GESLACHTSONDERSCHEID
Het mannetje is meestal intensiever gekleurd dan het vrouwtje.

LENGTE
Tot ongeveer 6 centimeter

HUISVESTING
Omdat chocoladegoerami's rustige en ook betrekkelijk kleine visjes zijn, kunnen ze

prima in een klein aquarium worden gehouden. De soort is wat schuw en op zijn rust gesteld. Een donkere bodemgrond, veel randbeplanting en drijfgroen zijn wenselijk. De vis leeft in de natuur in stilstaande wateren en houdt ook in het aquarium niet van stroming in het water.

Omdat de vissen zo nu en dan zuurstof uit de atmosfeer opnemen, is het beter wanneer het waterpeil niet hoger is dan 20 tot 25 centimeter. Een dekruit is nodig in verband met het temperatuurverschil tussen het water en de atmosfeer daarbuiten.

SOCIALE EIGENSCHAPPEN
Chocoladegoerami's zijn vrij schuw. Ze mogen nooit bij drukke of zelfs onverdraagzame visjes worden gehouden omdat ze zich dan in het plantendek terugtrekken en zich niet meer laten zien. De visjes houden zich bij voorkeur tussen het gebladerte net onder de waterspiegel op. U kunt ze zowel als paartje als met meerdere soortgenoten samen houden.

TEMPERATUUR EN WATERSAMENSTELLING
27-29 °C, 2-7° DH, pH 6-6,5. Filteren over turf. De visjes zijn erg gevoelig voor vervuild water en worden snel ziek als het water te hard is.

VOEDSEL
Klein levend voer wordt goed opgenomen, evenals ingevroren voedseldiertjes en droogvoer.

KWEEK
Er zijn veel tegenstrijdige berichten over de manier waarop deze visjes zich voortplanten. Men zegt onder meer dat deze labyrintvissen een schuimnest aan de oppervlakte bouwen, hun jongen levend en wel op de wereld zetten, hun eitjes in kuiltjes op de bodem afzetten of muilbroeder zijn.

Steatocranus tinanti

FAMILIE
Cichlidae (cichliden)

VINDPLAATS
Zaïre

GESLACHTSONDERSCHEID
De mannetjes zijn groter en hebben ook een grotere kop als ze volwassen zijn.

LENGTE
Tot ongeveer 15 centimeter

HUISVESTING
Deze wel heel bijzondere cichlidensoort is
het beste op zijn plaats in een wat groter
aquarium. Hij stelt veel schuilmogelijkheden
in de vorm van stenengroepen en kienhout,
en ook veel beplanting op prijs. Een zachte
bodemgrond verdient de voorkeur. De vissen houden van stroming in het water.
Bovendien moet het water zo schoon en zuiver mogelijk zijn. Dit kan beide worden met
een krachtige motorfilter.

SOCIALE EIGENSCHAPPEN
De vissen hebben een typische manier van
voortbewegen en houden zich voornamelijk
in de onderste waterlaag op, liggend op het
grind of zand. Ze vormen een territorium en
verdedigen dat tegen andere aquariumbewoners. Daarom moet er voor alle vissoorten voldoende ruimte in het aquarium aanwezig zijn en moeten er vooral ook voldoende schuilplaatsen te vinden zijn. Het
beste houdt u deze cichliden samen met
andere cichliden.

TEMPERATUUR EN WATERSAMENSTELLING
26 °C, 4-10° DH, pH 6,5-7

Steatocranus tinanti

VOEDSEL
Wat betreft voeding stellen deze vissen niet
zulke hoge eisen. Ze nemen probleemloos
droogvoer en tabletten voor bodembewoners
op, maar willen daarnaast ook graag regelmatig levend voer voorgeschoteld krijgen.

KWEEK
De kweek van deze dieren is niet eenvoudig
en voorbehouden aan specialisten.

Steatocranus tinanti

Stigmatogobius sadanundio

Stigmatogobius sadanundio

FAMILIE
Gobiidae (grondels)

VINDPLAATS
Borneo, Sumatra, Java en de Filippijnen

GESLACHTSONDERSCHEID
Het verschil tussen beide geslachten is niet altijd eenvoudig te zien. De vrouwtjes blijven vaak wat kleiner dan de mannetjes.

LENGTE
Tot ongeveer 8 centimeter

HUISVESTING
Deze typische waterbewoner kan in een middelgroot aquarium worden ondergebracht. De vissen houden zich bij voorkeur op de bodem of in de onderste waterlaag op en houden van een zachte bodemgrond. Het aquarium mag best een zonnige standplaats hebben, maar de vissen moeten dan wel de gelegenheid hebben om zich te verstoppen als ze hier behoefte toe voelen.
Wanneer u geen kienhout of dichte plantengroepen in het aquarium hebt, zorg dan voor een andere schuilplaats, bijvoorbeeld in de vorm van een gedeeltelijk ingegraven bloempot.

SOCIALE EIGENSCHAPPEN
Zowel ten opzichte van elkaar als naar andere aquariumbewoners toe hoeft u met deze vissoort geen problemen te verwachten.

TEMPERATUUR EN WATERSAMENSTELLING
21-26 °C. Hard water bij een neutrale pH heeft de voorkeur. Voeg steeds wat zeezout

(of wat jodiumvrij keukenzout) aan het water toe, omdat deze vis het het beste doet in brak water.

VOEDSEL
De soort eet voornamelijk levend voer en laat zich niet snel verleiden tot het opnemen van droogvoer. Ook algen en ander groenvoer worden zo nu en dan gegeten.

KWEEK
De kweek van deze visjes is niet zo moeilijk. De dieren zijn erg productief en de jongen reageren goed op klein levend voer. Deze vissen zijn eierleggers.

BIJZONDERHEDEN
Deze aparte vis kan het beste in een apart aquarium worden gehouden, wellicht met wat black molly's als gezelschap. Deze visjes doen het namelijk goed in brak water, houden zich bij voorkeur in de middelste en bovenste waterlagen op en storen de *S. sadanundio* dan ook niet.

Sturisoma aureum

FAMILIE
Loricariidae (harnasmeervallen)

ONDERFAMILIE
Loricariinae

VINDPLAATS
Colombia

GESLACHTSONDERSCHEID
Met een beetje moeite kunt u eenvoudig het verschil tussen mannetjes en vrouwtjes van deze soort herkennen. Bij de mannetjes

Stigmatogobius sadanundio

Sturisoma aureum

lopen namelijk kleine rijen stekelhaartjes langs de kop.

Sturisoma aureum

LENGTE
Tot ongeveer 20 centimeter

HUISVESTING
Vanwege zijn grootte kunt u de *Sturisoma aureum* het beste in een wat groter aquarium onderbrengen. Een donkere bodembedekking is gewenst, evenals voldoende stenengroepen en kienhout. Helaas eet de soort planten; die horen in het aquarium daarom niet thuis of u moet ze als voedsel voor de vissen willen laten dienen.

In de vrije natuur leeft het dier in snelstromende riviertjes en het heeft ook in het aquarium behoefte aan een dergelijke leefomgeving.

De filter moet erg krachtig zijn, ook al omdat de vissen slecht bestand zijn tegen vervuild water.

SOCIALE EIGENSCHAPPEN
De *S. Aureum* is een erg rustige vis die pas tegen de schemering actief wordt en op zoek gaat naar voedsel. U kunt de *S. Aureum* als solitair houden of met verschillende soortge-

noten samen. Ze geven zelden problemen en gaan hun eigen weg.

TEMPERATUUR EN WATERSAMENSTELLING
23-26 °C, zacht tot middelhard water en pH neutraal

VOEDSEL
Deze vis is in eerste instantie een algeneter. Met zijn zuignapachtige bek kan hij heel goed algen van de ruiten en het kienhout afschrapen. Voer groenvoer bij, bij gebrek

Sturisoma aureum

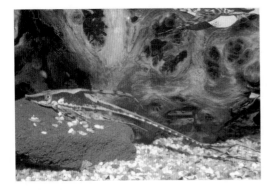

aan algen. Geblancheerde slablaadjes en voedertabletten met veel plantenkost (S. Premium) worden goed gegeten.

U kunt ook overwegen om zelf wat snelgroeiende en goedkope waterpest te kweken, zodat u steeds een voorraadje zachtbladige waterplanten voor de vissen bij de hand hebt. Levend voer wordt zo nu en dan graag gegeten.

KWEEK

Het kweken van deze vissen is heel goed mogelijk, maar als u wat van het legsel en de jongen wilt overhouden, is het toch wel raadzaam een geschikt kweekpaar over te zetten in een aparte kweekbak. Deze moet eigenlijk al enige tijd op een zonnige standplaats hebben gestaan, zodat er voldoende algen in groeien die later als voedsel voor de jongen kunnen dienen. De filter in deze bak moet zeer krachtig zijn en de temperatuur dient geleidelijk naar 29 °C te worden verhoogd.

De ouderdieren staan noch de eitjes, noch hun jongen naar het leven en kunnen dus gewoon bij hun kroost in de bak blijven. Wanneer het kweekaquarium niet voldoende algen bevat, hebt u een probleem met het grootbrengen van de talrijke jonge visjes.

Symphysodon aequifasciatus *en* Symphysodon discus

DISCUSVISSEN

FAMILIE
Cichlidae (cichliden)

VINDPLAATS
Discusvissen worden gevonden in het Amazonegebied, in onder meer de rivieren Rio Negro en Orinoco.

GESLACHTSONDERSCHEID
De geslachten zijn erg moeilijk te onderscheiden. Alleen tijdens de paartijd is de geslachtspapil bij de mannelijke vissen spitser dan bij de vrouwtjes.

LENGTE
Tot 20 centimeter

HUISVESTING
Het houden of zelfs kweken van deze vissoort vormt een uitdaging voor gevorderde aquarianen. Omdat de vissen vrij teer zijn en hoge eisen stellen aan de watersamenstelling worden ze meestal in een speciaalaquarium gehouden. Dit moet erg groot zijn (minimaal 1,50 meter breed) om de vissen voldoende ruimte te kunnen bieden. Ze houden van een zachte (zand)bodem en veel vrije zwemruimte. De vissen zijn heel erg op hun rust gesteld, zodat het aquarium beslist op een rustige plaats moet staan. Te veel stroming in het water is niet bevorderlijk.

Symphysodon discus

Symphysodon discus *(kweekvorm)*

Symphysodon discus

Staat het aquarium in de buurt van deuren of op een plaats waar veel mensen langslopen, dan hebben de vissen veel stress te verwerken, wat zijn weerslag heeft op hun gezondheid. U kunt het aquarium beplanten langs de randen. Drijfgroen zorgt voor schaduwrijke plaatsen en dempt het licht enigszins. De vissen voelen zich hier goed bij.

SOCIALE EIGENSCHAPPEN

Discusvissen zijn scholenvissen. U kunt het beste een aantal ervan in hetzelfde aquarium houden. Ze voelen zich thuis in een aquarium waarin ze niet worden gestoord door andere vissen. Ze worden daarom meestal als enige vissoort in een speciaal ingericht aquarium gehouden. Tijdens de paartijd zullen één of enkele koppels zich van de rest afzonderen en een territorium vormen, maar aangezien de vissen erg kieskeurig zijn, kan het ook voorkomen dat er zich uit een schooltje geen enkel koppel vormt. De vissen zijn rustig en bewegen zich statig. Ze houden zich voornamelijk in de middelste waterlaag op.

TEMPERATUUR EN WATERSAMENSTELLING

Discusvissen zijn erg warmtebehoeftig. De watertemperatuur moet minimaal 27 °C zijn, maar kan nog beter rond de 29-30 °C liggen. De watersamenstelling is voor deze vissen van levensbelang. De vissen verlangen zeer zacht (beslist niet hoger dan 4° DH) en licht zuur water (pH 6-6,5). Filteren over turf is noodzakelijk.

Omdat de dieren slecht tegen vervuild water bestand zijn, zult u regelmatig delen van het water moeten verversen.

VOEDSEL

Discusvissen zijn kieskeurige eters. Sommige exemplaren accepteren alleen afwisselend levend voer zoals onder meer artemia, tubifex en muggenlarven. Andere nemen ook droogvoer op (S. Diskus).

KWEEK

Het kweken van discusvissen is iets voor specialisten omdat er heel wat moeilijkheden te overwinnen zijn. Er hangt veel af van het ouderpaar en de omstandigheden waarin zij worden gehouden. De vissen zijn goede ouders die hun kroost lange tijd onder de hoede nemen. De eerste week eten de jonge visjes een huidafscheiding van de slijmlaag van de ouders, daarna gaan ze zelf eten. De jonge visjes kunnen zonder problemen bij de ouders worden gelaten tot ze groot genoeg zijn om in andere aquaria ondergebracht te worden.

KWEEKVORMEN

Bij zowel de S. discus als de S. aequifasciatus is er zowel sprake van verschillende natuurlijke kleuren en kleurpatronen als van kweekvarianten. Ook bastaarderen deze vissen onderling, wat determinatie soms vrijwel onmogelijk maakt.

Tot de S. discus aequifasciatus behoren ook de S. discus aequifasciatus aequifasciatus (groene discus), de S. discus aequifasciatus axelrodi (bruine discus) en de S. discus aequifasciatus haraldi (blauwe discus). Het opvallende verschil tussen de S.

Symphysodon aequifasciatus 'Royal Blue'

Symphysodon discus

Tot ongeveer 18 centimeter

HUISVESTING
De *S. angelicus* zoekt de bodem graag af naar voedsel. Daarom kunt u maar beter geen grof of scherp grind als bodembedekking gebruiken; de vis kan zich hieraan verwonden. Fijn, rond grind of goed schoongewassen zand is wenselijk. Ook heeft de soort schuilmogelijkheden zoals grote stukken kienhout en dichte beplanting nodig.

SOCIALE EIGENSCHAPPEN
Deze meerval heeft een heel typische manier van zwemmen. De vissen zwemmen regelmatig ondersteboven door het water, een eigenschap die een aantal *Synodontis*-soorten met de *S. angelicus* delen. Overdag zijn de dieren rustig en zult u ze weinig zien, maar tegen de schemering worden ze actief en gaan ze op zoek naar voedsel. De vissen houden zich vooral in de onderste waterlaag op. U houdt deze vis het beste als solitair.

TEMPERATUUR EN WATERSAMENSTELLING
23-28 °C. De watersamenstelling is niet zo

Synodontis angelicus

aequifasciatus en *S. discus* is dat de laatste een wat korter lichaam heeft.

BIJZONDERHEDEN
Voor de beginnende aquariaan is deze uiterst gevoelige en dure vissoort alleen maar af te raden; het houden van discusvissen vereist een gedegen kennis en veel ervaring. Deze vissen stellen bijzonder hoge eisen aan de watersamenstelling.

Synodontis angelicus

Synodontis angelicus

FAMILIE
Mochocidae (baardmeervallen)

ONDERFAMILIE
Mochocinae

VINDPLAATS
Kameroen en Zaïre, in stilstaand en rustig stromend water

GESLACHTSONDERSCHEID
Volwassen vrouwtjes zijn groter en hun grondkleur is wat fletser.

belangrijk, maar het water moet wel steeds in beweging zijn (krachtige filter).

VOEDSEL
De *S. angelicus* eet zowel plantaardig voedsel als klein levend voer. Als er weinig algen in het aquarium aanwezig zijn, moet u de vis vervangend groenvoer verstrekken, bijvoorbeeld voedertabletten (S. Viformo en S. Premium) of geblancheerde slablaadjes.

KWEEK
Tot dusverre is het nog niet gelukt om deze vissen in het aquarium na te kweken.

Synodontis nigriventis

RUGZWEMMER

FAMILIE
Mochocidae (baardmeervallen)

ONDERFAMILIE
Mochicinae

VINDPLAATS
Zaïre

GESLACHTSONDERSCHEID
Het verschil tussen de geslachten is niet eenvoudig te zien, maar een geoefend oog herkent het vrouwtje aan haar rondere omvang. Volwassen vrouwtjes zijn groter dan de mannetjes.

LENGTE
Tot ongeveer 10 centimeter (♀)

HUISVESTING
De *S. nigriventis* kan in een middelgroot aquarium worden ondergebracht, mits er voldoende beplanting en schuilmogelijkheden voor de vis aanwezig zijn.

SOCIALE EIGENSCHAPPEN
Deze *Synodontis*-soort leeft graag in een schooltje en laat andere vissoorten met rust. De soort doet het daarom prima in gezelschapsaquaria. De vissen zwemmen altijd met hun buik omhoog en hun rug naar beneden en zoeken ook op deze manier voedsel onder kienhout, stenen en plantenbladeren. Overdag houden de vissen zich schuil, maar tegen de schemering worden ze actief en gaan ze op zoek naar voedsel.

TEMPERATUUR EN WATERSAMENSTELLING
23-26 °C. De watersamenstelling is niet zo belangrijk, wat deze rugzwemmers ideale vissen maakt voor beginnende aquarianen.

VOEDSEL
Deze vissen zijn steeds op zoek naar voedsel. Ze eten niet alleen de voederresten van de overige aquariumbewoners, maar ook algen en levend voer.

KWEEK
Er zijn een paar succesvolle nakweken bekend. De dieren leggen de eitjes altijd ergens onder (bijvoorbeeld onder kienhout of in een bloempot). De jonge visjes zwemmen eerst nog gewoon met de buik naar beneden, maar nemen steeds vaker de zwempositie van hun ouders aan totdat ze uiteindelijk alleen nog maar met hun buik omhoog zwemmen.

Synodontis rebeli

FAMILIE
Mochocidae (baardmeervallen)

Synodontis nigriventis

Synodontis rebeli

ONDERFAMILIE
Mochocinae

VINDPLAATS
Kameroen

GESLACHTSONDERSCHEID
Onbekend

LENGTE
Tot ongeveer 20 centimeter, afhankelijk van de beschikbare ruimte

HUISVESTING
De soort hoort vanwege haar grootte thuis in ruimer bemeten aquaria. Veel schuilmogelijkheden (kienhout, steengroepen, beplanting) zijn noodzakelijk omdat de vissen zich overdag graag verschuilen. Wordt hen die gelegenheid niet gegeven, dan leidt dat tot te veel stress voor de vissen.

SOCIALE EIGENSCHAPPEN
Zowel onderling als met andere vissen kunnen deze grote en vreedzame baardmeervallen het prima vinden. Deze opvallend gekleurde baardmeervallen zijn overdag tussen de beplanting of onder stenen en wortelhout te vinden. Pas als het wat schemerig wordt, komen ze te voorschijn en gaan ze op zoek naar voedsel. Het komt maar heel zelden voor dat de vissen tijdens hun rustperiode uit hun schuilplaats komen, dus geef ze liever wat voedsel tegen de avond.

TEMPERATUUR EN WATERSAMENSTELLING
23-26 °C. Deze vissen stellen aan de watersamenstelling weinig eisen, al houden ze van een flinke doorluchting.

VOEDSEL
Deze soort eet werkelijk alles. Droogvoer, algen, ander plantaardig voer en levend voer worden graag gegeten. Bovendien ruimt deze vis alles wat de andere aquariumbewoners niet hebben opgegeten keurig op.

KWEEK
Tot dusverre nog niet gelukt

Synodontis schoutedeni

FAMILIE
Mochocidae (baardmeervallen)

ONDERFAMILIE
Mochicinae

Synodontis schoutedeni

VINDPLAATS
Afrika, in de buurt van de Kongorivier

GESLACHTSONDERSCHEID
Tot dusverre nog niet bekend

LENGTE
Tot ongeveer 15 cm

HUISVESTING
Omdat de S. *Schoutedeni* zich overdag graag verstopt in holen en spleten kunt u wat rotspartijen of kienhout aanbrengen. 's Avonds komen de vissen te voorschijn en blijken ze drukke zwemmers te zijn die het beste tot hun recht komen in een wat groter aquarium.

SOCIALE EIGENSCHAPPEN
Schoutedeni's kunnen prima als solitair worden gehouden. Overdag zal deze vis zich zelden laten zien; Hij houdt zich dan voornamelijk op in een schuilplaats. Tegen de schemering wordt het dier actief en gaat het de bodemgrond afzoeken naar iets eetbaars. De soort zwemt zowel met de buik naar beneden als omhoog.

TEMPERATUUR EN WATERSAMENSTELLING
22-26 °C. Deze vis stelt aan de watersamenstelling geen al te hoge eisen. Hij heeft alleen graag stroming in het water, die u kunt bewerkstelligen met een krachtige motorfilter of met wat uitstromertjes.

VOEDSEL
Schoutedeni's eten zacht plantaardig voedsel (waterplanten) en klein levend voer. Ook houden ze van voedertabletten voor bodembewoners.

KWEEK
Over de voortplanting van deze vis is niets bekend.

Tanichthys albonubes

CHINESE DANIO

FAMILIE
Cyprinidae (karperachtigen)

ONDERFAMILIE
Rasborinae

VINDPLAATS
Zuidoost China, in de omgeving van Hong-kong

GESLACHTSONDERSCHEID
Het verschil tussen de beide geslachten is niet moeilijk te zien. De mannetjes van deze vissoort zijn slanker en meestal ook wat intensiever gekleurd dan de vrouwtjes.

LENGTE
Tot ongeveer 4,5 centimeter

HUISVESTING
De Chinese danio is een fervent zwemmer, maar hoeft niet in een groot aquarium te worden gehouden. Wel hebben de vissen graag veel open zwemruimte met een dichte randbeplanting en nog wat drijfgroen. Een gedeeltelijke zandbodem geeft de vissen de gelegenheid om zo nu en dan op zoek te gaan naar voedsel.

SOCIALE EIGENSCHAPPEN
Chinese danio's zijn goedaardige visjes die andere aquariumbewoners volledig met rust laten. Houd ze wel altijd in een schooltje van minimaal vijf, maar liever nog met meer exemplaren samen, anders gaan de vissen zich onzeker voelen en krijgen ze last van stress. De visjes houden zich voornamelijk in de middelste waterlagen op en zijn erg actief.

Vanwege hun taaiheid zijn Chinese danio's erg geschikte beginnersvisjes.

TEMPERATUUR EN WATERSAMENSTELLING
16-23 °C. Chinese danio's zijn vrijwel ongevoelig voor de watersamenstelling, al moet het water wel helder en schoon zijn. In de zomermaanden kunnen ze probleemloos in tuinvijvers overleven. In verwarmde vertrekken kunnen ze worden gehuisvest in onverwarmde aquaria. 's Winters kunnen ze op 16-17 °C overwinteren.

Links: Trichogaster trichopterus

Tanichthys albonubes

VOEDSEL
De Chinese danio is een alleseter. Hij blijft gezond op een menu van uitsluitend, maar wel afwisselend droogvoer. Kleine watervlooien en tubifex worden ook graag opgenomen.

KWEEK
Deze vis is vrij eenvoudig na te kweken. Hij is productief en de jongen zijn niet erg gevoelig. Na een overwintering op lagere temperaturen kunt u het water in een aparte kweekbak langzaam verhogen tot 22-23 °C (beslist niet hoger).

De visjes zijn vrijleggers en erge eierrovers; daarom moet het kweekbakje goed beplant zijn met fijnbladige planten. Eventueel kunt u een paar centimeter boven de bodem een legrooster aanbrengen om te voorkomen dat de ouderdieren bij de eitjes kunnen. Na het afzetten kunt u het ouderpaar verwijderen. De jongen laten zich prima opkweken met fijn stofvoer.

KWEEKVORMEN

Er is een langvinnige variëteit van dit kleine scholenvisje, maar deze wordt veel minder vaak aangeboden dan de stamvorm.

Tateurndina ocellicauda

FAMILIE
Eleotridae (slaapgrondels)

VINDPLAATS
Nieuw-Guinea, in zowel stromende als stilstaande wateren

GESLACHTSONDERSCHEID
Bij volgroeide dieren is het verschil tussen de geslachten eenvoudig te zien. De vrouwtjes hebben een dikke, ronde buik, terwijl die van de mannetjes recht is. Bovendien zijn de mannetjes een stuk kleurrijker, vooral op de vinnen.

LENGTE
Tot ongeveer 7 centimeter

Tateurndina ocellicauda

HUISVESTING
Omdat de vissen niet bepaald actief zijn, kunt u ze heel goed in een klein aquarium onderbrengen. Ze houden zich bij voorkeur op en in de buurt van de bodemgrond op en verschuilen zich graag. De dieren stellen schuilmogelijkheden in de vorm van een dichte beplanting, veel wortelhout en stenen erg op prijs. Vanwege hun leefwijze is een bodemgrond van goed schoongewassen zand of zeer fijn en afgerond grind ideaal.

SOCIALE EIGENSCHAPPEN
Deze typische visjes kunt u als solitair of in een groepje samen houden. De vissen laten andere aquariumbewoners gewoonlijk met rust, maar in de paartijd kunnen ze wat onhebbelijker worden, aangezien ze dan een territorium vormen.

TEMPERATUUR EN WATERSAMENSTELLING
23-26 °C. Middelhard water en pH neutraal (7)

VOEDSEL
Deze visjes eten voornamelijk levend voer zoals tubifex, watervlooien en artemia.

Wanneer u deze visjes wilt kweken, kunt u ze het beste in een speciaal ingericht aquarium onderbrengen. Plaats verschillende mannetjes en vrouwtjes bij elkaar; al snel zal zich daar een geschikt kweekstel van afsplitsen. Om de dieren in de juiste stemming te krijgen, zult u de waterhardheid moeten verlagen tot ongeveer 5-7° DH en de temperatuur geleidelijk met één of twee graden moeten opvoeren. Na het afzetten kunt u het vrouwtje uitvangen. Het mannetje bewaakt en verzorgt de eieren. Als de eitjes uitkomen, wordt het tijd om het mannetje uit te vangen.

De jonge visjes worden gevoerd met zeer klein levend voer.

Telmatherina ladigesi

CELEBESZEILVIS

FAMILIE
Atherinidae (korenaarsvissen)

VINDPLAATS
Celebes

GESLACHTSONDERSCHEID
De mannetjes zijn kleurrijker dan de vrouwtjes en ze hebben bovendien opvallend lange vinstralen.

LENGTE
Tot ongeveer 7,5 cm

HUISVESTING
Aangezien deze scholenvissen levendige zwemmers zijn, kunnen ze het beste in een aquarium van ongeveer 80 centimeter lang (of groter) worden ondergebracht, waarin ze bij het zwemmen niet al te veel worden gehinderd door beplanting. Celebeszeilvissen stellen, zoals de meeste *Atherinidae*-soorten, een zachte bodem bijzonder op prijs. Zo'n bodem is echter geen noodzaak.

SOCIALE EIGENSCHAPPEN
Celebeszeilvissen moeten in een schooltje van minimaal zes exemplaren worden gehouden. De verhouding mannetjes-vrouwtjes hoort 1:2 te zijn. Het zijn vreedzame visjes die ook de kleinste medebewoners met rust zullen laten. Ze houden zich bij voorkeur in de middelste waterlaag op.

TEMPERATUUR EN WATERSAMENSTELLING
24-28 °C. Voeg per 10 liter aquariumwater 2

Telmatherina ladigesi

Telmatherina ladigesi

theelepels zeezout of keukenzout zonder jodium toe. Zacht tot middelhard water heeft de voorkeur.

VOEDSEL
De Celebeszeilvis is een alleseter die naast een goede kwaliteit droogvoer ook geregeld wat klein levend voer op prijs stelt. De visjes nemen niet of nauwelijks voedsel van de bodem op.

KWEEK
In een aparte kweekbak en onder ideale omstandigheden zetten de vissen hun eitjes af in fijnbladige planten en tussen de wortels van drijfplanten. De dieren worden gestimuleerd door direct invallend zonlicht, dus zet de kweekbak niet op een donkere plaats.

De ouderdieren zijn eierrovers en moeten na het paaien uit de kweekbak worden verwijderd. De jongen kunt u vervolgens grootbrengen met klein levend voer en stofvoer (S. Micron).

Tetragonopterus argenteus

FAMILIE
Characidae (karperzalmen)

ONDERFAMILIE
Tetragonopterinae

VINDPLAATS
Zuid-Amerika, met name in Peru en Brazilië

GESLACHTSONDERSCHEID
De mannetjes hebben een langere rugvin dan de vrouwtjes.

LENGTE
Tot ongeveer 7 centimeter

HUISVESTING
Deze scholenvisjes horen thuis in een middelgroot tot groot aquarium waarin voldoende open zwemruimte aanwezig is. De randen van het aquarium moeten flink beplant zijn, liefst met planten die gedeeltelijk het oppervlak bedekken (vallisneria).
De vissen zijn gesteld op een sterke stroming in het water.

SOCIALE EIGENSCHAPPEN
De soort behoort tot de scholenvissen, dus houd ze altijd in een schooltje van minimaal zeven exemplaren. Vanwege hun robuustheid en levendige aard kunnen ze uitstekend als gezelschap voor een aantal cichliden fungeren. Ze houden zich bij voorkeur in de middelste waterlagen op.

TEMPERATUUR EN WATERSAMENSTELLING
22-26 °C. Deze vis stelt nauwlijks eisen aan de watersamenstelling. Helder water dat steeds in beweging is heeft echter wel zijn voorkeur.

VOEDSEL
Deze visjes zijn alleseters. Zowel verschillende soorten droogvoer (S. Flora) als levend voer worden goed en graag gegeten.

KWEEK
De vissoort laat zich gemakkelijk nakweken. Zet een schooltje over in een aparte kweekbak met veel fijnbladig groen. De dieren zijn vrijleggers en eten hun eitjes later even vrolijk weer op. In een dichtbeplante kweekbak kunnen de ouderdieren niet alle eitjes terug-

Tetragonopterus argenteus

234

vinden, maar beter is het nog om een paar centimeter boven de bodemgrond een legrooster aan te brengen, waar de eitjes na het afzetten doorheen vallen. De jonge visjes laten zich eenvoudig met fijn stofvoer grootbrengen.

Tetraodon biocellatus
(syn. Tetraodon steindachneri*)*

KOGELVISJE

FAMILIE
Tetraodontidae (kogelvissen)

VINDPLAATS
Thailand, Maleisië, Sumatra en Borneo

GESLACHTSONDERSCHEID
Het verschil tussen de geslachten is erg moeilijk te zien. Waarschijnlijk zijn de volwassen vrouwtjes wat groter en gevulder dan de mannetjes.

LENGTE
Tot 6 centimeter

HUISVESTING
Kogelvisjes kunnen in kleinere aquaria worden ondergebracht. Gezien hun typische en bedachtzame manier van voortbewegen, hebben ze niet veel vrije zwemruimte nodig. Ze houden zich voornamelijk op tussen de beplanting, op zoek naar voedsel.

SOCIALE EIGENSCHAPPEN
Zolang er voldoende voedsel (in de vorm van slakken) in het aquarium aanwezig is, zal de vis niemand lastigvallen, maar een tekort hieraan noopt de vis 'hapjes' uit medebewoners te nemen. Houd in ieder geval slechts één exemplaar tegelijk en plaats dit niet bij visjes die erg teer of schuw zijn.

TEMPERATUUR EN WATERSAMENSTELLING
22-26 °C. Deze kogelvisjes zijn weinig gevoelig voor de watersamenstelling.

VOEDSEL
Kogelvisjes hebben een sterke voorkeur voor slakjes, waarnaar ze de hele dag tussen het fijne gebladerte op zoek zijn. Met hun sterke bek kraken zij de huisjes alvorens ze de inhoud verorberen. Ze lijken dan ook ideale visjes voor aquarianen die te kampen hebben met een slakkenoverschot, maar nadat ze deze ongewenste kostgangers in een

Tetraodon biocellatus

recordtempo weg hebben gewerkt, worden de kogelvisjes al snel roofzuchtig en zullen ze bij gebrek aan beter uw vissenbestand reduceren. Tegen de sterke kaken van dit visje zijn slechts weinig aquariumbewoners opgewassen; daarom zijn deze vissen op langere termijn moeilijk te houden. Dagelijks bijvoeren met slakken en mosselen is noodzakelijk. Soms eten ze ook fijne stukjes runderhart.

KWEEK
Het kweken van deze visjes is tot dusverre in gevangenschap nog niet gelukt. Het is echter wel bekend dat het mannetje broedzorg pleegt.

BIJZONDERHEDEN
Alhoewel de meeste kogelvissoorten graag in brak water leven en dus behoefte hebben aan wat zeezouttoevoeging, komt deze soort van nature alleen in zoetwater voor. *T. biocellatus* heeft dus geen behoefte aan toevoeging van zeezout.

Thayeria boehlkei

HOCKEYSTICK, POOTHOUTJE

FAMILIE
Characidae (karperzalmen)

ONDERFAMILIE
Tetragonopterinae

VINDPLAATS
Amazonegebied, langs dichtbegroeide oevers

GESLACHTSONDERSCHEID
De vrouwtjes zijn wat groter dan de mannetjes en ook wat voller in de buikpartij.

Tot ongeveer 6 centimeter

HUISVESTING
Deze scholenvisjes, behorende tot de Amerikaanse zalmpjes, kunnen in een aquarium van 60 centimeter lang worden gehouden. Hockeysticks komen het beste tot hun recht in een aquarium met een donkere ondergrond en wat drijfgroen. Vrije zwemruimte in het midden van het aquarium en een dichte randbeplanting met grote langbladige planten die een gedeelte van het wateroppervlak bedekken, zijn ideaal. Omdat de vissen nogal eens geneigd zijn boven het wateroppervlak uit te springen, is een dekruit noodzakelijk.

SOCIALE EIGENSCHAPPEN
Boven alles horen deze vreedzame dieren in een school van minimaal zes soortgenoten thuis omdat zij zich anders in het gebladerte zullen verstoppen. In een schooltje komt bovendien hun typische tekening beter tot zijn recht. Hockeysticks zijn vrij rustige visjes en ze hebben een typische manier van zwemmen; ze staan altijd enigszins scheef in het water. Plaats ze niet bij al te drukke, te grote of zelfs roofzuchtige vissen. Ze houden zich voornamelijk in de middelste en bovenste waterlagen op.

TEMPERATUUR EN WATERSAMENSTELLING
22-27 °C. De vissen stellen weinig eisen aan de watersamenstelling.

VOEDSEL
Wissel een goede kwaliteit droogvoer af met wat klein levend voer. Voedsel als fruitvliegjes en watervlooien worden door de vissen erg gewaardeerd.

KWEEK
Het valt niet mee om deze visjes zover te krijgen dat ze zich voortplanten, maar als het eenmaal zover is, zijn ze erg productief. Plaats hiertoe een schooltje hockeysticks in een groter aquarium met een legrooster, zodat deze vrijleggende visjes de eitjes na het afzetten niet kunnen opeten.

Thoracocharax securis

BIJLZALM

FAMILIE
Gasteropelecidae (bijlzalmen)

ONDERFAMILIE
Gasteropelecinae

VINDPLAATS
Zuid-Amerika

GESLACHTSONDERSCHEID
Onbekend

LENGTE
Tot ongeveer 9 centimeter

HUISVESTING
Een ruim aquarium met een minimale lengte van 80 centimeter vormt een goed onderkomen voor deze grote bijlzalmen. Wat drijfgroen of overhangende planten filteren het licht, maar het wateroppervlak mag zeker niet te dicht begroeid zijn, omdat de vissen zich vooral vlak onder het wateroppervlak ophouden.

Deze bijlzalm kan enorme sprongen maken; een dekruit is daarom beslist noodzakelijk om dit te verhinderen.

Thayeria boehlkei

Thoracocharax securis

Bijlzalmen zijn probleemloze en vrij rustige visjes die prima in een gezelschapsaquarium kunnen worden gehouden. Ook in een aquarium met rustige, kleinere cichlidensoorten vormen ze goed gezelschap. Houd ze echter wel altijd in een school van minimaal zeven exemplaren.

TEMPERATUUR EN WATERSAMENSTELLING

24-27 °C. De watersamenstelling is niet zo heel belangrijk, al hebben de dieren een voorkeur voor zacht water.

VOEDSEL

In de natuur eten de vissen voornamelijk insecten en hun larven, maar in het aquarium eten ze net zo lief droogvoer. Zo nu en dan kunt u ze wat insecten (muggen, fruitvliegjes) en muggenlarven geven.

KWEEK

Tot nu toe zijn er nog geen meldingen gemaakt van succesvolle nakweek.

BIJZONDERHEDEN

Er zijn veel verschillende bijlzalmen. De *T. securis* is een van de grootste.

Trichogaster leeri

DIAMANT- OF MOZAIEKGOERAMI

FAMILIE
Anabantidae (labyrintvissen)

ONDERFAMILIE
Trichogasterinae

VINDPLAATS
Thailand, Sumatra, Borneo en Malakka

GESLACHTSONDERSCHEID
De mannetjes hebben een langere rugvin en vertonen bovendien tijdens de paartijd een felrode borst- en buikpartij.

LENGTE
Tot ongeveer 12 centimeter

HUISVESTING
De diamantgoerami kan in kleinere aquaria (60 centimeter breed) worden ondergebracht, aangezien deze vis overwegend rustig is. Hij houdt niet van fel licht. Het verdient daarom aanbeveling aan het wateroppervlak wat kroos of watervorkje te laten drijven.

Trigogaster leeri

Aangezien deze vissen regelmatig zuurstof direct uit de atmosfeer opnemen, mag de waterstand niet te hoog zijn (maximaal 30 centimeter). Als de kamertemperatuur afwijkt van de temperatuur in het aquarium zal er een dekruit moeten worden geplaatst om te voorkomen dat de vissen door het temperatuurverschil bij het luchthappen ziek worden. Sterke stroming in het water is niet bevorderlijk voor hun welzijn.

SOCIALE EIGENSCHAPPEN
De mannetjes van de diamantgoerami kunnen onderling onverdraagzaam zijn en elkaar steeds verjagen. In een aquarium kunt u dan ook beter slechts één koppel onderbrengen. Deze vissen zijn erg vreedzaam en zullen zelfs visjes die veel kleiner zijn dan zijzelf met rust laten. Plaats ze niet in een aquarium met druk zwemmende of zelfs agressieve soorten, want ze zijn erg op hun rust gesteld. Ook sumatranen zijn geen geschikt gezelschap, omdat deze visjes de neiging hebben de lange voelsprieten van de goerami's af te knabbelen. Diamantgoerami's houden zich bij voorkeur in de bovenste waterlagen op.

TEMPERATUUR EN WATERSAMENSTELLING
25-28 °C. De watersamenstelling is niet zo belangrijk.

VOEDSEL
Deze statige en zeer decoratieve vissen behoren tot de alleseters en doen het prima op een afwisselend menu van droogvoer (S. Vipan, O-nip). Daarnaast kunt u ze zo nu en dan wat muggenlarven en tubifex geven.

KWEEK
Diamantgoerami's planten zich zelden voort als ze in het gezelschap van andere vissoor-

ten zijn. Plaats het volwassen koppel daarom in een aparte kweekbak waarvan de waterstand niet hoger dan 25 centimeter is. Het licht moet enigszins getemperd zijn. Zorg tevens voor drijfgroen (watervorkje) op het wateroppervlak. De mannetjes bouwen een schuimnest en verzorgen de eitjes en larven totdat de jongen vrij rond gaan zwemmen. Na het paaien moet het vrouwtje worden verwijderd. De jongen worden grootgebracht met fijn stofvoer en zeer klein levend voer.

Trichogaster trichopterus

BLAUWE SPAT

FAMILIE
Anabantidae (labyrintvissen)

ONDERFAMILIE
Trichogasterinae

VINDPLAATS
Vietnam, Thailand, Burma en Maleisië

GESLACHTSONDERSCHEID
De mannetjes van deze vissoort hebben een spitsere rugvin.

LENGTE
Tot ongeveer 11 centimeter

HUISVESTING
De blauwe spat kan ondanks zijn grootte in kleinere aquaria worden ondergebracht, aangezien het rustige zwemmers zijn. Omdat zij behoren tot de labyrintvissen zullen ze niet alleen zuurstof uit het water filteren, maar happen zij ook lucht aan de oppervlakte. Daarom mag de waterstand niet al te hoog zijn. De blauwe spat gedijt het beste in een schemerige omgeving en zal zich daarom in een felverlichte bak niet echt thuis voelen, wat duidelijk te merken is aan het gedrag en de verbleekte kleuren van de vis. Om een schaduwrijk milieu te creëren, kunt u wat waterkroos of watervorkje aan het oppervlak laten drijven. Als de kamertemperatuur erg afwijkt van de temperatuur in het aquarium zal er een dekruit moeten worden geplaatst. Een krachtige filter is niet nodig; het wordt door de dieren zelfs als storend ervaren als het water steeds in beweging is.

SOCIALE EIGENSCHAPPEN
U kunt deze vissen het beste per paar houden, aangezien de mannetjes onderling wel eens onverdraagzaam kunnen zijn. De blauwe spat is een vreedzame en uiterst rustige vis die prima bij kleinere vissoorten past. In een aquarium met al te drukke en opdringerige vissen hoort hij zeker niet thuis. Ook het gezelschap van sumatranen moet ontraden worden, omdat deze de lange voelsprieten afknabbelen.

TEMPERATUUR EN WATERSAMENSTELLING
26-28 °C. De vissen zijn niet veeleisend; ze voelen zich in de meest uiteenlopende watersamenstellingen thuis.

VOEDSEL
Deze populaire labyrintvis is een alleseter die het prima doet op een afwisselend menu van verschillende soorten droogvoer. Daarnaast eet hij ook graag af en toe levend voer zoals muggenlarven, tubifex en watervlooien.

KWEEK
Blauwe spatten planten zich zeer zelden voort als zij in het gezelschap zijn van andere vissen. Het paartje zal dus in een aparte bak moeten worden ondergebracht met wat drijfgroen en een waterstand van ten hoogste 20 centimeter. Om de vissen in de juiste stemming te krijgen wordt de watertemperatuur (langzaam!) opgevoerd naar 29-30 °C. Het mannetje bouwt een schuimnest aan de oppervlakte. Na de paring kan het vrouwtje het beste worden verwijderd, aangezien het mannetje haar nog wel eens wil blijven najagen. U kunt het mannetje bij de larven laten totdat ze vrij rond gaan zwemmen. De jonge visjes worden grootgebracht met pas uitgekomen fijn stofvoer en klein levend voer.

KWEEKVORMEN
De blauwe spat kent verschillende kweekvormen, waarvan de 'Cosby' (marmergoera-

Trichogaster trichopterus *(kweekvorm)*

Trichogaster trichopterus 'Cosby'

mi) en de 'Gold' (goudkleurige goerami) de bekendste en populairste varianten zijn. Zowel de stamvormen als kweekvormen zijn sterk en kunnen bij goede verzorging erg oud worden.

Uaru amphiacanthoides

FAMILIE
Cichlidae (cichliden)

VINDPLAATS
Zuid-Amerika

GESLACHTSONDERSCHEID
Bij deze cichlidensoort zijn de geslachten moeilijk te onderscheiden. Buiten de paar-tijd is het onmogelijk. De genitale papillen van het mannetje zijn een aantal dagen voor en tijdens de voortplanting waar te nemen.

LENGTE
Tot 30 centimeter, maar in het aquarium blijft deze vis vaak kleiner.

HUISVESTING
Uaru's horen thuis in een ruim aquarium met een lengte van minimaal 1,20 meter, maar liefst nog groter. Deze vissen woelen in de bodem en snoepen graag van zachtbladige planten. Ze hebben de beschikking over holen en andere schuilmogelijkheden nodig. Zorg ervoor dat het decoratiemateriaal goed is vastgekit, zodat de vissen de bouwsels niet met hun graafwerkzaamheden kunnen on-dermijnen. Uaru's houden absoluut niet van fel licht. Schaduwplaatsen kunnen met drijf-planten worden gecreëerd. De dieren stellen een zachte stroming in het water op prijs.

SOCIALE EIGENSCHAPPEN
Deze bijzondere cichliden kunnen het prima vinden met soortgenoten en andere grotere cichliden die dezelfde behoeften hebben, zoals discusvissen. Grotere meervallen heb-ben weinig van deze vissen te duchten. Pas echter op met kleinere vissoorten, aangezien deze door de uaru voor voedsel worden aan-gezien. In de paartijd vormen ze koppels, maar daarbuiten leven ze graag in een kleine school.

TEMPERATUUR EN WATERSAMENSTELLING
27-29 °C, 2-6° DH, pH 6-6,5. Het water hoort zo zuiver mogelijk te zijn en moet vrij zijn van afvalstoffen. Dit kan worden bereikt door de vissen niet meer te voeren dan ze opeten, het vuil regelmatig van de bodem te hevelen en een krachtige filter te gebruiken. Filteren over turf is noodzakelijk.

VOEDSEL
Afhankelijk van de grootte van de vissen kunt u ze muggenlarven en watervlooien, dan wel regenwormen en stukjes runderhart of vis voeren. Uaru's hebben ook behoefte aan groenvoer. Droogvoer wordt slechts mondjesmaat geaccepteerd (S. Diskus).

KWEEK
De kweek van uaru's is niet eenvoudig: een uitdaging voor de meer gespecialiseerde en vergevorderde aquariaan. Hij lijkt in grote lijnen op de kweek van discusvissen. Ook de jongen van deze vis voeden zich de eerste tijd met de huidafscheiding van het lichaam van de ouders.

BIJZONDERHEDEN
Uaru's zijn niet gemakkelijk in een goede conditie te houden en zijn daarom alleen geschikt voor specialisten.

Uaru amphiacanthoides

Boven: Xiphophorus helleri ♂   *Onder:* Xiphophorus maculatus ♂

Xiphophorus helleri

ZWAARDDRAGER

FAMILIE
Poeciliidae (levendbarende tandkarpers)

VINDPLAATS
Mexico, Guatemala en Honduras

GESLACHTSONDERSCHEID
Zwaarddragers hebben hun naam te danken aan de onderste verlengde vinstralen die bij de mannelijke vissen het typische 'zwaard' vormen. Daarnaast zijn de mannetjes, evenals alle andere (eier)levendbarenden, herkenbaar aan hun gonopodium. Het lichaam van de vrouwtjes is groter en voller en ze hebben een afgeronde staart.

LENGTE
Zwaarddragers worden in het aquarium doorgaans niet langer dan 10 tot 12 centimeter, maar in de natuur zijn er grotere exemplaren gesignaleerd.

HUISVESTING
Zwaarddragers kunnen in een aquarium van ongeveer 60 centimeter lang worden gehouden, maar omdat de mannetjes vrij veel ruimte nodig hebben voor de balts, die het hele jaar door plaatsvindt, is het beter ze nog meer ruimte te bieden. Om dezelfde reden moet het aquarium niet al te dicht beplant zijn, zodat de vissen voldoende zwemruimte hebben.

SOCIALE EIGENSCHAPPEN
Deze vissen stellen zich (enkele uitzonderingen daargelaten) vreedzaam op ten opzichte van andere aquariumbewoners, wat ze uitermate geschikte vissen maakt voor het gezelschapsaquarium. In de meeste gevallen gaan zelfs de mannetjes onderling goed met elkaar om. Aangezien de mannetjes erg actief zijn in hun pogingen te paren, is het aanbevelenswaardig om ze met meerdere vrouwtjes samen te houden. De dieren houden zich in alle waterlagen op, maar hebben een voorkeur voor de bovenste waterlaag. Zwaarddragers zijn erg actief.

TEMPERATUUR EN WATERSAMENSTELLING
Zwaarddragers stellen niet veel eisen aan de kwaliteit van het water. Zij gedijen prima bij een watertemperatuur rond de 24 °C, maar zij planten zich ook voort in water dat enkele graden warmer of kouder is.

Xiphophorus helleri ♂ *(zeldzame albino)*

Xiphophorus helleri ♂

VOEDSEL
Deze eierlevendbarende vissen zijn echte alleseters en ze gedijen prima op een goede kwaliteit droogvoer. Algen, vers of in de vorm van gedroogde vlokken, mogen zeker niet ontbreken op het menu. Daarnaast eten ze ook bijzonder graag muggenlarven en watervlooien.

Zwaarddragers hebben de neiging hun eigen jongen op te eten als deze nog erg klein zijn.

KWEEK

Deze sterke vissen zijn erg productief. Een worp omvat tussen de tien en vijftig of meer jonge visjes die al direct voor zichzelf kunnen zorgen. Aangezien zwaarddragers, maar ook andere aquariumbewoners, deze jonge visjes nog wel eens willen opeten, is het verstandig de jongen in een aparte bak groot te brengen of ervoor te zorgen dat het aquarium voor hen voldoende schuilmogelijkheden biedt, zoals Javamos en veel drijfplanten met wortels. De sterkste exemplaren zullen dan probleemloos kunnen overleven. Voer de jonge visjes fijn stofvoer (S. Micron) en zorg ook dat ze voldoende algen tot hun beschikking hebben.

KWEEKVORMEN

In de loop van de tijd zijn er veel verschillende kweekvormen van de zwaarddrager ontstaan. De zogenaamde 'groene' zwaarddrager is de stamvorm, waaruit onder meer

de rode, zwarte, gevlekte en zelfs geeloranje gekleurde vissen zijn gekweekt. Er zijn ook een bijzonder mooie hoogvinnige ('Simpson') en een langvinnige variëteit bekend. De mannetjes van de laatste soort hebben vaak problemen bij het paren. Soms krijgen ze dit helemaal niet voor elkaar, omdat niet alleen de buitenste vinstralen van hun staartvin, maar ook het gonopodium (voortplantingsorgaan) sterk verlengd is. De albinovorm is tegenwoordig uiterst zeldzaam geworden.

BIJZONDERHEDEN

Er is nogal wat te doen over de zogenaamde geslachtsverandering die bij zwaarddragers zo vaak zou voorkomen. Volwassen vrouwtjes die al meerdere malen jonge visjes hadden geworpen, zouden in korte tijd kunnen transformeren tot mannetjes en de daarbij behorende kenmerken (zoals gonopodium, zwaard) gaan vertonen. Dit gebeurt inderdaad wel eens, maar het betreft dan meestal oude en onvruchtbare vrouwtjes. Tot dusverre zijn er geen bewijzen –en het wordt ook zeer onwaarschijnlijk geacht– dat de

Xiphophorus helleri ♀ *(langvinnige kweekvorm)*

Xiphophorus helleri ♂

Xiphophorus helleri ♂

getransformeerde visjes zich ook voortplan-ten. Als men het heeft over plotselinge geslachtsveranderingen gaat het meestal om mannetjes waarvan de geslachtskenmerken zich wat laat ontwikkelen. Voordat ze een zwaard en gonopodium vormen, lijken de dieren vrouwelijk door het leven te gaan, maar daar is dan geen sprake van.

Xiphophorus maculatus

PLATY, PLAATJE

FAMILIE
Poeciliidae (levendbarende tandkarpers)

VINDPLAATS
Mexico, Guatemala en Honduras

GESLACHTSONDERSCHEID
Het mannetje is herkenbaar aan de tot voort-plantingsorgaan (gonopodium) getransfor-meerde aarsvin. De vrouwtjes zijn wat groter dan de mannetjes en hebben bovendien een vollere buikpartij.

LENGTE
De vrouwelijke platy's kunnen ongeveer 6 centimeter lang worden. De mannetjes blij-ven kleiner.

HUISVESTING
Platy's zijn eenvoudig te houden visjes die zich in het allerkleinste aquarium prima op hun gemak voelen. Ze houden echter wel van een enigszins beplant aquarium.

SOCIALE EIGENSCHAPPEN
Platy's zijn zeer vreedzame, actieve visjes die zich in alle lagen van het aquarium ophou-

den. Ze zijn uitermate geschikt voor het gezelschapsaquarium. Plaats ze niet bij grote of roofzuchtige vissen omdat deze veel te aggressief ten opzichte van deze vriendelijke kostgangers zijn. Aangezien platy's graag het gezelschap van soortgenoten hebben, kunt u het beste een aantal exemplaren samen hou-den (zorg ervoor dat u meer vrouwtjes dan mannetjes in het aquarium hebt).

TEMPERATUUR EN WATERSAMENSTELLING
22-25 °C. Platy's stellen erg weinig eisen en voelen zich in bijna iedere watersamenstel-ling thuis.

VOEDSEL
Platy's zijn alleseters. Zij eten graag droog-voer en kunnen hier ook probleemloos oud mee worden, maar zo nu en dan zullen ze levende muggenlarven, artemia en water-vlooien als delicatesse zeer op prijs stellen. Platy's hebben bovendien veel behoefte aan plantaardige voeding. Ze grazen de algen van planten en stenen af.

Wanneer er geen algen in het aquarium aanwezig zijn, moet u de dieren wat vlok-kenvoer voor planteneters verstrekken (S. Flora, Premium Tabs).

KWEEK
Platy's zijn eierlevendbarende visjes die zich op vrij eenvoudige wijze voortplanten. De grootte van de worp is, zoals bij veel andere gelijksoortige visjes, afhankelijk van de leef-tijd en de conditie van de ouderdieren, maar ligt meestal zo rond de tien tot vijftig jongen.

De jongen zijn relatief klein en groeien niet zo snel als bijvoorbeeld jonge zwaarddragers. U kunt ze zowel kleine algjes als fijn stofvoer (S. Micron) geven. In een ruim gezelschaps-saquarium met voldoende schuilmogelijkhe-

den (te creëren met drijfgroen en Javamos) zullen de sterkste visjes overleven, maar u kunt er ook voor kiezen om voor hen een apart bakje in te richten.

KWEEKVORMEN
Door gerichte kweek zijn er in de loop van de tijd ontelbaar veel verschillende mooie kleuren en kweekvormen ontstaan,

Xiphophorus maculatus ♀

maar ook in het oorspronkelijke vindgebied zien we platy's in de meest uiteenlopende kleuren.

Zij komen o.a. voor in geel, rood (koraalplaty), zwart, blauw en gevlekt. Ook zijn er soorten in diverse kleuren met een hoge rugvin.

BIJZONDERHEDEN
Deze visjes zijn bijzonder geschikt voor beginnende aquarianen.

Xiphophorus variatus

FAMILIE
Poeciliidae (eierlevendbarende tandkarpers)

VINDPLAATS
Mexico

GESLACHTSONDERSCHEID
De mannetjes zijn herkenbaar aan de tot voortplantingsorgaan getransformeerde aarsvin, het zogenaamde gonopodium.

LENGTE
Tot 7 centimeter

De *Xiphophorus variatus* is een sobere vis die prima in een kleiner aquarium met voldoende beplanting kan worden gehouden. De vissen hebben in de natuur een voorkeur voor stilstaand water.

Deze levendige en kleurrijke visjes kunnen het niet alleen samen goed vinden, ook andere waterbewoners laten ze met rust. Houd ze echter niet bij roofzuchtige of onverdraagzame vissoorten. In het gezelschapsaquarium of in een aquarium met andere (eier)levendbarenden zijn ze uitstekend op hun plaats. Ondanks dat het geen echte scholenvisjes zijn zoals bijvoorbeeld neontetra's hebben ze wel graag gezelschap van meerdere soortgenoten. Het aantal vrouwtjes moet altijd groter zijn dan het aantal mannetjes. De visjes zwemmen de hele dag door en houden zich in alle waterlagen op.

De *X. variatus* is een sterke vis die zich in uiteenlopende waterkwaliteiten voort zal planten. Ideaal is echter middelhard tot hard water. De watertemperatuur kan het beste zo rond de 21-25 °C worden gehouden.

Deze platysoort heeft naast een goede kwaliteit droogvoer vooral behoefte aan algen, die u in verse dan wel gedroogde vorm kunt aanbieden. Voedertabletten (zoals O-nip, S. Premium) worden ook heel goed gegeten, evenals klein levend voer.

De soort behoort tot de eierlevendbarende vissen en is zeer productief. De jongen kunnen al direct na de geboorte voor zichzelf zorgen en eten algjes en fijn stofvoer. Er zijn vrouwtjes die hun eigen jongen opeten, maar er zijn er ook die dit juist niet doen. Een en ander lijkt mede afhankelijk van de hoeveelheid beschikbare ruimte.

Jonge visjes die zich kunnen verschuilen, zullen natuurlijk grotere kans hebben om te overleven. In het gezelschapsaquarium kunt u hiervoor drijfgroen en Javamos aanbrengen.

De *X. variatus* komt in verschillende kleuren voor. De afgebeelde vis vertoont het meest voorkomende kleurpatroon. Alle soorten zijn weinig veeleisend en dus zeer geschikt voor beginnende aquarianen.

Xiphophorus variatus ♂

245

Zoogeneticus quitzeoensis

FAMILIE
Goodeidae

VINDPLAATS
Bergbeken en meren in Mexico

GESLACHTSONDERSCHEID
De mannetjes onderscheiden zich van de vrouwtjes door de tot andropodium (voortplantingsorgaan) omgevormde aarsvin. Bovendien zijn ze wat kleurrijker.

LENGTE
Tot ongeveer 5,5 centimeter

HUISVESTING
Dit hooglandkarpertje kan in een klein tot middelgroot gezelschapsaquarium worden gehouden met vissoorten die dezelfde eisen stellen ten aanzien van de watersamenstelling. De vis stelt randbeplanting op prijs.

SOCIALE EIGENSCHAPPEN
Deze visjes kunnen het zowel onderling als met andere vissen goed vinden. De mannetjes vechten niet met elkaar.

TEMPERATUUR EN WATERSAMENSTELLING
25-28 °C, pH neutraal. De waterhardheid is niet van belang. Wel hebben deze visjes zuiver, zuurstofrijk water nodig, dus hevel het vuil regelmatig van de bodem en zorg voor extra doorluchting.

VOEDSEL
Dit visje is een alleseter en maakt het de aquariaan in het geheel niet moeilijk om een goed menu samen te stellen. De soort eet zonder problemen droogvoer en ook klein levend voer.

KWEEK
De soort is levendbarend. Onder goede omstandigheden zullen de vrouwtjes regelmatig levende jongen werpen die al direct voor zichzelf kunnen zorgen. De visjes staan er niet om bekend dat ze hun kroost opeten, maar in kleinere aquaria is het wellicht beter als er voldoende schuilmogelijkheden zijn voor de jonge visjes in de vorm van veel fijnbladige planten.

Zoogeneticus quitzeoensis

Register

B

C

D

E

G

F

H

M

N

O

S

T

U

V

W

X

Fotoverantwoording

Dankbetuiging

De meeste dia's zijn gemaakt door Reinhard Lütje en Norbert Dadaniak, Düsseldorf (D).

Aanvullend materiaal werd gemaakt/ter beschikking gesteld door:

Archief Sera GmbH, Heinsberg (D):
6; 12 linksboven; 13 rechts; 15; 17 rechtsboven; 24 links; 25 rechts; 27; 33 linksonder, rechtsboven; 42; 46; 47; 50 boven; 57; 58 onder; 63 linksboven; 69 onder; 72 onder; 81 onder; 86 boven; 87 linksboven; 90 linksboven; 97 linksboven, rechtsboven; 103 links; 105 onder; 168 onder; 176 rechts; 177 boven; 194 boven; 204 onder; 206 onder; 207; 208 boven; 224 linksboven; 225; 226 onder; 227 linksboven; 233 boven; 235; 239 onder; 244 boven; 249 boven; 250 onder; 252 boven; 254 midden; 255 midden

Gerd Schreiber, Lüdenscheidt (D):
28 rechts; 29 onder; 56; 64 boven; 119; 146; 160

Aqua Fauna, Vught (NL):
12 linksonder; 14 linksonder; 17 linksboven, linksonder; 62; 83 onder; 85

Esther Verhoef:
8 boven; 9; 10 rechts; 13 linksboven, linksonder; 16 links; 18; 28 linksonder; 31; 84; 97 rechtsonder; 185; 241 boven

Uitgever en auteur danken de volgende mensen en instanties voor hun medewerking:

Uwe Harms, Gerd Schreiber, Van Riel Distripet te Waalwijk en Aquariumvereniging Aqua Fauna.

Uitgever en fotografen Reinhard Lütje en Norbert Dadaniak, Düsseldorf (D) danken Bernhard Lücke, Essen (D) voor de vriendelijke samenwerking en het verstrekken van eersteklas aquariumvissen en Zoofachmarkt Verheyen & Schiffer, Bergheim (D) voor het kosteloos ter beschikking stellen van siervissen en waterplanten. Bijzondere dank gaat uit naar Dhr. Peter Merz (siervisgroothandel), Heinsberg (D), die steeds onbeperkt en kosteloos waardevolle aquariumvissen ter beschikking heeft gesteld. Ten slotte dank aan Uwe Harms (bioloog), Heinsberg (D) voor de vriendschappelijke ondersteuning en hulp tijdens de totstandkoming van dit boek.

Speciale dank is verschuldigd aan de firma Sera GmbH te Heinsberg (D): zonder zijn welwillende medewerking had deze encyclopedie niet tot stand kunnen komen.